트랜스휴먼 시대의 사회과학 시리즈 1

전환과 변동의 시대 사회과학

트랜스휴먼 시대의 사회과학 시리즈 **1**

전환과 변동의 시대 사회과학

최훈석 | 차태서 | 최재성 | 김지범 | 이재국 | 황혜선

성균관대학교
출 판 부

'트랜스휴먼 시대의 사회과학' 시리즈

,

바야흐로 대격변의 시대다. 문명과 사회 변동의 속도가 어지러울 정도로 빠르고 그 깊이는 가늠하기 어려울 정도다. 정치, 경제, 사회, 국방, 외교, 문화, 교육, 의료 등 분야를 가릴 것 없이 급격한 변화의 소용돌이에 휩쓸리고 있으며, 개인, 기업, 국가를 막론하고 변화에 적응·대처하느라 여념이 없다.

이런 발전의 근저에는 과학기술의 기하급수적인 발전이 있다. (수퍼)AI, 바이오테크놀러지, 나노테크놀러지, 데이터사이언스, 로봇, 블록체인, 암호화폐 등 새로운 기술이 낡은 기술과 제도를 급속히 대체하고 있다. 인류가 소통하고 이동하는 방식은 물론 생산·소비·거래·경영하는 방식이 근본적으로 변하고 있다. 가상·증강현실 기술과 메타버스 기술을 활용한 새로운 교육방식과 문화현상이 급부상하고 있다. 자본과 첨단기술을 장악한 소수의 개인들이 자신을 업그레이드시킬 개연성이 높아짐에 따라 평등한 자유 원칙에 기초한 자유민주주의적 헌법질서도 흔들리고 있다. 좋든 나쁘든 좋아하건 싫어하건 이런 변화는 거스를 수 없는 숙명이 되어 우리 현대인들의 삶을 틀 짓기 시작했다.

현대의 과학기술체계에는 트랜스휴머니즘(transhumanism)이라는 질서의 비전이 깔려 있다. 트랜스휴머니즘은 첨단 과학기술을 통해 이 지상에서 천년왕국을 건설하겠다는 의사(擬似)종교적 비전이다. 인류가 오랫동안 꿈꿔왔던 강인한 신체, 비범한 지능, 장수와 영생, 완벽한 삶을 실현하려는 운동이자 그렇게 할 수 있다고 믿는 세속화된 종교적 열망이다. 이런 꿈을 거부하는 태도를 미몽으로 치부하고 첨단 과학기술체계가 이런 미몽을 흩어버릴 것이라 확신한다.

트랜스휴먼 시대의 대격변에 직면하여 사회과학은 무엇을 어떻게 연구해야 하는가? 전통적인 연구방법을 고수하며 익숙한 이슈들만을 탐구해야 하는가? 아니면 새로운 이슈를 발굴하고 새로운 연구방법을 창안해야 하는가? 과학기술의 발전이 추동하는 심대한 사회 변동의 본질을 외면한 채 과거의 문제의식과 방법만을 고수한다면 사회과학의 미래는 어두울 것이다. 트랜스휴먼 시대는 새로운 상상력과 연구방법을 요구하며, 오래된 이슈들에 덧붙여 새로운 이슈들을 다루도록 압박한다. '트랜스휴먼 시대의 사회과학 시리즈'는 이런 문제의식을 토대로 새로운 사회 연구방법과 이슈를 발굴한다.

트랜스휴먼 시대의 사회과학은 대격변에 수반하는 위기에도 주목할 필요가 있다. 대격변이 야기하는 위기의 본질과 양상을 해명하고 그에 대한 대응책을 제시하지 못할 경우 사회과학은 과학기술적 사회공학에 그 자리를 내주고 말 것이다. 특히 첨단 디지털 기술이 모든 것을 연결시키고 있는 초연결시대의 위기는 복합적이고 중층적이어서 융복합적으로 접근할 필요가 있다. 사회과학의 다양한 분과들은 서로 긴밀히 소통할 필요가 있으며, 자연과학의 다양한 분과들과도 적극적으로 교류·협력해야 한다. 이 책의 집필진은 이런 문제의식에 깊이 공감하며 융복합연구의 첫발을 내디뎠다. 다소 어설프고 미약한 시작이지만 대격변 시대의 연구를 주도하는 지적인 흐름을 형성할 것으로 기대한다.

사회과학연구원이 이 기획을 주도할 수 있도록 물심양면으로 지원해주신 신동렬 총장님, 조준모 부총장님, 이준영 기획조정처장님, 그리고 '트랜스휴먼 시대의 사회과학 시리즈' 각 권을 편집해주신 최훈석 교수님, 최인수 교수님, 김태효 교수님께 깊은 감사를 드린다. 아울러 사회과학대학, 경제대학, 그리고 의과대학 및 소프트웨어대학의 집필진께도 본 기획에 적극적으로 참여해주신 데 대해 깊이 감사드린다. 마지막으로 어려운 여건 속에서도 학문과 문화 진흥의 큰 뜻을 품고 이 시리즈의 출판을 선뜻 허락해주신 성균관대학교출판부 관계자들께도 심심한 감사의 마음을 전한다.

성균관대학교 사회과학대학장
사회과학연구원장
김비환

CONTENTS

CONTENTS

제3장

코로나 이전과 이후의 한국의 사회변화 · 김지범(사회학과 교수)   117

CONTENTS

CONTENTS

전환과 변동의 시대 사회과학

최훈석 심리학과 교수

문명 대전환의 담론이 활발히 전개되고 전 세계가 코로나19 감염병으로 몸살을 앓고 있는 상황에서 성균관대학교 사회과학연구원은 개인의 건강이나 안전, 경제적 고통 등과 같은 현실 문제에 집착하기보다는 거대한 시대적 흐름의 뿌리를 되짚어보는 도전을 기획하였다. 이러한 도전에 정치학, 경제학, 사회학, 미디어커뮤니케이션, 소비자학 그리고 심리학 분야의 전문 연구자들을 초대하여 소통과 학문적 교류를 시도했고, 그 결과물로 사회과학의 현재와 미래에 대한 새로운 배움과 통찰의 계기가 마련되었다.

제1권 〈전환과 변동의 시대 사회과학〉은 문명 대전환의 시작과 함께 21세기의 첫 20년을 살아내고 코로나19 대유행의 긴 터널을 지나면서, 인간과 사회에 대한 이해 및 사회문제 해결이라는 사회과학의 목적을 천착하고 이를 실현하기 위한 방향성을 모색하기 위해 집필되었다.

제1장 [인류세 시대, 행성 정치학 선언]에서 차태서 교수(정치학)는 인류세(人類世, Anthropocene)라는 거대담론에 독자들을 초대하

여 호모 사피엔스의 생태학적 과대성장이 낳은 참극에 대한 성찰을 강조하고 기존 인간중심적 세계관에 대한 탈구축의 필요성을 역설한다. 이 과정에서 '인간'의 시대가 마주한 위기와 도전을 어떻게 이해하고 그에 대응할 것인지의 문제를 다양한 각도에서 조명하면서 인류세 담론이 21세기 인문사회과학 전반에 미친 영향, 인류세의 위기를 맞이하여 기존 국제정치학이 노정하고 있는 한계, 행성 실재성의 맥락에서 앞으로 정치학이 추구할 방향 등을 정교하게 분석한다.

차태서 교수는 현재의 인류세 위기에 어떤 의미를 부여하고 역사적 계기를 구성할 것인지에 대한 답을 찾기 위해 기존 국제정치학의 틀에서 과감히 탈피할 것을 제안하고, 인간 너머의 세계와의 조화로운 관계를 고민하는 소위 '행성 정치학'(planet politics)의 필요성을 주창한다. 그리고 이러한 새로운 관점이 안보, 거버넌스, 불평등 영역 등에서 새롭고 중요한 기여를 할 것으로 전망하면서, 포스트휴먼 시대 정치학의 실천론으로서 인류세 위기를 극복하는 새로운 행성문명의 건설이라는 윤리적 화두를 제시한다.

제2장 [빅데이터 시대의 사회과학 연구]에서 최재성 교수(경제학)는 경제학과 인접 사회과학 분야에서 빅데이터, 특히 웹(web)에서 수집한 자료를 활용한 연구의 최신 동향을 소개한다. 이 과정에서 경제학 및 사회과학 전반에서 관련 연구의 방향과 가능성에 대하여 논의하고, 웹에서 수집 가능한 정보를 활용하여 사회과학적 연구를 수행할 때 필요한 유용한 지식과 방법론 및 분석 도구들을 상세히 소개한다.

최재성 교수는 행정자료와 민간 기업과의 협업을 통한 최근 연구의 주요 사례들을 요약하고, 기업이나 정부, 미디어, 법조 분야 등에서 덩이글 자료(text data)를 활용하는 새로운 연구 동향 및 성과 그리고 이미지 자료를 활용한 연구들을 일목요연하게 제시한다. 이에 더해서 온라인 공간에 쌓이고 있는 광대한 평가자료(on-line review), 부동산, 이메일, 교육, 반복자료활용 등 실생활과 밀접히 연결된 문제들과 관련된 새로운 통찰과 흥미로운 도전들을 소개한다. 이 장은 사회과학 연구에서 웹데이터를 활용하는 연구가 학문발전 및 사회문제 해결에 기여할 것이라는 전망과 함께, 자료의 홍수 시대에 사회과학 연구자들은 좋은 자료를 구하기에 앞서 먼저 좋은 질문을 구성하는 것이 매우 중요함을 역설한다. 최재성 교수가 요약적으로 제시한 관련 문헌과 구체적인 방법론들은 사회과학과 자료과학(data science)의 유기적 연결과 양방향적 발전을 시도하는 연구자들에게 유용한 지침을 제공한다.

제3장 [코로나 이전과 이후 한국의 사회변화]에서 김지범 교수(사회학)는 코로나 이후의 시대를 준비하고 대응을 모색하는 시점에서 21세기 한국사회의 변화를 반추할 필요가 있다는 문제의식에서 출발한다. 이러한 문제의식을 토대로 20세기와 대비되는 21세기의 시대정신을 논의하고, 한국의 주요 사회문제들을 포괄하는 다양한 주제 영역에서 코로나 이후 관찰되는 변화의 궤적을 제시한다.

이 장에서 김지범 교수는 코로나 위기를 겪으면서 국민들은 경제를 가장 큰 문제로 인식하며, 행복감/생활만족도/가계상태 만족도의 하락, 자녀들의 삶에 대한 긍정적 기대의 감소, 인생 성공요인으로 부모와 교육의 중요성에 대한 인식 증가 등이 나타나고 있음을 보고한다. 그리고 자녀들이 자신보다 더 나은 삶을 살 것이라는 기대는 현저하게 줄었고, 정부의 역할 확대에 대한 국민들의 반대와 소득재분배에 대한 반대가 높아졌다. 또한 환경보호를 위해 개인의 희생을 감당하는 것은 원치 않으며, 혼전성관계와 동성애에 대한 수용성은 낮아지고, 북한과의 협력에 대한 관심도 줄었으며 통일의 필요성에 대한 인식도 낮아졌다. 김지범 교수는 이러한 추세들을 종합하여 코로나19 상황이 국민들로 하여금 물질주의 가치를 추구하게 만들고 각자도생의 길로 몰아가고 있다고 진단한다. 김지범 교수의 진단은 코로나19 위기 이전과 이후의 비교를 통해 도출되었다는 점에서 한국사회의 변화에 대한 전망과 대응방안에 관한 사회과학 연구의 토대자료로써 큰 의미를 지닌다.

제4장 [정보-미디어 환경 변화와 공론장 구조의 변동]에서 이재국 교수(미디어커뮤니케이션)는 21세기 지능정보 시대의 도래와 함께 한국의 정보-미디어 환경에서 관찰되는 대변동의 양상을 정교하게 분석하고, 이를 통해 근현대 민주주의의 정치제도와 이념 패러다임 전반에 대한 재검토 및 한국사회의 토대 이념과 제도에 대한 재고가 절실함을 주창한다. 이러한 맥락에서 이재국 교수는 국가권력과 시민사회의 관계, 의사소통의 자유, 다양성, 개인의 존엄성과 독립성, 사회 통합 등 민주체제의 전반적인 구조와 과정에 대한 근본적인 성찰이 필요함을 강조한다.

이재국 교수는 기술혁신 → 정보-미디어 환경변화 → 사회구조 변동의 관계를 정치하게 분석하고 미디어, 대중, 정치조직이라는 여론의 3대 주체들에서 관찰되는 변화의 특징을 유관 개념과 연구들을 연결지어 체계적으로 개관한다. 그리고 공동체의 파편화, 극단화와 합의의 상실, 신뢰의 하락과 대중영합주의의 부상, 데이터 권력의 위협과 횡포 같은 부작용과 위험요소들을 심도 있게 논의한다. 이러한 논의를 토대로 이재국 교수는 미디어 환경 변화의 양상과 방향에 대한 분석을 통해 지능정보 기술의 확산이 유발하는 공론장의 변형과 변화를 파악하는 것이 중요하다고 역설하고, 기술이 시민사회 및 민주주의의 발전에 건강한 자극이 되도록 하는 방안을 모색하는 과정에서 사회과학의 학문적 및 실용적 기여를 강조한다.

제5장 [포스트휴먼 사회의 소비자역량과 소비자주권]에서 황혜선 교수(소비자학)는 디지털 혁명과 지능정보기술의 발전이 견인하는 포스트휴먼 사회에서 인간의 삶과 소비의 문제를 분석한다. 특히 포스트휴먼 사회에서 소비의 의미와 소비자 역할의 변화에 초점을 두고, 현대 사회에서 그 중요성이 더욱 커지고 있는 소비자 역량과 소비자 주권에 대한 재개념화를 시도한다.

이 장에서 황혜선 교수는 현대사회에서 소비의 의미와 초점의 변화상을 물질적 가치에서 경험적 가치로의 이동, 타인의 가치매김에서 주관적 가치로의 이동, 개인적 가치에서 사회적 가치로의 이동이라는 가치이동의 측면에서 분석한다. 이러한 논의를 토대로 지능정보기술 발전에 따른 사회변동이 소비자의 삶과 공동체로서의 소비사회에 급격한 변화를 창출하고 있으며, 이러한 급격한 환경변화에 대응하여 소비자 역할을 어떻게 설정할지 그리고 소비자 주권의 문제를 어떻게 이해하고 방향성을 모색할 것인지에 대한 심층적인 논의를 전개한다. 이와 함께 포스트휴먼 사회의 소비자들이 마주하고 있는 새로운 도전을 소개하고, 장차 소비자들이 감당해야 할 주요 과제들을 논의한다. 황혜선 교수는 사회의 가치를 조율하고 인간과 기술의 공진화 과정의 주체로서 소비자의 역할을 역설하고, 소비에 대한 공동체적 접근을 탐구하고 실행하는 과정에서 사회과학의 필요성과 과제를 제안한다.

마지막 장인 제6장 [집단주의 가치와 독립적 자기의 결합을 통한 한국사회 문화변동의 방향성 모색]에서 최훈석 교수(심리학)는 전환과 변동의 시대 사회과학에 관한 담론에 세계화와 동서문화의 융합이라는 문화변동의 문제를 반드시 포함해야 함을 주창한다. 이는 한국사회의 전환과 변동의 주된 동인이 무엇이건 간에, 궁극적으로 '더 좋은 삶'의 심리적 조건에 관한 통찰이 필요하다는 문제의식을 반영한다.

이 장에서 최훈석 교수는 한국사회가 개인의 행복과 번영을 강조하는 방향으로 급격히 전개되고 있는 사회문화적 변동을 감당해내면서, 공동체의 번영과 공동선(共同善)의 실현을 통해 삶의 공동성을 신장해야 한다는 과제에 직면해 있다고 진단한다. 그리고 이러한 사회문화적 환경에서 인간의 번영과 기능증진에 관한 학문은 개인의 성취와 안전, 자아실현과 심리적 안녕에 국한된 관점에서 탈피하여 개인과 공동체를 변증법적으로 상호 발전시켜 공번영(共繁榮)을 실현하는 방향으로 확장되어야 한다고 주장한다. 최훈석 교수는 개인주의-집단주의 개념의 정교화와 확장을 통해서 개인과 공동체가 함께 번영할 수 있는 심리적 조건을 규명하는 새로운 관점을 제안한다. 그리고 이를 통해 한국사회가 어떤 문화적 틀 안에서 행복과 번영을 추구할 것인지를 논의하고, 디지털 혁명과 지능정보기술, 자료과학이라는 신식 기관차가 사회과학이라는 선로에 안착하기 위해서는 지금보다 깊은 고민과 넓은 소통이 필요함을 제안한다.

이러한 내용물들을 토대로 제1권의 편집은 다음과 같은 지침을 따랐다. 첫째, 논문의 집필 방식에 편집자의 개입을 최대한 배제하여 각 학문 분야의 특징과 집필자의 개성이 그대로 반영되도록 하였다. 이는 "따로 또 같이"를 선호하는 편집자의 성향 탓이다. 둘째, 총 3권의 저술을 관통하는 주제인 트랜스-휴먼(Trans-Human)과 포스트-휴먼(Post-Human)에 대한 정의 역시, 집필자의 세부 학문 분야나 전문연구의 맥락에서 자유롭게 정의하도록 하였다. 그리고 여기에 인류세, 웹자료-기반 연구, 코로나19와 사회변동, 미디어 환경변화, 소비사회, 문화변동 등의 문제를 연결하여 집필자가 사고의 제약 없이 자신의 주장을 펼치도록 하였다. 이러한 접근법이 최적은 아닐 수도 있겠으나, 이 역시 사유와 논의의 획일성을 피하고 사회과학의 다양한 학문적 시각을 독자들에게 소개하려는 의도에 따른 것임을 미리 밝힌다.

결론적으로, 이 책은 전환과 변동의 시대를 살면서, 그리고 한국사회가 앞으로 더 크고 급격한 전환과 변동을 맞이할 것이라는 전망을 공유하는 여섯 명의 사회과학자들이 각자 고민의 지점을 되돌아보고 그 결과를 독자들과 소통하려는 시도이다. 그리고 앞으로 우리가 또 어떤 새로운 전환과 변동의 문제에 직면하더라도 크게 허둥대지 않고 인간과 사회에 대한 사회과학의 통찰에 차분히 귀를 기울여 보자는 하나의 제안이기도 하다. 동학(同學) 여러분과 독자들의 관심과 애정어린 비판을 고대한다.

2022년 2월

최훈석

제1장

인류세 시대, 행성 정치학 선언

차태서 정치외교학과 교수

"우리가 마주하고 있는 궁극적 선택은 이렇다. 과거의 일상으로 돌아가기 위해 분투해야만 하는가. 아니면 팬데믹이 우리가 새로운 '포스트휴먼'의 시대(인간됨이 무엇을 뜻하는지에 관한 우리의 지배적 인식과 관련한 '포스트휴먼')에 들어서고 있다는 신호 중 하나임을 받아들여야만 하는가. 이는 우리의 심리적 삶과 관련된 선택에 그치지 않는다. 그것은 어떤 의미에서 '존재론적' 선택이며, 우리가 현실(로 경험하는 것)과 맺는 모든 관계에 결부된다"(Žižek, 2021, p.163).

"코로나19 바이러스로 인한 감염병은 언젠가 끝이 나기야 하겠지만, 그럼에도 그것은 결코 벗어날 수 없는 새로운 상황을 미리 예시하는 데 불과하다는 사실을 우리 모두는 깨달았다. 그로부터 매우 역설적인 형태의 보편성이 범람하게 되는데…… 즉 지구생활자들은 자신들 모두를 한 배에 탄 자들로 인식한다…… 여태까지는 공허한 편이었던 '행성 의식(conscience planétaire)'이라는 표현이 비로소 의미를 담기 시작한 것 아닌지 스스로 질문해 봐야 할 때다"(Latour, 2021, p.75).

어느샌가 우리는 '일상'으로의 복귀를 염원하는 그런 세상을 살고 있다. 그러나 지금은 그 그리운 '일상'이 현재의 재앙적 사태를 만들었다는 악몽 같은 깨달음이 절실한 시기이기도 하다(윤여일, 2020). 다시 말해, 코로나19는 우리 스스로가 만들어온 필연적 사태 전개의 결과로서 이해될 필요가 있다(Quammen, 2020). 작금의 국면은 거대한 구조적 경향성의 일부이며, 날이 갈수록 유사 사례가 이름만 바꿔 반복해 등장할 성질의 것이다. 무엇보다 21세기 들어 인수공통 바이러스 전염병 창궐이라는 상황이 주기적으로 나타나고 있다는 점을 인지해야만 한다. 조류독감, 중증급성호흡기증후군(SARS), 그리고 COVID−19에 이르기까지 중국 남부에서 시작된 일련의 팬데믹은 우연이나 비위생성에 따른 것이 아닌 21세기 글로벌 산업경제의 중심지로서 중국 경제의 급부상과 이에 따른 도시화 과정과 직결되어 있다. 가령, 진화생물학자인 롭 월리스는 인간, 야생동물, 가축, 바이러스가 경쟁적으로 밀집되어가는 현대 농업 자본주의의 발전경향이 광범위한 생태계 파괴와 더불어 인수공통감염병의 거대한 온상을 마련하고 있으며, 전 지구적으로 확대된 상품사슬을 따라 대유행의 위험을 증가시키고 있음을 이전부터 경고한 바 있다(Wallace, 2016). 결국 우리가 전 지구적 차원에서 '포스트휴먼'의 조건에 놓여져 있다는 사실을 깨닫게 한 사건으로서 코로나19 팬데믹 사태를 이해할 수 있다. 지구화로 전 세계의 상호연결성이 심화되어 있는 가운데, 자본주의의 이윤확대 추구가 드라이브를 건 인간-비인간 존재 복합체의 공진화 속에 신종 바이러스의 창궐이 가능했기 때문이다(노대원·황임경, 2020, p.102; Aronsson and Holm, 2020).

사실 코로나 사태뿐만이 아니라 자연과 인간 사이의 '신진대사(metabolism)'에 있어 '균열(rift)'이 심화되는 장기적인 비상시대가 도래하고 있다는 신호는 다양한 계기들을 통해 이미 인류에게 전달되어 왔다(Moore, 2020, pp.133-153). 가령, 기후변화에 관한 정부간 협의체(IPCC)가 최근 발표한 제6차 제1실무그룹 보고서에 따르면, 현대의 기후 온난화가 인간에 의해 유발되었을 가능성이 99~100%로 확실하다고 평가되었고, 향후 20년 이내에 지구 평균온도가 산업화 이전과 비교해 1.5도 이상 높아질 가능성이 매우 크다고 한다. 이는 불과 3년 전의 보고서 전망보다 10년이나 시기가 앞당겨진 것으로 극단적인 기후위기가 일상화될 것이라는 경고이다(IPCC Working Group I, 2021). 의미심장하게도 이러한 기후변화는 또한 팬데믹과도 깊게 결부되어 있다. 한편으로 지구 온난화로 박쥐 등 감염병 매개동물의 분포범위가 확대되고 있으며, 다른 한편으로 거대 농장의 개발을 위한 탈삼림화가 기후변화에 기여하고 있기도 하다. 어떤 면에서 COVID-19 사태는 기후변화가 지속심화된 미래 디스토피아의 예고편 같은 것을 보여주는 중인지도 모른다(Wallace-Wells, 2020).

결국 무언가 근본적인 전환이 지구환경 시스템에 발생하고 있다는 시그널들이 범람하고 있는 것이 오늘날 우리의 세계상이다. 코로나19는 그러한 지속된 경고신호 시리즈 중의 최신판일 뿐이며,

이것이 마지막일 가능성은 없다. 따라서 우리가 염원하는 일상의 지속은 이제 불가능한 꿈이 될 공산이 크다(김종철, 2020; Shiva, 2020). 이런 배경에서 보면, 오늘날의 전 지구적 위기는 백신과 치료제 등을 더 빠르게 개발, 보급한다고 해결될 문제가 아니다. 의학적 대처는 당연히 필수적이지만, 인수공통전염병의 지속적 창궐과 그 배경을 형성하는 사회구조적 원인들을 염두에 둘 경우, 통상적인 보건학적 접근은 단기적, 대증적 성과만을 가져올 뿐이다. 역사학자 윌리엄 맥닐의 비유에 따르자면, 바이러스/세균과 인간숙주의 관계를 '미시기생'이라고 표현할 경우, 신석기 시대 이래 인간은 지구환경에 '거시기생'하고 있는 상황이다(McNeill, 2005). 그런데 거시기생체인 인간이 근대화 과정에서 기후변화 등의 형태로 생명권(biosphere)에 극심한 교란을 일으키자, 미시기생관계의 균형에도 요동이 발생하였고, 이것이 전염병 창궐을 비롯한 생태계 전반의 패턴 변화로 이어져, 오늘날 코로나 사태 같은 일이 빈발하고 있다. 작금의 팬데믹 속에 '인류세(人類世, Anthropocene)'라는 거대담론이 호명되는 것은 바로 이런 식의 빅히스토리(Big History) 분야에서 강조하는 거대, 장기구조적 맥락 때문이다(김기봉, 2020).

기실 '인류세'라는 개념은 제2차 세계대전 이후 가속화된 산업화와 세계화가 우리가 사는 행성 자체의 역사에 (주로 부정적) 흔적을 남기고 있다는 21세기적 자각에 의해 탄생하였다. 지구 생명의 역사에서 자연적으로 발생했던 5차례의 대멸종과 달리 인간이라는 동물종이 추동하고 있는 '여섯 번째의 대멸종'(Kolbert, 2014)의 특이성(혹은 비자연성)에 대한 인식이 인류세 개념을 발명한 과학자들의 주된 문제의식이다. 이런 면에서 인류세라는 자연과학의 용어는 또한 매우 '정치적'이다. 지구상 생명체 모두에게 엄혹했던 빙하기를 지나 약 1만여 년 전부터 시작된 홀로세(Holocene)의 풍요롭고 자비로운 자연환경을 기반으로 한 호모 사피엔스의 생태학적 과대성장이 낳은 참극에 대한 성찰을 요구하고 있기 때문이다. 또한 기존의 '인간중심적' 세계관에 대한 탈구축을 주창하고 있기 때문이기도 하다(Chakrabarty, 2020).

그렇다면 우리는 현재의 인류세 위기에 어떤 의미를 부여하고 어떠한 역사적 계기로 구성해 나갈 것인가? 동시대의 지배적 사고방식과 삶의 양식에 의해 발생된 대재난을 바로 그 '정상적' 패러다임을 통해 해소할 수는 없는 노릇이다. 근본적 층위에서의 재사고를 요구할 뿐만 아니라 우리의 일상 자체의 대전환이 요청되고 있다(Žižek, 2021, pp.202-203). 그럼에도 현재의 주류 국제정치학계에서는 여전히 군사와 경제 무대 중심으로 코로나 사태 이후의 정치를 패권경쟁문제나 기성 국제질서의 향방문제 정도로만 다루고 있다. 향후 세계의 주도권을 미국이 갖느냐, 중국이 갖느냐, 미래 세계체제에서 자유주의적 성격이 지속될 것인가 등을 따지는 수준에 머물고 있는 것이다.[1] 물론 이러한 질문들은 21세기 강대국 정치와 국제시스템의 미래를 살펴보는 데 있어 중요한 의미를 지니고 있다. 그러나 '인류세'의 문제설정을 숙고하였을 때, 이런 분과학문적 틀

---

[1] 대표적인 사례로 Brands and Gavin eds.(2020) 참조.

26 전환과 변동의 시대 사회과학

에 국한된 기성 정치학계의 질문이 과연 충분히 심오하고 근본적인지에 대해서는 의문을 제기하지 않을 수 없다(Connolly, 2020). 오늘날 세계에서 무엇이 가장 '정치적'인 경합과 협상의 대상인가? 전통적인 의미에서 민족국가 같은 거대집단 간의 정치문제를 다룰 뿐아니라, 인간과 생명권 간의 포스트휴먼적 어셈블리지(assemblage) 형성 혹은 신진대사 과정을 '지구행성'이라는 맥락에서 사고할 수있는 정치학의 패러다임 전환이 요구되는 것은 아닐까?

결국 인류세 위기의 시대에 미래지향적 정치학은 주류적 연구경향이 보이는 '작은' 국제정치학의 예보다 훨씬 더 거시적인 문제틀을 추구할 필요가 있다. 즉, 코로나 사태를 인류의 생태균형 파괴에 대한 경고로 파악하고 공생과 공번성의 문제로 인식하는 '큰' 국제정치학의 발명이 요청되고 있는 것이다(하영선, 2020, pp.10-12). 아니 어쩌면 이는 국제정치학 자체의 종언 혹은 초극을 요구하는 것인지도 모른다. 이런 면에서 근대 계몽주의의 지식 패러다임에 고착된 국제정치학의 구속복(straightjacket)을 벗어 던지고, 이제 인류종 전체와 그들이 거주하는 지구와의 조화로운 관계를 고민하는 '행성 정치학(Planet Politics)'의 창안이 필요하다는 일군의 비판이론가들의 '선언(manifesto)'에 귀 기울이지 않을 수 없다. 무정부 상태라는 조직원리를 전제하고 민족국가 간의 파워 게임에만 몰두하는 기성 국제정치학의 언어와 연구 프로그램으로는 21세기의 '행성적 실재(planetary real)'를 제대로 재현하고 이해할 방법이 없다면, 새로운 정치학의 패러다임을 찾아 나서야만 하기 때문이다(Burke, et al.,

2016).[2]

　이에 본 장에서는 이상의 문제의식을 바탕으로 근대 패러다임에 고착된 국제정치학의 한계를 초월해, 호모 사피엔스와 '인간 너머 세계(more-than-human world)'(Abram, 1997)와의 조화로운 관계를 고민하는 '행성 정치학'의 가능성을 타진해 보고자 한다. 이를 위해 본문에서는 우선 인류세 담론과 그것이 21세기 인문사회과학 전반에 미친 영향을 인식론, 존재론, 규범론 등의 차원에서 살펴본다. 다음으로 인류세의 위기를 겪으며 한계에 부딪히게 된 기성 국제정치학의 문제점들을 분석한 후, 행성적 실재라는 조건과 조우한 정치학이 어떻게 새로운 방향으로 진화할 수 있을지를 안보, 거버넌스, 불평등 등의 영역을 중심으로 탐구해 보고자 한다. 결론에서는 포스트휴먼 시대 정치학의 실천론으로서 인류세 위기를 극복하는 새로운 행성문명의 건설이라는 윤리적 화두를 제기하면서 글을 마무리 지을 것이다.

---

2) 지구라는 표현 대신 굳이 생소한 '행성'이라는 용어를 사용하는 것에 대해서는 디페시 차크라바티의 설명을 참고할 만하다. 그에 따르면, 지구라는 것은 '지구화'라는 표현에서 보듯 인간의 행위성에 의한 구성물을 가리키지만, 행성이란 개념은 의도적으로 인간을 탈중심화하는 포스트휴먼의 시각에 토대를 두고 있다(Chakrabarty, 2021, pp.3-4).

I
'두번째 코페르니쿠스 혁명'으로서 인류세의 도래

1. 인류세의 개념사

인류를 뜻하는 고대 그리스어 'anthropos'와 새롭다는 뜻의 접미어인 '-cene' 그리고 지질학적 단위인 'epoch'가 합성되어 만들어진 인류세[3] 개념은 2000년대 초 지구 시스템 과학과 지질학 분야에서 본격적으로 출현하였다. 노벨화학상 수상자이자 대기과학자인 파울 크뤼첸과 생태학자 유진 스토머 등이 2000년 2월 멕시코에서 열린 "국제 지권-생물권 프로그램(International Geosphere-Biosphere Program, IGBP)" 회의석상에서 인류의 행위가 지구에 지울 수 없는 거대한 변화를 야기하는 '지질학적 힘'으로 부상하였기에 1만 년을 넘게 이어온 홀로세의 종식을 선포하고 대신에 현재의 지질학적 시

---

3) 따라서 합성어 조합(anthropos+cene+epoch)의 개별 뜻을 그대로 직역한 측면에서는 일본의 번역어인 '인신세(人新世)'가 더 적합하다고도 볼 수 있다. 다만 우리나라에서는 이미 인류세라는 번역어가 굳어져 있기에, 그에 따르도록 한다(김상민·김성윤, 2019, p.57).

대를 '인류세'라고 부를 것을 제안하였다(Crutzen and Stoermer, 2000, pp.17-18).[4] 그리고 2019년 5월 21일, 국제지질학연맹(IUGS)의 국제층서위원회(ICS) 소속 인류세워킹그룹(AWG)이 20세기 중반을 인류세의 기점으로 삼을 것을 ICS에 공식 제안하기로 결의함으로써, 인류세가 하나의 시대로서 이전 홀로세와 뚜렷이 구분된다는 사실을 명시하였다. 이 결의가 향후 국제지질학연맹 집행위원회의 비준을 받게 되면 과학계에서 인류세 개념은 공식적으로 인정받게 된다(김홍중, 2020). 다른 한편, 2020년 말 출간된 유엔개발프로그램(UNDP)의 인간개발보고서 30주년 기념호의 제목이 "다음번 프론티어: 인간개발과 인류세"로 결정되고 우리의 생존에 대한 최대 위협이 우리 자신이라는 거대한 패러독스를 화두로 제기함으로써, 국제 거버넌스의 현장에서도 새로운 '인간의 시대'로의 진입이 공식화되었다(The United Nations Development Programme, 2020).

20세기 말 가시화된 생태환경의 급속한 변동에 맞춰 새로운 과학지식창출의 필요성이 제기되었고, 지구의 생명지원 시스템을 하나의 총체로서 탐구하는 초학제적 지식체계의 요구가 오늘날 '지구시스템 과학(earth system science)' 분과의 등장으로 이어졌다. 이는 지구행성 전체를 통합된 복합진화 시스템으로 다루는 메타과학의 성

---

4) 사실 인류세 개념은 이미 1922년 구소련의 지질학자인 알렉세이 파블로프가 사용한 용례가 존재하며, 1980년대에도 일부 지질학과 생물학 논문들에서 언급된 사례들이 있다고 한다. 그러나 전 세계적으로 유행한 신조어로서 인류세 개념의 저작권은 여전히 크뤼첸이 보유하고 있다고 인정된다(이광석, 2019, pp.25-26).

격을 띠고 있으며, 오늘날 인류세 연구를 주도해오고 있다(Biermann and Lövbrand, 2019, p.12). 지구 시스템 과학자들의 주장에서 특히 주목되는 것은 전후 이른바 '거대한 가속(Great Acceleration)'(Steffen et al., 2015; McNeill and Engelke, 2016)이 발생함에 따라 지구 시스템이 사회경제 시스템의 변동과 동조하면서 지난 50만 년 동안 보여주었던 변화 범위의 자연적 편차 밖으로 상당히 벗어나게 되었다는 점이다. 이 지점에서 '행성적 한계(planetary boundaries)'란 개념이 중요해지는데, 인간이 유발한 환경적 변화를 지구가 얼마만큼 감당할 수 있는지 그 부담의 한계들을 표현하는 용어로서, 어떻게 행성적 생존의 지속이 가능한 '안전 작동영역(safe operating space)' 내부에서 인류가 활동할 것인지를 질문한다(Rockström et al., 2009; 최병두, 2021, pp.55-66). 총 9개 부문[5]의 행성적 한계들이 존재하는데 특히 기후변화와 생물권 다양성 손실이라는 두 가지 한계가 전체 시스템 차원에서 중요하다. 왜냐하면 이것들이 여타 한계들의 종합적 귀결이면서 또한 이미 한계선을 넘는 상황이 관찰되고 있기 때문이다. 따라서 이 두 가지 부문에서의 한계초과가 전 지구적 차원에서 인류생존의 가장 다급한 위협이라고 볼 수 있다(Pereira and Saramago, 2020, p.2).

여기서 한 가지 중요하게 첨언할 것은 인류세 개념이 그 형성과정에서부터 단순히 자연과학적인 차원을 넘어서는 함의를 지녔다

---

5) 기후변화, 해양 산성화, 생물권 온전성, 토지 체계 변화, 화학적 공해 물질, 성층권 오존 결핍, 생물지화학적 순환, 대기 에어로졸 부하 등이다.

는 사실이다. 인류세의 시작점을 설정하는 문제를 둘러싼 논쟁들이 17세기 아메리카 정복이나 전후의 거대한 가속과 핵실험 등을 놓고 벌어지고 있다는 사실 자체가 자연과학적 관찰대상과 인문사회과학적 관심 현상 사이의 수렴을 의미하기 때문이다. 즉, 인류세를 탐구한다는 것은 인간의 파괴 능력 증대의 역사와 연관된 이슈로서, 정치, 경제, 문화, 기술, 물질 등의 과정이 모두 얽혀져 발생하는 복합적 현상에 대한 분석을 의미한다(Harrington, 2016, p.484). 이 지점에서 우리는 근대세계 전반에 대한 성찰을 하지 않을 수 없게 되는데, 계몽주의적 서사에 따르면 자유와 해방의 역사인 근대가 결국은 지구파괴의 역사, 인류세의 위기를 가지고 왔다는 당혹스런 사실을 발견하게 되었기 때문이다(Chakrabarty, 2009, p.208).

2. 인류세 과학과 인문사회과학의 공진화

이러한 배경 아래 인류세 담론의 부상은 자연과학 분야를 넘어 초학제적으로 격렬한 논쟁과 토론을 야기하였을 뿐만 아니라, 진정한 의미에서 21세기의 통섭적 학문경향을 이끄는 추동력이 되고 있다. 그만큼 광범위하고 근본적인 문제의식을 던져주는 화두라고 할 수 있다. 인류세와 같은 거대한 재난은 엄청난 고통을 수반하지만, 그만큼 우리가 새로운 방식으로 세계를 사유하고 실천하게 해주는 역설적 계기가 될 수도 있다(이강원, 2020, pp.32-33). 실제로 인류세는 인문사회과학 분야에 있어서도 일종의 '지적 기후변화'(Castree et al., 2014)를 불러일으키며 기존 학계의 전제들과 학문분과 시스템 전체를 개편하게 만들고 있다(김홍중, 2019, p.18).[6] 이를 두고 얼 엘리스 같은 학자는 인류세가 '두번째 코페르니쿠스 혁명'에 준한다고 주장하면서, "인류세가 중요한 이유는 인류세가 오래된 서사와 철학적 질문들을 다시 논의하고 다시 쓰도록 하는 렌즈 역할"을 해주며, 특히 "인간 존재의 의미에 대한 사고를 근본적으로 바꿀 수 있는 잠재력"을 지녔기 때문이라고 평가하였다(Ellis, 2021, p.15). 무엇보다 인류세라는 개념이 가져온 충격의 핵심은 오늘날 인문사회과학이 암묵적 전제로서 가정하고 있는 '근대성'에 대해 어느 때보다 큰 회의와 의심을 제기한다는 점에 있다. 좁게는 근대 사상을 통해 전해진 자연에 대한 개념이 유효성을 상실하게 만들었을 뿐만 아니라(Hamilton, 2018, pp.70-71), 더 광범위하게는 브루노 라투르의 지적처럼 인류세는 "'근대' 및 '근대성'의 관념으로부터 영원히 벗어나는 시도를 하는 데 가장 적절한 철학적, 종교적, 인류학적 그리고 (장차 두고 보겠지만) 정치적 개념이 될 것"으로 기대된다.[7]

---

6) 탈식민주의 역사학계의 거목인 차크라바티의 글(Chakrabarty, 2009)이 대개 인문사회과학계에서 본격적인 인류세 연구의 시발점으로 알려져 있다. 여기서 그는 인간 사이에서 일어나는 일들만 고려했던 역사에서 벗어나 지구의 속성에 유의하는 새로운 역사 쓰기를 주장하면서 네 가지 테제를 선언하였다: (1) 인간이 기후변화를 유발했다는 설명은 자연의 역사와 인류의 역사를 구분하는 오랜 인문학의 근거를 무너뜨린다. (2) 인류가 지질학적 힘으로 존재하는 새로운 지질시대인 인류세에 도달했다는 생각은 근대성, 지구화에 대한 인문주의적 역사의 엄정한 수정을 요구한다. (3) 인류세에 관한 지질학적 가설은 자본의 전 지구적 역사와 인간 종의 역사 간의 대화를 요구한다. (4) 종의 역사와 자본의 역사를 교차연구하는 것은 역사적 이해의 한계를 탐색하는 과정이다.

7) 최명애·박범순(2019, pp.23-24)에서 재인용.

보다 구체적으로 인류세 담론은 인문사회과학에 있어 메타이론적 전환과 함께 새로운 윤리학을 구성하는 계기를 마련하고 있다. 우선 첫째로 인류세 개념은 '인식론적' 혁명을 추동하고 있다(Pereira, 2021, pp.24-26). 기성 사회과학에 팽배한 실증주의 패러다임은 기본적으로 뉴턴 물리학식의 단순폐쇄체계 가정에 기반한 것이다. 이는 선형적 체계, 예측가능한 체계, 외부세계와 상호작용이 없는 체계를 전제한다. 반면, 인류세 논의가 토대를 두고 있는 지구시스템과학은 복잡계 이론과 공명하는 전혀 다른 과학 패러다임—불안정, 비선형, 불확실성, 자기 조직화와 창발—에 기초해 있다. 이러한 새로운 과학의 지평은 인식론상의 변동을 요구한다. 즉, 과학적 설명가능성에 대한 확신 대신 근본적 예측불가능성을 강조하며 복잡성과 함께 하는 법을 수용하게 만든다(Cudworth and Hobden, 2021, p.240).

둘째로 인류세 담론은 2000년대 발생한 '존재론적' 전환(=신유물론과 포스트휴머니즘) 흐름과 합류한다. 인류세는 비인간 행위자들, 포스트휴먼적 세계가 전면적으로 드러나게 된 새로운 조건을 표현한다. 자연 혹은 비인간 존재들이 단순한 인간활동의 배경물이 아니라 인류와 함께 거대한 '지구 이야기(geostory)'를 구성해가는 주체라는 것이 밝혀진 시대인 것이다(송은주, 2021, p.261). 특히 오늘날 후기 근대세계에서 자본주의의 심화와 확장으로 다양한 비인간 힘의 장들과의 연계가 증대함에 따라, 이질적인 자기 조직적 시스템 간의 간섭과 충돌이 시스템 전반의 취약성과 불안정성을 증폭시키고 예기치 않은 현상들이 창발하는 복잡계적 세계상이 주목된다(Connolly, 2013). 가령, 기후변화 현상은 전형적으로 인간과 자연이 하이브리드를 이루는 인류세의 조건을 잘 표현해 준다. 또한 인간이 만들어낸 역사구조적 조건들이 인수공통전염병의 팬데믹을 유발한 오늘날의 코로나 사태는 '다종적 얽힘(multi-species entanglements)'이라는 우리의 존재조건을 명확히 한다. 일상화되어버린 마스크 착용을 통해 인간과 비인간 존재가 얽혀 공진해가는 인간 너머의 세계가 가시화되고 있는 것이다. 결국 우리는 바이러스, 세균, 동식물 등 '다종적 배치(multi-species assemblage)'의 일원으로서 서로가 깊이 결부되어 있는 관계적 존재임을 새삼 깨닫게 되었다(하대청, 2020).

이러한 맥락에서는 르네상스와 계몽주의 시대의 산물로서 근대 휴머니즘적 사유, 특히 자연과 인간의 데카르트적 이분법[8]에 기초한 인간중심주의가 핵심적 문제로 부상하게 된다. 인간의 종적 우월성을 전제하고 자연을 인간 외부의 자원으로서 지배해 세계사의 진보를 추구해 온 휴머니즘 전통이 작금의 인류세적 위기를 양산한 것으로 평가된다. 따라서 새로운 존재론으로서 포스트휴머니즘은 이러한 지배적 사고의 전복을 획책하면서 인간의 탈중심화를 추구한다. 즉, '인간 너머의 시각'을 강조하면서 사회와 문화 외부에 존재하는 행위성에 초점을 두기 시작한다(Cudworth and Hobden, 2021, pp.235-241). 인간과 자연 관계를 혁명적으로 재고하여, 비인간 존재−사물들의 네트워크 속의 인간위치를 강조하고, 인간의 제왕적

---

8) 『방법론 서설』에서 데카르트는 "모든 인류의 일반적 선은 사색적 철학에 의해서가 아니라 자연의 정복자이면 소유자가 되도록 진력하기 위해 생활에 유용한 지식성취로 가장 잘 추구될 수 있다"라고 주장하였다(최병두, 2021, p.81에서 재인용).

지배자 위치를 박탈한다. 호모 사피엔스 또한 여타 생명체들과 취약성을 공유하는 하나의 동물로서의 위치만 인정받게 되는 것이다(Cudworth and Hobden, 2021, pp.245-246). 이로써 인간과 자연이 개념적으로 단일의 복합체―'사회자연(social nature)'― 을 형성하게 된다(Burke et al., 2016, p.510). 존재론적 차원에서 정리하자면, 인류세의 충격을 맞아 평평한 존재론, 일원론적 존재론, 관계론적 존재론, 탈인간중심적 존재론이 새롭게 출현한 셈이다(Trombetta, 2021, pp.161-164).

같은 맥락에서 '신유물론'(김상민·김성윤, 2019; Arias-Maldonado, 2019)은 인류세 존재론의 중핵을 형성한다. [9] 기후변화와 생태위기를 기화로 위협적인 물질성이 회귀하고 근대의 '물질 vs. 관념'의 이분법적 상상은 해체된다(김홍중, 2019, p.17). 물질세계 역시 고정되거나 안정된 실체가 아니라, 늘 관계적이며 유동적인 것으로 가정된다(relational materiality). 또한 자연과 인간/문화/사회의 얽힘과 연속됨이 부각되며(monistic ontology), 생명―비생명 존재 모두에 행위성이 부여되는 등(non-human agency), 신유물론의 전제들은 기존의 근대적 인문사회과학 패러다임에 철학적 차원의 도전을 제기하고 있다(김환석, 2018, p.6). 이는 특히 1980―90년대의 포스트구조

---

9) 신유물론의 대표적 조류들로는 라투르의 행위자-연결망 이론, 질 들뢰즈와 마누엘 데란다의 에셈블리지 이론, 도나 해러웨이, 로지 브라이도티 등의 페미니스트 유물론, 캉탱 메이야수 등의 사변적 실재론, 그레이엄 하먼의 객체지향 존재론, 제인 베넷의 생기론적 유물론 등이 존재한다(최병두, 2021, p.86).

주의나 사회구성주의가 주도한 '언어적/기호적/해석적/문화적 전환' 혹은 표상주의의 패러다임과는 대조되는 흐름이라는 점에서 특징적이다. 상징계의 그물 사이로 물질적 실재가 흘러나와 강력한 활동력과 파괴력을 발휘하고 있는 인류세의 조건이 이러한 전환을 추동하게 되었다(김홍중, 2019, p.16). 기존의 인문사회과학이 언어, 의미, 담론, 문화 등을 중심으로 구성된 사회현실을 분석하는 것에 집중했다면, 기후변화와 팬데믹의 시대를 맞아 새삼 지구라는 '물질적' 조건 위에 인간이 삶을 영위하고 있다는 점을 깨닫게 되면서 큰 존재론적 변환을 겪게 된 셈이다(김환석, 2018, p.2).

마지막 셋째로 인류세는 실증적 지질학 개념일 뿐만 아니라, 그 자체로 '규범적' 의미를 처음부터 함축하고 있다. 인류세 관념의 창안과정은 우리 자신에 대한 인식, 인류가 가진 힘에 대한 인식을 근본적으로 변화시킨 과학적 발견이자 우리 시대의 가장 급진적인 정치적 질문을 포함했다(Lewis and Maslin, 2020, pp.20-21). 인류세는 과학적 지식과 정치행동 사이의 '경계 개념(boundary concept)'(Marquardt, 2019, p.214)으로서, 인류 공동체 전체의 새로운 윤리학을 발명해야 한다는 21세기 인문사회과학의 도전을 제기해 왔다(심효원, 2020, p.260). 가령, 지구 시스템 과학의 토대를 이루는 복잡계 이론의 함의는 인류세 시대 인간행위에 대한 정책적 가이드도 제시한다. 비선형적 방식으로 증폭될 수 있는 부정적 자기 조직화를 막기 위한 예방조치(precaution)가 우선되고 자연 시스템의 회복탄력성(resilience)에 미치는 부정적 효과를 늘 고려할 필요가 있다. 나아가 하나의 종으로서 자연 앞에선 인류의 겸손한 태도를 촉구한다(Cudworth and

Hobden, 2021, pp.240-241).

결국 인류와 자연 사이의 신진대사 균열에 따른 6번째 대멸종 같은 파국의 가능성에 대한 인식, 혹은 행성적 위기 상황에 대한 경각심을 불러일으킨 인류세 과학은 실천적 차원에서 삶의 패러다임 변화를 촉구한다. 인류세의 위기는 공통된 '취약성'의 경험을 통해 인간들 사이의 연대와 사회적 상호의존의 윤리로 나아가는 계기를 구성할 뿐만 아니라, 새로운 포스트휴먼적 도덕과 정의에 대한 감각을 증대시켜 인류세적 위기를 극복하고 성찰해 나갈 것을 요구한다(노대원·황임경, 2020, p.107). 인간중심적 종차별주의가 가져온 비인간 타자에 대한 근대의 위계적 폭력을 반대하고, 지구에 거주하는 모든 존재들이 평등하게 공존하는 종횡단적 윤리의 지평을 제시해야만 한다. 인간과 비인간 간의 상호학습과 변화, 포스트휴먼의 다종주체성과 공동체 구성을 지향하는 '지구행성 시민주의'의 추구가 요청되는 셈이다(심현주, 2021; Youatt, 2020).

이상에서 살펴본 것처럼 인류세는 인문사회과학의 '지질학화'를 추동하는 거대한 패러다임 전환을 의미하지만, 한 가지 중요하게 첨언할 점은, 지질학의 탈신비화, 혹은 인류세 과학 전반의 인문사회과학화 역시 요구된다는 사실이다. 기성 인문사회과학의 자원을 가지고 인류세 과학이 재현하는 인간사회의 모습을 비판적으로 성찰할 필요성, 또는 하나의 담론으로서 인류세의 정치, 윤리적 성격에 대한 비판적 연구를 진행할 필요성이 존재한다. 인류세와 인문사회과학 사이의 공진화가 요구되는 셈이다(Castree, 2019, pp.40-46; 최명애·박범순, 2019, p.9). 예를 들어, 인류세 대신 '자본세(Capitalocene)'라는 용어를 사용하자는 생태 마르크스의자들의 문제제기(Moore, ed., 2016)가 객관의 언어로 포장된 인류세 과학에 인문사회과학적 문제의식을 불어넣으려는 경향을 잘 보여준다. 이들 비판이론가들에 따르면, 새로운 지질시대를 야기한 것은 특정한 생산양식의 다이내믹스와 지배계급과 선진자본주의 국가의 이익추구에 따른 것인데, 이 지구 시스템적 변동을 '인류'라는 보편의 언어를 사용해 인간집단 전체의 책임으로 돌리는 것은 부당하다. 인류의 상위부유층 7%가 50%의 탄소배출에 책임이 있는 반면, 하위 45%는 단지 7%의 탄소배출만 야기하고 있다는 사실은 지구환경위기의 조건에서도 '분배정의'의 문제가 중요함을 지시한다(김홍중, 2020). 나아가 인류세의 위기로 지칭되는 거시현상은 지난 300여 년간 존재해온 탄소사회의 등장과 깊게 결부되어 있는 것으로 화석연료를 태워 열을 에너지로 전환하는 기술에 의존한 근대의 사회경제적 대변환과 직결된다. 왜냐하면 이러한 새로운 탄소의 순환과정에서 지금의 재앙적 생태변화들이 발생한 것이기 때문이다. 결국 자본세의 시각에서 보면, 지구 북반구 주민의 정치, 경제, 문화적 일상구조와 실천에 깊이 착근되어 있는 '제국적 생활양식'(Brand and Wissen, 2020)이 불러온 복합적 위기, 혹은 화석연료에 기반한 근대 자본주의적 삶의 방식 자체가 가져온 파국의 시간이 바로 우리가 직면한 비상사태의 본질이며, 그 파국의 구체적 형태들로 우리에게 현현한 것이 오늘날의 기후변화와 코로나 팬데믹이라고 볼 수 있다(Malm, 2021, p.124).

II
홀로세 국제정치학의 종언

1. '행성적 실재'와의 충돌

20세기 후반 이래 생태문제의 지속적인 악화는 국제정치학에서 환경 분야 연구가 중요한 의제로 부상하는 계기가 되었다. 특히 탈냉전기 국가 간 군사경쟁 위주 안보개념의 대안으로서 환경안보 문제가 본격적으로 논의되기 시작하면서 환경정치학은 주류 정치학의 한 연구분과로 안착하는 데 성공하였다. 그런데 문제는 환경 이슈들이 주로 국제정치학계에서 다뤄지는 양태에 있다. 즉, 그저 경쟁적 아나키 세계에서 국익 간 충돌 혹은 상대적 이득의 문제를 다루는 일의 어려움을 보여주는 또 하나의 이슈 영역 정도로만 취급되어 온 것이 현실이다. 매우 고전적인 현실주의-자유주의 논쟁의 한 사례연구 분야, 특히 정교한 국제제도나 레짐을 구성해 국가 간 이익을 조정하는 식으로 접근하는 '소프트' 이슈 영역 중 하나로 환경이 다루어진 것이다(Harrington, 2016, p.486). 이에 더해 무엇보다 '생존'의 문제를 중심으로 다루는 학문분과로서 주류 국제정치학이 인류의 존재론적 위험이 달린 인류세의 문제를 정면으로 접근하지 않고 있는 것은 기이한 현상이다(Pereira and Saramago, 2020, p.3).

그러나 국제정치학 연구에 인류세가 제기하는 도전은 무시 불가능할 정도로 본질적이다. 앞서 살펴보았듯 인류세는 기성 인문사회과학 일반의 토대를 교란하는 것과 마찬가지로 그 하위분과인 국제정치학의 전통적 관심사, 이론적 전제들도 크게 뒤흔들고 있다. 실제로 2010년대에 들어—복잡계 이론의 영향을 받아—여러 차원에서 국제정치학의 메타이론적 전환이 나타나기 시작했는데, 보편주의적, 근대주의적, 선형적 인식론에서 탈피하고 복합적, 우발적, 비선형적 세계상을 그리기 시작했다. 특히 비의도된 결과, 창발, 분기, 티핑포인트 등의 현상에 주목하게 되었으며 관계, 네트워크, 컨텍스트가 분석의 초점으로 부상하였다. 이러한 이론적 변화의 배후에는 부분적으로 기후위기 문제의 부상이 존재했다. 다시 말해, 인류세 위기는 단순히 새로 주어진 안보 이슈 수준을 넘어 학문의 기초로서 인식론과 존재론 차원의 문제를 제기하고, 우리가 사용해온 학문의 도구와 이해/설명 방식 자체를 문제시한다(Chandler, Müller, and Rothe, 2021, pp.2-3). 이러한 새로운 학문적 물결은 기존의 지배적 국제정치학이 현 인류가 살고 있는 세계와 매우 다른 시공간에서 구성된 지적 구축물이라는 점을 강조한다. 즉, 기후환경적으로 지극히 안정된 홀로세 시대를 배경으로 탄생한 과거의 국제정치학은 국가중심주의, 합리-실증주의, 자연/사회 이분법, 인간중심주의와 같은 한계들에 봉착해 있다고 진단한다. 반면, 오늘날 대멸종의 위협 속에 '행성적 실재'와 조우하게 된 정치학자들은 우리 시대 안보와 생존의 문제를 탐구하기 위해 국제정치학을 새롭게 재발명할 것을 요구받고 있다(Pereira, 2021). 홀로세 IR과 구분되는 인류세 IR의 출현이 요청되고 있는 것이다(Müller, 2019, pp.72-78). 현대 국제정치이론의 역사라는 각도에서 보더라도 인류세는 중대한 분수령을 형성할 것으로 기대된다. 냉전기 국제정치학에서 '국가/국제' 분석단위 중심의 현실주의가 지배적 이론이었다면, 탈냉전기에는 '지구'를 분석단위로 삼는 자유보편주의가 득세했었다. 이제 생태적 위기의 도전을 맞아 국제정치학은 '행성'에 대한 사유, 자유주의적 이론의 틀을 벗어난 사유를 요구받고 있다(Chandler, Müller, and Rothe, 2021, pp.6-12).

다른 한편, 국제정치의 실행방식(practice)에 있어서도 기후위기로 대표되는 지구 시스템의 요동은 근본적 차원의 도전을 제기한다. 기존의 베스트팔렌 질서 내에서 문제를 해결하려는 '개혁(reform)' 전략이—오존층 파괴 문제해결 외에는—대부분 실망스러운 결과로 귀착되고 말았기 때문이다. 근대국제체제의 본질적 변화를 추구하는 '변혁(transformationist)' 전략의 필요성이 증가되고 있다고 볼 수 있다(Young, 2016, pp.243-246). 기실, 통합된 자연세계인 지구 생명권과 국경선으로 분할된 정치시스템인 베스트팔렌 체제 간의 긴장과 충돌이 지속적으로 노출되면서, 환경 이슈에 있어 기성 국가 간 체제의 집단행동문제가 부각되었다(Patrick, 2021). 그리고 특정한 시공간의 사회적 구성물로서 근대 국가 간 질서가 인류세적 위기에 무능하다는 사실은 최근 코로나 국면에서 더욱 여실히 증명되었다. 실제 2020년대 초를 경유하며 우리가 목도한 것은 지정학적 현실주의에 기반한 국익우선 논리와 제로섬 게임 논리가 지배하는 국가 간 체제의 기능부전이었다. 이로써 자유세계질서 혹은 지구 거버넌스에 대한 환영 또한 침식되었다(차태서, 2021, pp.6-9). 비유하자면, 17세기 종교전쟁의 문제를 해결하기 위해 베스트팔렌 질서와 국가주권 독트린이라는 제도적 해법이 도출되었듯이, 오늘날 인류세 위기에 대응해 새로운 행성적 사회제도의 창출이라는 대업을 달성할 수 있을 것인지가 초미의 관심사가 되었다(Young, 2016, pp.247-248).

2. 포스트휴먼 행성 정치학의 출현

종합하면, 인류세는 국제정치학 연구에 있어 급진적인 패러다임 변동을 요구하고 있다. 단, 주의할 것은 인류세와 정치학의 관계는 쌍방향적이라는 사실인데, 기성 정치학을 지구 시스템 변동 논의에 개방할 필요성과 함께 인류세 이해의 '정치화' 문제도 제기된다 (Biermann and Lövbrand, 2019, p.73). 인류세가 오늘날 국제정치연구의 토대를 전환시킬 가능성뿐만 아니라 인류세 논쟁에 정치학의 목소리를 들리게 할 필요성도 존재한다는 뜻이다. 즉, 인류세 문제의 해법으로서 새로운 포스트휴먼적, 행성적 거버넌스 프레임을 제시하는 동시에 윤리적, 규범적 함의를 지닌 비판담론을 정치학이 제공해야만 한다(Hickmann et al., 2019b, p.250).

2000년대 중반 국제정치학계에서 가장 빠르게 인류세 과학의 논의를 도입한 선구자는 비판 지정학 연구를 주도해온 시몬 달비로 알려져 있다(Dalby, 2007). 그리고 2010년대 이후 국제정치학 분야에서도 인류세 문제를 다루는 연구들이 빠르게 증가했으나 여전히 타 인문사회과학 분과들에 비해서는 뒤처져 있는 상황이다(Simangan, 2020, p.224).[10) 그럼에도 불구하고 새로운 행성적 실재에 대응해 근 대국가중심적 홀로세 국제정치학의 종언을 선언하고 새롭게 혁신 된 국제정치학(혹은 행성 정치학)이 인류세 논쟁에 기여할 수 있는 고유한 영역들로는 생태안보, 행성 거버넌스, 남북문제 등을 고려 해 볼 수 있다.

가. 생태안보로의 이행

20세기 후반부터 탈냉전의 새로운 기운에 힘입어 코펜하겐 학파 등이 주도한 안보 개념의 확대와 심화는 전통적 국가안보 개념을 넘어 국제안보나 인간안보에 대한 새로운 관심을 불러일으켰다. 이 런 맥락에서 환경안보 개념 또한 부상하면서, 인간에 의한 생태계 의 파괴문제와 그 안보적 함의가 본격적으로 국제정치학계에서 논 의되기 시작하였으며(Dalby, 2021, p.139), UNDP의 1994년 인간개 발보고서가 인간안보의 7개 측면 중 하나로 환경안보 개념을 제시 하면서, 글로벌 거버넌스의 현장에서도 환경문제를 안보적 관점에 서 다루는 관행이 통용되기 시작했다. 특히 이후 지구 시스템 과학

---

10) 사실 오늘날 인류세 담론의 핵심적 주제의 상당 부분은 냉전기에 이미 국제정치학계에 서 논의되었다고 볼 여지가 있다. 인류 전체의 멸종, 전쟁-식민-지구생태의 연관성, 행 성단위에서의 거버넌스와 윤리문제 등이 당시 미소 핵전쟁으로 인한 공멸의 가능성 때 문에 진지하게 토의된 바 있기 때문이다(van Munster, 2021).

에서 등장한 '행성적 한계' 개념이나 '안전 작동영역' 개념 등은 인류세 담론과 환경안보의 접합점을 마련해 주었다(Hardt, 2021, pp.89-91). 나아가 최근에 기후위기와 코로나 팬데믹을 경유하며 비전통, 신흥안보 이슈의 개념화와 대응 필요성이 강조되고 있다. 기존의 적대, 외부위협, 예외조치, 우적 구분에 기반한 근대안보 논리와 차별되는 탈근대적 환경안보의 개념화가 인류세 논쟁의 국면에서 더욱 발전하고 있는 셈이다(Trombetta, 2021, pp.165-166).

하지만 기존의 주류적인 환경안보연구는—'국가'에서 '국제'로, 다시 '인간' 안보 패러다임으로의 진화를 추동한 그간의 이론적 성과가 무색하게—포스트휴먼의 관점에서 보면 대부분 인간중심주의의 한계 내에 존재한다는 문제점을 지니고 있다(McDonald, 2021, pp.194-198). 협소하고 낡은 국가안보 개념으로부터 가장 멀리 탈피한 인간안보 패러다임조차 여전히 환경문제가 인간 사회에 미친 부정적 영향과 피해에만 초점을 둘 뿐, 지구 생태계 전체의 균열과 교란에 대해서는 본격적으로 논의하지 않는다(최병두, 2021, p.287). 예를 들어, 기후변화나 코로나 사태에 직접적 영향을 받는 취약한 인구집단에 대한 관심을 촉구한다는 점에서 인간안보론은 국가안보론에 비해 분명 진일보한 것이지만, 환경악화, 자원부족, 전염병 창궐 등의 이슈가 이주민/난민 발생과 분쟁의 원인으로 작동되는 인과 메커니즘에만 분석의 렌즈가 한정되기 십상이다. 즉, 인간(/환경) 안보론 역시 기성 인간중심주의 논리에 쉽게 포획될 수 있다(Trombertta, 2021, pp.158-159). 이러한 양상은 기성 홀로세 국제정치학의 이론틀과 개념을 그대로 둔 채 지구환경이라는 새로운 이슈

영역에 그 동일한 학문의 프레임을 적용하기 때문에 나타나는 문제이다. 주류 국제정치학이 여전히 인간중심주의와 근대주의의 기초에 결박되어 국가와 안보에 분석의 우선성을 부여하고 생태위기를 그저 기성 국제정치학 이슈(국경분쟁, 이주/난민문제, 내전 등)의 새로운 배경 정도로 취급하는 양상이 지속된다면, 인류세 조건에 대한 근본적 문제제기는 난망하다. 결국 현재 인류세가 제기하는 중차대한 문제들을 탐구할 수 있도록 국제정치학 자체의 변화가 요구된다. 특히 분석 패러다임의 전환이 중요한데, 인류세에서 안보의 문제를 인간중심적, 국가중심적 문제틀 속에서 탐구하지 말고, 행위자에 있어 비인간 존재를 포괄하고 분석범위를 행성적 수준으로 확장하는 프레임 이동이 필수적이다(Simangan, 2020, pp.216-217).

이런 맥락에서 매트 맥도날드를 위시한 일군의 비판이론가들은 포스트휴먼적 관점에 토대를 둔 '생태안보'의 문제틀을 제기한다. 인류세가 안보 개념의 핵심을 변화시키고 있다는 주장이다. 즉, 인간집단과 제도를 보호하는 관점에서 생태계 혹은 지구 시스템 자체를 보호하는 것으로 안보 개념을 이동시켜야 함을 강조한다. 이를 위해 존재론적 차원에서 자연과 인간의 분리 관념을 폐기하고, 오늘날 안보담론 외부에 존재하는 가장 취약한, 대표되지 않는 존재들(주변화된 개도국 공동체들, 미래 세대, 비인간 존재들 등)의 권리와 필요를 우선시하면서 생태계의 복원력 강화를 통해 이들의 취약성 문제를 해결하고자 한다. 생태안보론에서 핵심 위협으로 규정하는 것은 기후위기로서 통상적인 환경안보론에서처럼 그것이 인간집단 간 분쟁을 야기하는 증폭기이기 때문이 아니라 기후변화가 그 자체로 생태계의 가장 취약한 존재들을 위협하기에 초점을 맞춘다(McDonald, 2021, pp.198-201).

생태안보를 추구하는 데 있어 주요한 장애물로는 국가 간 체제라는 제도 프레임, 자국중심 이기주의라는 기성 윤리관의 제약, 단기 이윤만을 추구하는 정치경제양식, 육식과 대형 SUV 차량 운용 같은 반생태적 에토스 등이 지목된다. 따라서 인류세를 생태안보의 렌즈로 접근한다는 것은 근본적인 대안제도, 실천으로 향하는 감각 혹은 감수성을 함양하는 일과 직결된다. 인간집단 간의 연대를 넘어 시공간과 종의 경계를 횡단하는 윤리관의 확장을 추구해야만 하는 것이다(McDonald, 2021, pp.201-204). 아울러 인류세 안보의 핵심은 정치경제의 문제, 즉 비화석연료기반 생산양식으로의 이행문제와 분리될 수 없다. 장기적으로 '기품있는 삶(decent life)'을 가능케 하는 행성경제의 작동방식이란 무엇인지를 탐구하는 것과 뗄 수 없는 문제인 셈이다(Dalby, 2021). 따라서 자본주의 정치경제 자체의 문제에 무감각한 행성적 한계론에 기반한 안보논의 또한 생태안보론의 문제의식에 견주어 볼 때 혁명적 변환의 문제틀이 결여된 문제해결이론으로서의 한계를 보인다(Hardt, 2019, pp.93-95).

다른 한편, 관계론적, 탈인간중심주의적 페미니즘에서 강조하는 '돌봄(care)' 개념 역시 생태안보론과 함께 인류세 시대 안보 개념을 급진적으로 확장시키는 역할을 수행한다. 전통적 안보 개념이 경쟁하는 인간집단들 사이의 폭력을 다룬다면, 돌봄은 인간−비인간 존재 사이의 본질적 얽힘의 문제를 정면으로 다루는 방식으로 안보를 재개념화하고자 한다. 외부의 폭력적 위협이 아닌 근대적 사회과정에 내재하여 있는 위험의 문제를 다루어야 하는 인류세 조건의 특이성에 잘 어울리는 접근법이라 볼 수 있다. 본래 페미니즘에서 기원한 돌봄윤리는 개인주의적 자율성 관념이 환상에 불과하며 관계적 존재인 인간의 생존 자체가 상호간의 돌봄에 의존하고 있다는 전제에서 출발한다. 기본적으로 관계적 세계관, 타자와의 관계망 속에서 존재를 사유하는 방식인 셈이다. 이런 맥락에서 돌봄이란 자신을 타자에 동조시켜 상대의 시각과 필요에 반응함으로써 폭력의 사용을 감소시키려는 시도이다. 이러한 관점은 인간-비인간 간, 세대 간의 관계 등에도 확장해 적용 가능하다. 그럼으로써 비인간 타자와 우리가 얽혀드는 관계성과 상호적 취약성을 가시화하는 효과가 발휘된다. 결국 인간과 비인간, 현세대와 미래 세대를 망라하는 거대한 우주적 관계의 네트워크를 인식하고, 상호의존과 책임의 도덕적 연계, 자연 보호의 규범 증진에 도움을 주는 것이 돌봄에 기초한 안보관의 효과이자 목표이다(Harrington, 2021).

나. 포스트휴먼적 행성 거버넌스의 탐색

기성 글로벌 거버넌스 역시 생물다양성 협약, 교토의정서, 파리 기후변화협약 등의 성과를 통해 인류세 문제에 초보적으로 대응해 온 것이 사실이나, 최근 포퓰리즘과 팬데믹 국면을 지나며 커다란 한계를 노출하고 말았다. 더욱이 전 지구적 공공재 제공이 부족해지게 마련인 패권경쟁이라는 불리한 구조적 국면에 돌입하게 되면서 인류세에 적합한 거버넌스 체제의 구축은 더욱 지난한 과제가 되었다. 그럼에도 포스트휴먼의 실재와 조우한 조건에서 새로운 행성적 거버넌스와 정의 추구의 필요성은 크다. 무엇보다 우선 인류세의 도래는 홀로세의 제도와 관념에 내장되어 있는 기성 환경 거버넌스의 지식과 실천형태를 의문시한다. 생태계가 상대적으로 안정되었던 시기에 만들어진 질서일 뿐만 아니라 주권국가와 자본주의 등 홀로세의 제도들이 사실상 현재의 인류세적 위기 출현을 가능케 했다는 점에서 그 지속가능성에 대해서는 매우 회의적일 수밖에 없다. 국제적 거버넌스 시스템조차 환경보호보다 경제성장을, 전 지구적 집단행동보다 주권을 우선시하게 유도하는 베스트팔렌 체제에 토대를 두고 있는 한, 우리의 새로운 현실에 적합한 대응은 거의 불가능하다. 따라서 인류세의 행성적 실재에 걸맞는 거버넌스의 심층적 갱신이 요구된다(Bornemann, 2021, pp.311-314). 보다 구체적으로 근대정치의 경계들(국경, 세대, 인간/자연)을 넘어 초국적, 초세대적, 탈인간적 정의를 추구하는 새로운 거버넌스와 윤리 개념을 탐색할 필요가 있다(Dryzek and Pickering, 2019, pp.68-79).[11]

첫째, 탈베스트팔렌 거버넌스 구축이 요청된다. 국익기반 접근법 혹은 근대국가 간 외교와 국제 레짐의 접근법으로 기후변화문제 대처에 실패했다는 것은 주지의 사실이다. 현 베스트팔렌 질서의 궤

---

11) 초국적 정의가 거버넌스 스케일의 문제라면, 초세대적, 탈인간적 정의는 대표의 문제를 제기한다. 기성 민주주의 체제에서 대변되지 않는 미래 세대와 비인간 존재의 이슈가 인류세의 새로운 조건 속에 부각됨을 의미한다. 기존 대의제의 현 세대중심주의적, 인간중심주의적 난점을 비판하면서, 홀로세보다 '데모스(demos)'의 범위가 훨씬 커진 상황에서 정치와 민주주의를 어떻게 상상할 것인지의 문제가 부상한 셈이다(Mert, 2019).

적은 결국 소수 특권계층과 강대국에만 혜택을 부여하면서 인류 전체를 위한 집단행동 동원에 실패해온 역사라고 볼 수 있다(Simangan, 2020, p.220). 이런 점에서 프랭크 비어만 등이 주도하는 "지구 시스템 거버넌스(ESG)" 프로젝트가 베스트팔렌 질서 실패에 대한 자유주의적 대응법을 대표한다(Biermann, 2014a; 2014b). 특히 환경문제를 (역사상 비교적 성공적인) 경제 거버넌스 시스템에 유기적으로 통합시키고, 기성 UN 제도를 재강화하는 것을 골자로 한다. 이는 결국 주류 글로벌 거버넌스의 패러다임 정교화를 추구하는 것으로 경영 합리성에 기반한 제도주의적 해법이자 탑다운 형태의 통치성(governmentality)에 기반한 접근법이라고 볼 수 있다. [12]

둘째, 인류세 시대의 새로운 거버넌스 구성과정에는 세대 간 정의의 추구가 요구된다. 세대 간 정의의 개념은 1990년대 기후변화 문제 대처과정에서 부상한 것으로 인류세가 제기한 '심원한 시간(deep-time)'의 지평에 조응한다. 즉, 한편으로 여러 세기에 걸쳐 근대 유럽이 화석연료를 사용해 부를 축적한 역사가 오늘날 선진산업 국들의 기후채무(climate debt)를 발생시켰으며(Lewis and Maslin, 2020, p.378), 다른 한편으로 오늘날 기후변화문제에 대한 현세대의 대응이 향후 수백 년간 미래 세대의 삶을 결정할 것이란 사실이 세

---

12) 따라서 비판적인 시각에서는 ESG 역시 현 위기 상황을 낳은 홀로세 거버넌스의 연장선상이자 기존의 제도적 관성과 병리를 새롭게 반복할 뿐이다. 인류세의 불확실성에 대한 대응으로 정적인 제도적 접근법은 부적합하다는 것이 비판자들의 요지이다 (Bornemann, 2021, p.320).

대 간 정의의 문제가 행성 거버넌스에서 반드시 다뤄져야 할 논리적 근거를 형성한다. 이는 인류세의 새로운 조건으로 인해 현재의 정치적 결정이 과거와 미래 세대를 연결짓는 상황이 야기되었음에도 불구하고, 오늘날 정치체제와 정치학은 이러한 '심원한 시간'의 문제를 다루기에 부적합한 상황을 비판하며 이에 대한 대안을 요구하는 것으로 이어진다(Galaz, 2019).

셋째, 생태적 성찰(ecological reflexivity)을 기반으로 한 탈인간중심적 거버넌스의 모색이 촉구된다. 기성 환경 거버넌스는 여전히 인간중심론에 토대를 두고 있기에, 거버넌스 개념 자체가 사회적 편향성을 보유하고 있다. 반면에 인류세 개념은 사회와 자연의 공진화를 강조하면서, 정치 이해의 재유물론화를 요구한다. 환언하면, 자연이 다시금 정치(학)의 개념구성에 포함되어야 한다는 주장이다(Hickmann et al., 2019b, p.243). 특히 비인간 존재를 어떻게 정치의 공간에서 대표할 것인지가 핵심적인 화두로 등장한다. 기성 근대정치와 법의 존재론에서 비인간은 단지 인간의 소유물로 현현할 뿐이다. 그러나 인류세 정치의 대안으로서 '생태 민주주의(ecological democracy)'는 기본적으로 포스트휴먼적 세계관에 기반해 정치 전반에서 존재론적 차원의 변동을 추구한다. 즉, 생태계 혹은 생명권 전체를 포함, 대표하는 새로운 데모스의 비전을 가지고 객체지향적 민주주의(object-oriented democracy)를 목표로 한다(Burke and Fishel, 2020). 구체적으로 '사물의 의회' 프로젝트가 제시하는 것처럼 사회 외부에 존재하는 것으로 간주되어 정치의 장에서도 배제되었던 비인간 객체에 행위성과 멤버십을 부여함으로써 정치화를 추구한다(송은주,

2021, p.265). 이는 지구공동체 구성원 모두에게 존재–서식–참여의 권리를 부여하는 형태로 법체계와 거버넌스 시스템 전반을 개혁할 것을 주장하는 이른바 '지구 법학(Earth Jurisprudence)'의 프로젝트와도 공명하는 것이다(박태현, 2021).

다. 인류세를 정치화하기: 전 지구적 북남관계의 문제와 행성 정치학

기실 지금까지 인류세 논의를 주도해온 주류 지구시스템과학계에서는 전통적인 계몽주의적, 발전주의적 접근이 지배적이다. 즉, 에코모더니스트적 입장에서 '프로메테우스적 해법'을 대안으로 제시하는 경향이 강하다. 대표적인 사례로, 인류세 개념의 창시자인 크뤼첸도 화학적 에어로졸을 대기에 살포해 태양광을 일부 차단하는 방식으로 지구 온난화 문제를 해결할 수 있다는 식의 '지구공학(geoengineering)'적 접근법을 제안한 바 있다(최명애·박범순, 2019, p.16). 같은 맥락에서 일정한 국제공조와 테크놀로지 발전을 통해 성공적으로 '행성 관리(planetary stewardship)'를 달성할 수 있다는 낙관주의적 전망이 주류 공론장에 팽배해 있기도 하다(김홍중, 2019, p.9). 이는 여전히 계몽주의 시대의 합리, 자유, 해방 담론의 자장 속에서 인간의 주체성과 능력을 과장하는 것이자, 인간 자신이 운명의 주인이라는 '제국주의적 인간(imperialist man)'의 고정관념에 갇혀 경영주의적, 생태식민적 태도를 반복하는 사고방식이다(Bierman and Lövbrand, 2019, p.18). 이러한 사유에서는 근대의 과학주의적, 진보주의적 세계관 자체가 인류세를 초래했다는 인식이 부재하며, '탈성장', '기후정의' 등 보다 근본적인 정치경제적 해법에 대해서는 전혀 고려하지 않는다(Baskin, 2019, pp.161-165). 결과적으로 주류적인 인류세 개념은 현상유지와 문제해결의 담론으로서 근대의 헤게모니적 철학(계몽주의, 발전주의, 인간중심주의 등)과 지배적 사회관계로서 자본주의의 논리를 재강화하는 데 복무할 따름이다.

그러나 인류세의 의미는 하나로 고정되어 있지 않으며, 오히려 그 의미의 확정을 둘러싼 치열한 권력 투쟁이 존재한다(Lewis and Maslin, 2020, p.24). 지배적 인류세 담론에 내재한 관료적, 행정적, 경영학적 접근을 비판하면서, 생태위기의 문제를 단순한 기술적 문제, 탈정치적 문제로 다루는 것에 문제를 제기하는 목소리들도 존재하고, 나아가 보다 혁명적인 정치, 사회, 경제 전환을 대안적 해법으로 제시하는 세력들도 있다(Hickmann, et al., 2019a; Baskin, 2019, pp.159-161). 라투르의 표현을 빌리자면, 인간중심주의와 근대발전주의의 환상에 여전히 사로잡혀 있는 '인간(Human)'과 달리 인류세의 변화한 조건을 이해하고 수용하는 '지구생활자들(Earthbound)'은 자신들이 매우 가변적이고 불안정한 '생물막(biofilm)' 내부에 격리되어 있을 따름이며, 이 위태로운 환경('가이아')에서 더불어 살아가기 위해서는 다른 존재들과의 협상과 타협이 시급하다는 점을 깨닫고 있다(송은주, 2021, pp.259-262).

재차 강조하건대, 인류세는 중립적이거나 객관적인 개념이 아니다. 그것은 새로운 정치적 사건이자 윤리적 조건을 생성해 냈다. 지구환경의 변동에 따라 행성적 단위의 불평등, 부정의, 고통이 생성되고 있는 계기로서, 현재의 부정의가 먼 미래에까지 연장되는 새로운 맥락을 창조해 냈다. 바로 이런 배경 하에 인류세는 정치학의 대상이 될 수밖에 없는 정치적 질문들을 제기하였고, 이에 정치학자들에게 새로운 책임이 부여되었다고 볼 수 있다. 인류세 개념의 재정치화(repoliticisation)가 추구되어야 하는 것이다(Wapner, 2019). 그리고 인류세의 원인과 효과에 있어서 전 지구적 차원에서 정치적 갈등이 발생하고 있음을 포착하는 것이 국제정치학이 특히 기여해야 할 지점이다. 보편주의적 단어인 종으로서의 인류 개념을 통해 생태계의 위기를 지칭하는 것이 지닌 탈정치화 효과—역사적, 인종적, 계급적 맥락이 사상되는 것—를 비판하면서, 세계의 다양한 인간 집단이 인류세에 대해 상이한 경험을 겪고 있다는 사실을 강조해야 한다. 나아가 인류세에 만연한 권력관계에 대한 깊은 성찰을 추구하면서, 인간 사회들의 식민화와 자연의 착취 사이에 존재하는 평행성을 인식해야 한다(Müller, 2019, pp.69-70). 주류과학적인 인류세 담론에는 행성 차원의 권력관계가 은폐되어 있기 때문에 생태계의 파괴행위를 통해 부를 얻는 북반구 부유층의 결정과 그 결정의 폭력적 결과를 감내해야 하는 남반구 빈곤층의 거대한 격차가 제대로 다뤄지지 못하고 있다. 같은 맥락에서 인류세의 원인을 '산업혁명', '지구화' 같은 익명적 거시 프로세스의 책임으로 설명하는 것은 그러한 불평등 양산 구조의 뒤에 어떤 정치적 결단과 주체들이 위치하고 있는지에 대해 침묵하는 행위이다(Baskin, 2019).

바로 이런 맥락에서 인류세 개념에 내재한 식민성을 강조하는 탈식민주의자들의 목소리에 귀 기울일 필요가 있다(McEwan, 2021). 이들에 따르면, 인류세의 원인과 효과 측면 모두에 제국주의의 흔적이 도사리고 있다. 우선, 식민주의의 역사와 인류세의 기원 사이에 존재하는 깊은 연관성은 대략 1610년대를 기점으로 하는 소위 '오르비스 스파이크' 개념에서 잘 드러난다. 유럽인의 아메리카 상륙이 원주민의 대량사망(대략 5천만 명 추산)을 야기하자 농경지의 감소와 야생삼림의 재생이 발생했다. 이 때문에 거의 1세기에 걸쳐 전 지구적 이산화탄소의 감소와 기온 하강이라는 지구 시스템 전체의 동요가 나타났다. 따라서 인류세의 시작점에 대한 논의는 근대 제국주의사에 관해 이야기하는 것과 포개지며, 콜럼버스 교환 혹은 근대 세계화의 시작점과 인류세의 기원을 함께 놓고 분석하게 된다는 것은 결국 식민주의, 노예제도, 자본주의 등에 대한 탐구와 깊게 결부됨을 의미한다(Lewis and Maslin, 2020, pp.184-192; pp.314-317).

　다음으로 지구 남반부(Global South)의 시선에서 볼 때, 주류적 인류세 개념은 서구의 새로운 담론으로서, 결코 객관적인 자연과학 용어에 머물지 않는다. 즉, 지식사회학적 관점에서 인류세 관련 지식생산의 정치경제학 혹은 그것의 권력적 효과에 대해 따져볼 수밖에 없다(Marquardt, 2019). 특히 기존의 기후변화, 나아가 인류세 문제에 대한 해법논의에서 남반구가 겪어온 역사적 부정의, 불평등 경험은 대개 삭제되어 있다(Simangan, 2020, p.220). 가령, 환경 거버넌스의 개혁논의 역시 여전히 서구 근대 에피스테메의 '인간 vs. 환경' 이분법에 근거한 테크노크라트적-경제주의적 시선과 선진 산업국가들의 지배적 이해관계를 주되게 반영하고 있으며, 탈식민 지역민, 그중에서도 원주민의 시각은 배제되어 있다(Chandler, Müller, and Rothe eds., 2021, pp.227-228). 이런 맥락에서 탈식민주의 이론가들은 주류 인류세 담론의 대안으로서 토착적 지식—다원적 사고(pluriversal thinking), 공생의 코스모스(co-habited cosmos), 서발턴적 코스모폴리틱스(subalternist cosmopolitics)—의 중요성을 강조한다(McEwan, 2021). 그리고 이러한 원주민들의 포스트휴먼적, 관계론적 세계관을 기성 법–제도 프레임에 포함시킴으로써, 자연과 인간 사이의 구분선을 삭제하고 비인간 생물에게도 인격과 법적 권리를 부여하여 상호돌봄의 윤리가 작동할 수 있도록 시도한다(Simangan, 2020, pp.221-222; Harrington, 2021, pp.218-221).

Ⅲ
맺음말

"탈인간(포스트휴머니티)의 도전을 받아들이는 것이 우리의 유일한 희망이다. '(낡은) 일상으로의 복귀'를 꿈꾸는 대신 우리는 새로운 일상을 건설하는, 힘들고 고통스런 길로 나서야만 한다. 이 건설 작업은 의학적이거나 경제적인 문제가 아니라 속속들이 정치적 문제다. 우리는 사회적 삶 전체를 새로운 형태로 발명해야만 한다"(Žižek, 2021, pp.166-167).

제2차 세계대전 이후 인류의 산업활동은 급증했고, 이것이 이산화탄소 농도 증가, 해양 산성화, 오존층 파괴 등으로 대변되는 지구 시스템의 대규모 교란을 야기했다. 그리고 이 '거대한 가속'을 통해 인류는 지질학적 주체로 성장하는 동시에 대파국이 도래하고 있다는 불길한 예감을 갖게 되었다(김홍중(2019), pp.3-4). 이러한 장기 비상사태에 직면해 국제정치학자들은 자신의 학문의 정체성에 대한 본질적 고민의 계기를 맞이하게 되었다. 인류세의 위기에 직면해, 국제정치학자는 어떤 학문을 하는 사람들이어야 하는가? 탈냉전기 우리는 '국제(international)' 정치학을 넘어 다양한 비국가 행위자와 초국적 관계를 포괄적으로 다루는 '지구(global)' 정치학을 지향해 왔다. 그러나 인간이 주도해온 지구화의 역사를 지나 오늘날 인류세의 경고가 도래하였고, 무엇보다 코로나 팬데믹의 환란 속에 이제는 '행성(planet)' 정치학으로의 진화를 구상해야 할 때이다.

이를 위해서 국제정치학자들은 '국제정치학의 끝에서(from the end of IR)' 사고하는 연습이 필요하다. 먼저 기성 국가 간 체제의 제도적 프레임이 인류세를 엄중한 현실로서, 존재적 위협으로서 대처하는 데 실패했다는 사실을 인정해야만 한다. 같은 맥락에서 국제정치학이 국가들로 구성된 세계의 권력정치 설명에만 몰두한 나머지, 정작 더 큰 생존위협으로서 행성적 차원의 생태적 변화는 무시해 왔다는 점 또한 인정될 필요가 있다. 기존의 가정, 범주, 개념 등을 토대에서부터 재고해야 한다는 점에서 국제정치학의 종언은 위태로운 계기이기도 하나, 국제정치학의 근본적인 혁신을 가져올 수 있는 학문사적 변곡점이자 기회가 될 수도 있다. 또한 국제정치학에 존재론적 충격을 가하고, 그 대안으로서 행성 정치학으로의 재구성을 추구하는 것은 분과학문의 경계를 넘어서는 집단적 혁신과 정일 것이다(Burke et al., 2016, pp.520-521).

아울러 정치학이라는 학문 차원에서의 성찰은 정치라는 실천 혹은 윤리영역에서의 고민으로 전이될 수밖에 없다. 이 과정에서는 우선적으로 인류세의 위기가 복합적으로 과잉결정되는 상황을 인식해야만 한다. 생태의 위기, 근대 자본주의 체제의 위기, 미국주도 자유세계질서의 위기 등이 중첩되어 다가오고 있는 현실을 직시

할 필요가 있는 것이다(이도흠, 2021; Kennel, 2021). 지구 시스템의 위기와 사회경제적 위기가 '상호 내재적 관계'를 가진다는 점에서 사회와 자연의 얽힘, 공진화 과정에서 지구 생태체제의 위기를 부른 정치경제 시스템 전반의 전환을 상상하지 않을 수 없다(최병두, 2021, p.299). 인류가 살아온 화석연료 문명 자체의 지속 불가능성에 대해 인식하고 미래의 비전에 대해 심각하게 성찰해야 할 심판의 시간이 도래하였기 때문이다. 보다 구체적으로, 기후변화와 코로나 사태 등이 폭로한 사실은 모두가 함께 거주하는 이 세계가 전혀 안정적이지 않으며, 우리의 세심한 돌봄과 주의가 없다면 순식간에 위험해질 수도 있다는 깨달음이다. 이 세계에 늘 존재해온 '인간 너머의 관계', '다종적 얽힘 관계', '위태로운 공번성 관계' 등에서 우리의 임무는 "돌봄의 윤리"로 책임 있게 대응하는 일이다. 위태로움과 재난이 기본 조건이 된 삶 속에 우리가 거주할 수 있는 세계를 어떻게 만들어나갈지('worlding')를 고민해야만 하는 것이다(하대청(2020), pp.245-247). 궁극적으로 이러한 작업은 인간문명 전반의 이행문제를 제기한다. 대안적 근대로서 생태적/포스트휴먼적 사유에 기반한 새로운 녹색 행성문명의 건설이 최종적인 목표로 설정될 것이다(Deudney and Mendenhall, 2016). 그리고 그 실행과정에서는 거대하고 복잡한 정치적 협상과 합의의 과정이 요구될 것이며, 특히 근대 국제정치경제 질서의 혁명적 변환이 촉구될 것이다(Burke et al., 2016, p.522).

참고문헌

김기봉, (2020), "미래를 위한 '역사학 선언'과 빅히스토리," 『서양사론』 제144호.

김상민·김성윤, (2019), "물질의 귀환: 인류세 담론의 철학적 기초로서의 신유물론," 『문화과학』 97호.

김종철, (2020), "코로나 환란, 공생의 윤리," 『녹색평론』 제172호.

김홍중, (2019), "인류세의 사회이론 1: 파국과 페이션시," 『과학기술연구』 제19권 제3호.

김홍중, (2020), "인류세의 관점에서 본 2020년의 세계," 『기본소득』 제5호.

김환석, (2018), "사회과학의 새로운 패러다임, 신유물론," 『지식의 지평』 25호.

노대원·황임경, (2020), "포스트휴먼, 바이러스, 취약성," 『국어국문학』 193호.

박태현, (2021), "인류세에서 지구공동체를 위한 지구법학," 『환경법과 정책』 제26권.

송은주, (2021), "인류세에 부활한 가이아: 가이아의 이름을 재정의하기," 『인문콘텐츠』 제62호.

심현주, (2021), "포스트휴머니즘의 기회와 위기: 포스트휴먼 시대의 생태적 대항담론 구상," 『생명연구』 제60집.

심효원, (2020), "인류세와 21세기 간학제적 접근론: 차크라바르티, 파리카, 해러웨이를 중심으로," 『비교문학』 제80집.

윤여일, (2020), "코로나19, 2020년대는 이렇게 다가왔다," 『문화과학』 제102호.

이강원, (2020), "지구적 감각, 감각적 지구: 육체-천체 연속체로서의 포스트휴먼 지구되기," 『횡단인문학』 제5호.

이광석, (2019), "'인류세' 논의를 둘러싼 쟁점과 테크노-생태학적 전망," 『문화과학』 제97호.

이도흠, (2021), "간헐적 팬데믹 시대: 위기와 모순의 중첩과 대안," 『마르크스주의 연구』 제18권 제1호.

장호종 편, (2020), 『코로나19: 자본주의 모순이 낳은 재난』 서울: 책갈피.

차태서, (2021), "탈자유주의적 역사로의 가속화? 포스트-코로나, 포스트-트럼프 시대 미국외교와 세계질서 읽기," 『국제지역연구』 제30권 제1호.

최명애·박범순, (2019), "인류세 연구와 한국 환경사회학," 『ECO』 제23권 제2호.

최병두, (2021), 『인류세와 코로나 팬데믹』 파주: 한울.

하대청, (2020), "다종적 얽힘과 돌봄: 코로나 감염병 시대 공번성을 위한 윤리," 『안과 밖』 제49호.

하영선, (2020), "팬데믹과 미중 경쟁 시대, 공생과 사랑의 세계정치는 (불)가능한가?" 『성균 차이나 브리프』 제8권 제4호.

Abram, David. (1997). *The Spell of the Sensuous: Perception and Language in a More-than-Human World*, New York: Vintage Books.

Arias-Maldonado, Manuel. (2019). "The 'Anthropocene' in Philosophy: The Neo-Material Turn and the Question of Nature." in Frank Biermann and Eva Lövbrand(eds.), *Anthropocene Encounters: New Directions in Green Political Thinking*, Cambridge: Cambridge University Press, 50-66.

Aronsson, Anne, and Fynn Holm. (2020). "Multispecies Entanglements in the Virosphere: Rethinking the Anthropocene in Light of the 2019 Coronavirus Outbreak." *Anthropocene Review*, Online First.

Baskin, Jeremy. (2019). "Global Justice and the Anthropocene: Reproducing a Developmental Story." in Frank Biermann and Eva Lövbrand(eds.), *Anthropocene Encounters: New Directions in Green Political Thinking*, Cambridge: Cambridge University Press, 150-168.

Biermann, Frank. (2014a). "The Anthropocene: A Governance Perspective." *Anthropocene Review* 1.1: 57-61.

Biermann, Frank. (2014b). *Earth System Governance: World Politics in the Anthropocene.* Cambridge: The MIT Press.

Biermann, Frank, and Eva Lövbrand. (2019). "Encountering the 'Anthropocene': Setting the Scene." in Frank Biermann and Eva Lövbrand(eds.), *Anthropocene Encounters: New Directions in Green Political Thinking*, Cambridge: Cambridge University Press, 1-22.

Bornemann, Basil. (2021). "Environmental Governance in the Anthropocene: Challenges, Approaches and Critical Perspectives." in David Chandler, Franziska Müller, and Delf Rothe(eds.), *International Relations in the Anthropocene: New Agendas, New Agencies and New Approaches*, Cham: Palgrave Macmillan, 311-329.

Brand, Ulrich and Markus Wissen. (2020). 『제국적 생활양식을 넘어서: 전 지구적 자본주의 시대의 인간과 자연에 대한 착취』 이신철 역, 서울: 에코리브르.

Brands, Hal, and Francis J. Gavin(eds.), (2020). *COVID-19 and World Order: The Future of Conflict, Competition, and Cooperation.* Baltimore: Johns Hopkins University Press.

Burke, Anthony, and Stefanie Fishel. (2020). "Across Species and Borders: Political Representation, Ecological Democracy and the Non-Human." in Joana Castro Pereira and André Saramago(eds.), *Non-Human Nature in World Politics: Theory and Practice*, Cham: Springer International Publishing, 33-52.

Burke, Anthony, Stefanie Fishel, Audra Mitchell, Simon Dalby, and Daniel J. Levine. (2016). "Planet Politics: A Manifesto from the End of IR." *Millennium*, 44.3: 499-523.

Castree, Noel. (2019). "The 'Anthropocene' in Global Change Science: Expertise, the Earth, and the Future of Humanity." in Frank Biermann and Eva Lövbrand(eds.), *Anthropocene Encounters: New Directions in Green Political Thinking*, Cambridge:

Cambridge University Press, 25-49.

Castree, Noel, et al. (2014). "Changing the Intellectual Climate." *Nature Climate Change* 4.9: 763-8.

Chakrabarty, Dipesh. (2009). "The Climate of History: Four Theses." *Critical Inquiry*, 35: 197-222.

Chakrabarty, Dipesh. (2020). "On Zoonotic Pathogens, Human life, and Pandemic in the Age of the Anthropocene." *Toynbee Prize Foundation*, (June 17). https://toynbeeprize.org/posts/interview-toynbee-coronavirus-series-dipesh-chakrabarty-on-the-pandemic-in-the-age-of-the-anthropocene/

Chakrabarty, Dipesh. (2021). *The Climate of History in a Planetary Age.* Chicago: The University of Chicago Press.

Chandler, David, Franziska Müller, and Delf Rothe. (2021). "International Relations in the Anthropocene." in David Chandler, Franziska Müller, and Delf Rothe(eds.), *International Relations in the Anthropocene: New Agendas, New Agencies and New Approache*s, Cham: Palgrave Macmillan, 1-16.

Chandler, David, Franziska Müller, and Delf Rothe. (eds.), (2021). International Relations in the *Anthropocene: New Agendas, New Agencies and New Approaches.* Cham: Palgrave Macmillan.

Connolly, William E. (2013). *The Fragility of Things: Self-Organizing Processes, Neoliberal Fantasies, and Democratic Activism.* Durham: Duke University Press.

Connolly, William E. (2020). "New Viral Crossings and Old Academic Divisions." *The Contemporary Condition*, (June 16). http://contemporarycondition.blogspot.com/2020/06/new-viral-crossings-and-old-academic.html

Crutzen, Paul J. and Eugene F. Stoermer, (2000). "The 'Anthropocene'." *The International Geosphere-Biosphere Programme Newsletter*, 41: 17-18.

Cudworth, Erika, and Stephen Hobden. (2021). "Posthuman International Relations: Complexity, Ecology and Global Politics." in David Chandler, Franziska Müller, and Delf Rothe(eds.), *International Relations in the Anthropocene: New Agendas, New Agencies and New Approaches*, Cham: Palgrave Macmillan, 233-249.

Dalby, Simon. (2007). "Anthropocene Geopolitics: Globalisation, Empire, Environment and Critique." *Geography Compass* 1.1: 103-18.

Dalby, Simon. (2021). "Environmental Security and the Geopolitics of the Anthropocene." in David Chandler, Franziska Müller, and Delf Rothe(eds.), *International Relations in the Anthropocene: New Agendas, New Agencies and New Approaches*, Cham: Palgrave Macmillan, 137-153.

Deudney, Daniel, and Elizabeth Mendenhall. (2016). "Green Earth: The Emergence of Planetary Civilization." in Sikina Jinnah and Simon Nicholson(eds.), *New Earth*

Politics: Essays from the Anthropocene, Cambridge: The MIT Press, 43-72.

Dryzek, John S., and Jonathan Pickering. (2019). *The Politics of the Anthropocene*. Oxford: Oxford University Press.

Ellis, Erle C. (2021). 『인류세』 김용진·박범순 역, 파주: 교유서가.

Galaz, Victor. (2019). "Time and Politics in the Anthropocene: Too Fast, Too Slow?" in Frank Biermann and Eva Lövbrand(eds.), Anthropocene Encounters: *New Directions in Green Political Thinking*, Cambridge: Cambridge University Press, 109-127.

Hamilton, Clive. (2018). 『인류세: 거대한 전환 앞에 선 인간과 지구 시스템』 정서진 역, 서울: 이상북스.

Hamilton, Scott. (2017). "Securing Ourselves from Ourselves? the Paradox of 'Entanglement' in the Anthropocene." *Crime, Law and Social Change* 68.5: 579-95.

Hardt, Judith Nora. (2019). "Security Studies and the Discourse on the Anthropocene: Shortcomings, Challenges and Opportunities." in Thomas Hickmann, et al.(eds.), *The Anthropocene Debate and Political Science*, New York: Routledge, 85-102.

Harrington, Cameron. (2016). "The Ends of the World: International Relations and the Anthropocene." *Millennium*, 44.3: 478-498.

Harrington, Cameron. (2021). "Caring for the World: Security in the Anthropocene." in David Chandler, Franziska Müller, and Delf Rothe(eds.), *International Relations in the Anthropocene: New Agendas, New Agencies and New Approaches*, Cham: Palgrave Macmillan, 209-226.

Heyd, Thomas. (2021). "Covid-19 and Climate Change in the Times of the Anthropocene." *Anthropocene Review* 8.1: 21-36.

Hickmann, Thomas, et al. (2019a). "A Political Science Perspective on the Anthropocene." in Thomas Hickmann, et al.(eds.), *The Anthropocene Debate and Political Science*, New York: Routledge, 1-12.

Hickmann, Thomas, et al. (2019b). "Towards a 'Deep Debate' on the Anthropocene." in Thomas Hickmann, et al.(eds.), *The Anthropocene Debate and Political Science*, New York: Routledge, 237-251.

IPCC Working Group I, (2021). "Climate Change 2021: the Physical Science Basis." https://www.ipcc.ch/report/ar6/wg1/

Kennel, Charles F. (2021). "The Gathering Anthropocene Crisis." *Anthropocene Review* 8.1: 83-95.

Kolbert, Elizabeth. (2014). *The Sixth Extinction: An Unnatural History*. New York: Henry Holt and Company.

Latour, Bruno. (2021). 『나는 어디에 있는가? 코로나 사태와 격리가 지구생활자들에게 주는 교훈』 김예령 역, 서울: 이음.

Lewis, Simon L. and Mark A. Maslin. (2020). 『사피엔스가 장악한 행성: 인류세가 빚어낸

인간의 역사 그리고 남은 선택』 김아림 역, 서울: 세종서적.

Malm, Andreas. (2021). 『코로나, 기후, 오래된 비상사태: 21세기 생태사회주의론』 우석 영·장석준 역, 서울: 마농지.

Marquardt, Jens. (2019). "Worlds Apart? the Global South and the Anthropocene." in Thomas Hickmann, et al.(eds.), *The Anthropocene Debate and Political Science*, New York: Routledge, 200-218.

McDonald, Matt. (2021). "Protecting the Vulnerable: Towards an Ecological Approach to Security." in David Chandler, Franziska Müller, and Delf Rothe(eds.), *International Relations in the Anthropocene: New Agendas, New Agencies and New Approaches*, Cham: Palgrave Macmillan, 191-208.

McEwan, Cheryl. (2021). "Decolonizing the Anthropocene." in David Chandler, Franziska Müller, and Delf Rothe(eds.), *International Relations in the Anthropocene: New Agendas, New Agencies and New Approaches*, Cham: Palgrave Macmillan, 77-94.

McNeill, William H. (2005). 『전염병의 세계사』 김우영 역, 서울: 이산.

McNeill, John Robert, and Peter Engelke. (2016). *The Great Acceleration: An Environmental History of the Anthropocene since 1945*. Cambridge: Harvard University Press.

Mert, Ayşem. (2019). "Democracy in the Anthropocene: A New Scale." in Frank Biermann and Eva Lövbrand(eds.), *Anthropocene Encounters: New Directions in Green Political Thinking, Cambridge*: Cambridge University Press, 128-149.

Müller, Franziska. (2019). "International Theory in the Anthropocene." in Thomas Hickmann, et al.(eds.), *The Anthropocene Debate and Political Science*, New York: Routledge, 67-82.

Moore, Jason W. (2020). 『생명의 그물 속 자본주의: 자본의 축적과 세계생태론』 김효진 역, 서울: 갈무리,

Moore, Jason W. (ed.), (2016). *Anthropocene or Capitalocene? Nature, History, and the Crisis of Capitalism*. Oakland: PM Press.

Quammen, David. (2020). "We Made the Coronavirus Epidemic." *New York Times*, (January 28). https://www.nytimes.com/2020/01/28/opinion/coronavirus-china.html

Patrick, Stewart M. (2021). "The International Order Isn't Ready for the Climate Crisis." *Foreign Affairs* 100.6: 166-76.

Pereira, Joana Castro, and André Saramago. (2020). "Embracing Non-Human Nature in World Politics." in Joana Castro Pereira and André Saramago(eds.), *Non-Human Nature in World Politics: Theory and Practice*, Cham: Springer International Publishing, 1-9.

Pereira, Joana Castro. (2021). "Towards a Politics for the Earth: Rethinking IR in the Anthropocene." in David Chandler, Franziska Müller, and Delf Rothe(eds.), *International Relations in the Anthropocene: New Agendas, New Agencies and New*

Approaches, Cham: Palgrave Macmillan, 21-37.

Rockström Johan, et al. (2009). "Planetary Boundaries: Exploring the Safe Operating Space for Humanity." *Ecology and Society* 14.2.

Shiva, Vandana. (2020). "생태적 눈으로 본 코로나바이러스," 『녹색평론』 제172호,

Simangan, Dahlia. (2020). "Where is the Anthropocene? IR in a New Geological Epoch." *International Affairs* 96.1: 211-24.

Steffen, Will, et al. (2015). "The Trajectory of the Anthropocene: The Great Acceleration." *Anthropocene Review* 2.1: 81-98.

The United Nations Development Programme, (2020). "The Next Frontier: Human Development and the Anthropocene." hdr.undp.org/sites/default/files/hdr2020.pdf

Trombetta, Maria Julia. (2021). "Security in the Anthropocene." in David Chandler, Franziska Müller, and Delf Rothe(eds.), *International Relations in the Anthropocene: New Agendas, New Agencies and New Approaches*, Cham: Palgrave Macmillan, 155-172.

van Munster, Rens. (2021). "The Nuclear Origins of the Anthropocene." in David Chandler, Franziska Müller, and Delf Rothe(eds.), *International Relations in the Anthropocene: New Agendas, New Agencies and New Approaches*, Cham: Palgrave Macmillan, 59-75.

Wallace, Rob. (2016). *Big Farms Make Big Flu: Dispatches on Influenza, Agribusiness, and the Nature of Science*. New York: Monthly Review Press.

Wallace-Wells, David. (2020). "The Coronavirus is a Preview of Our Climate Change Future." *New York Magazine*, (April 8). https://nymag.com/intelligencer/2020/04/the-coronavirus-is-a-preview-of-our-climate-change-future.html

Wapner, Paul. (2019). "The Ethics of Political Research in the Anthropocene." in Frank Biermann and Eva Lövbrand(eds.), *Anthropocene Encounters: New Directions in Green Political Thinking*, Cambridge: Cambridge University Press, 212-227.

Youatt, Rafi. (2020). *Interspecies Politics: The Nature of States*. Ann Arbor: University of Michigan Press.

Young, Oran R. (2016). "International Relations in the Anthropocene." in Ken Booth and Toni Erskine(eds.), *International Relations Theory Today*, 2nd ed., Malden: Polity, 231-249.

Žižek, Slavoj. (2021). 『잃어버린 시간의 연대기: 팬데믹을 철학적으로 사유해야 하는 이유』 강우성 역, 서울: 북하우스.

제2장

빅데이터 시대의
사회과학 연구

최재성 글로벌경제학과 부교수

사회과학 내 여러 학문 분야에서 빅데이터를 활용한 실증 연구가 확대되고 있다. 노르웨이, 스웨덴 그리고 덴마크처럼 오랜 기간 복지 행정 시스템을 운영해온 유럽 국가들을 중심으로 조세 자료를 포함한 다양한 행정 빅데이터를 활용한 연구가 활발히 진행되고 있다. 그뿐만 아니라 아마존, 페이스북, 이베이 그리고 우버와 같은 대규모 IT 기업들과 연구자 간의 협업이 확대되면서 민간 영역의 빅데이터가 학술연구에 사용되는 경우도 늘어나고 있다. 이처럼 새로운 데이터의 활용 기회는 사회과학 전반에 걸쳐 새로운 유형의 데이터 분석에 적합한 분석 방법의 개발 또한 촉진하고 있다(Einav & Levin, 2014).

이제는 정부나 기업이 보유한 데이터뿐만 아니라 온라인에서 직접 실험을 하거나 소셜네트워크서비스(SNS)를 비롯한 여러 웹에서 다양한 정보를 수집해서 데이터베이스를 구축하고 이를 분석하는 연구도 늘어나고 있다. 과거에는 숫자 위주의 정형 데이터가 학술연구에 주로 사용되었지만, 이제는 텍스트나 이미지를 비롯한 다양한 형태의 비정형 데이터를 활용한 연구도 빠르게 증가하고 있다.

이 장에서는 경제학과 인접 사회과학 분야에서 진행된 연구를 중심으로 빅데이터, 그중에서도 특히 웹에서 수집한 데이터를 활용한 연구의 동향을 살펴보고, 이를 바탕으로 향후 관련 연구의 방향과 가능성에 대하여 제언한다. 또한, 웹에서 수집 가능한 정보를 데이터베이스로 구축하고 이를 활용하여 연구를 수행하고자 할 때 필요한 관련 지식과 방법 및 분석 도구를 소개한다.

I
빅데이터를 활용한 사회과학 연구 동향

1. 행정 데이터를 활용한 연구

경제학 분야에서 행정 데이터를 사용한 연구는 2010년 이후 빠르게 늘어나고 있다. 다양한 행정 데이터가 존재하지만, 그중에서도 국세청이 조세 징수를 위해 축적해온 소득 및 납세 자료, 교육부가 보유한 학업성취도 평가 및 교원 인사 자료, 법무부가 보유한 범죄 기록, 그리고 여러 부처가 복지 제도의 운용을 위해 축적해온 다양한 관련 정보가 사회과학 연구에 활용되고 있다. 과거에는 접근이 어려웠던 이런 대규모 행정자료를 사용한 연구는 그 규모가 매우 방대하다. 여기서는 경제학 연구 중에서 정책적으로 중요한 시사점을 제시하며, 학계뿐만 아니라 언론의 주목을 받았던 대표적인 연구를 간략히 소개한다.

전 세계적으로 불평등과 양극화가 심화하면서 사회 이동성에 관한 관심이 높아지고 있다. 하지만 사회 이동성의 초점이 세대 간 이동성(intergenerational mobility)이든 아니면 세대 내 이동성(intragenerational mobility)이든 이동성을 살펴보려면 장기간에 걸쳐 수집된 양질의 자료가 필요하다. 그동안 미국의 관련 연구는 PSID(Panel Study of Income Dynamics)처럼 오랜 기간 동일한 이들을 반복 추적한 패널 자료를 사용해왔다. 하지만 표본 가구를 대상으로 수집하는 패널 자료는 소규모라는 한계와 더불어 자기 보고에 기초한 소득이나 자산 정보의 정확성에 대해 아쉬움이 있었다.

이제는 국세청이 보유한 세금 관련 행정자료를 사용해서 동일한 사람의 소득을 오랜 기간에 걸쳐 매우 정확하게 추적할 수 있다. 예컨대, 부모가 서른 살이었을 때 소득을 파악하거나 동일 연령 그룹이나 지역 내 상대적인 경제적 지위를 알 수 있다. 이 정보를 그들 자녀가 서른 살이 되었을 때의 소득이나 경제적 지위와 연결하면 세대 간 관련성을 살펴보는 분석이 가능하다. 여기서 한 발짝 더 나아가 대규모 행정자료라는 장점을 활용하여 지역이나 인적 특성별로 그룹을 나누어 그 차이를 살펴볼 수도 있다. 이를 통해 그룹 간 사회 이동성의 차이를 드러내고, 그러한 차이를 발생시키는 이유 또한 검토할 수 있다. 궁극적으로는 이러한 분석 결과를 토대로 구체적인 정책적 시사점을 제시하는 연구가 진행되고 있다(예: Chetty et al., 2014, 2018).

행정 빅데이터가 사용되기 이전의 불평등 관련 실증 연구 역시 설문조사를 통해 수집된 자료에 의존할 수밖에 없었다. 응답자의 기억에 의존하는 소득 정보가 얼마나 정확한지에 대한 의문은 계속 제기되어왔고, 랜덤하게 뽑힌 표본을 대상으로 수집된 자료로는 특정한 소집단에 대한 정교한 분석을 수행할 수 있는 표본을 확보하기 어려웠다. 특히 소득을 구간별로 묻는 경우가 많아 고소득자는 특정 소득 수준 이상이라고 응답하도록(탑 코딩) 설문이 구성되는 경우가 많았다. 이로 인해 소득 수준이 상위 10%나 상위 1%에 속하는 집단의 소득이 다른 집단보다 빠르게 증가한다는 정황이 드러나며 불평등의 확대를 우려하는 목소리도 커졌지만, 이러한 현상의 원인과 불평등에 미치는 영향에 관한 엄밀한 분석을 수행하기는 어려웠다. 하지만 이제는 여러 나라에서 국세청이 보유한 행정 데이터를 학술연구에 활용할 수 있게 되면서 장기간에 걸쳐 최상위 계층의 소득과 자산의 변화를 살펴보고 분석하는 연구가 수행되고 있다(예: Burkhauser et al., 2012; Kopczuk et al., 2010; Piketty & Saez, 2014).

우리나라도 공공데이터의 제공 및 이용 활성화에 관한 법률(공공데이터법)을 제정하고 공공데이터포털을 통해 누구나 공공데이터를 이용할 수 있도록 제공하는 노력을 기울이고 있다. 국민건강보험공단은 표본코호트DB나 노인코호트DB와 같은 자료를 만들어 연구자들이 학술연구에 사용할 수 있게 제공하고 있다. 고용보험DB 또한 제한적이나마 정책연구에 활용되고 있으며, 금융감독원의 전자공시시스템(DART)과 알리오(ALIO)를 통해 민간 기업과 공공기관의 경영정보를 쉽게 접근할 수 있는 시대가 되었다. 교육 분야를 보면 개인정보 침해와 서열화에 대한 우려로 인해 연구자의 접근이 제한적인 정보도 여전히 많지만, 유치원알리미, 학교알리미, 그리고 대학알리미를 통해 교육 기관에 대한 상세한 정보가 제공되고 있다. 아울러 한국교육개발원이 교육통계시스템을 통해 장기간에 걸친 양질의 통계 자료를 제공하면서 이러한 자료를 활용한 연구 또한 꾸준히 진행되고 있다.

데이터 관련 대표적인 국내 기관인 통계청은 K−통계시스템 구축을 기치로 통계청이 보유하고 있는 정보를 활용하여 정부와 공공기관에 흩어져 있는 데이터를 연계하여 데이터의 활용 가치를 높이기 위해 노력하고 있다. 통계청이 운영하는 이용센터서비스(Research Data Center)나 원격접근서비스(Remote Access Service)를 통하면 과거에는 연구자가 접근할 수 없던 유용한 정보들을 활용할 수 있게 되었다. 최근에는 통계데이터센터(Statistics Data Center)를 방문해서 민간 데이터와 행정 데이터를 연결해서 분석할 기회도 꾸준히 확대되고 있다. 이러한 정부의 노력이 지속한다면 머지않아 국내 연구자들도 유럽이나 미국처럼 이전에는 자료의 한계로 시도할 수 없었던 연구를 국내 행정 데이터를 활용해서 수행할 수 있게 될 것으로 보인다.

2. 민간 기업과의 협업을 통한 연구

구글은 2002년부터 버클리 대학의 경제학자였던 Hal Varian을 수석 경제학자로 채용하였고, 아마존 또한 미네소타 대학 경제학과에 재직하고 있던 Patrick Bajari를 2010년부터 수석 경제학자로 채용하였다. 마이크로소프트나 페이스북은 연구를 담당하는 부서를 중심으로 경제학자의 채용 규모를 확대해왔다. 이렇게 기업에 고용된 경제학자를 중심으로 경제학의 이론과 분석 방법을 사용해서 기업 내부의 데이터를 분석하고 회사의 전략을 세우고 있으며, 그 과정에서 학계와의 교류도 활발해지고 있다.

노동경제학 분야에서 민간 기업의 데이터를 활용한 연구로는 우버가 보유한 내부 자료를 분석해서 성별 임금 격차를 살펴본 연구를 꼽을 수 있다(Cook et al., 2021). 우버는 긱경제와 공유경제를 대표하는 사례로서 주목받아 왔다. 우버처럼 운전자에게 탄력적인 근무 여건을 제공하는 긱경제에서는 전통적인 오프라인 노동시장과는 달리 성별 임금 격차가 존재하지 않을 것이라는 의견이 제기되기도 하였다. Cook과 공저자들은 우버가 그동안 쌓아둔 데이터베이스를 사용해서 우버 운전자를 대상으로 남녀 임금 격차가 존재하는지를 살펴보았다. 이 연구를 위해 우버에 소속된 경제학자와 학계의 연구자로 공동연구팀이 꾸려졌고, 이들은 우버가 보유한 미국 내 백만 명이 넘는 운전자의 운행 기록과 수입이 기록된 데이터를 분석하였다. 분석 결과를 보면 우버 운전자 사이에서도 남성 운전자와 여성 운전자 사이에는 7% 정도 수입의 차이가 존재하는 것으로 나타났다.

학계와 기업의 또 다른 협업 사례는 기업이 제공하는 다양한 품목에 대한 가격을 수집하여 실시간으로 물가 지수를 생성한 연구가 있다(Cavallo & Rigobon, 2016). Cavallo와 Rigobon은 여러 나라에서 온라인 판매 채널을 운영하는 Apple, IKEA, ZARA, 그리고 H&M과 같은 다국적 기업으로부터 판매 물품에 대한 가격을 공유받았다. 이들은 이 가격 정보를 이용해서 일별 물가 지수를 생성하고, 이 지수가 미국 정부가 발표하는 소비자 물가 지수(CPI)와 유사한 패턴을 따라 변화하는 것을 보임으로써 물가의 변화를 더욱더 빠르게 파악하고 적시성 있게 의사결정에 반영할 방법을 제안하고 있다.

이 밖에도 산업조직론 분야를 중심으로 기업과의 협업은 활발하게 진행되고 있다. 예컨대, 세계적인 정보 분석 기업인 Nielsen이 수집하는 소매 판매점의 스캐너 데이터를 사용하는 연구가 증가하고 있다(예: Dubois et al., 2020). 우리나라에서도 최근에는 롯데슈퍼의 일별 스캐너 데이터를 이용해서 가격 경직성을 측정하는 연구가 진행되기도 하였다(황성윤·정태훈, 2021). 이제는 기업들이 자사의 서비스를 이용하거나 제품을 구매하는 고객에 관한 자료나 회사 내부에 축적되는 데이터의 가치를 깨닫고 데이터베이스 축적과 관리에 더욱 관심을 기울이고 있다. 특히 게임사를 중심으로 사용자의 접속 기록이나 게임 내 활동에 대한 다양한 정보가 쌓이면서 이를 활용하는 연구도 증가할 것으로 생각된다. 아울러 데이터 기반 마케팅의 강화 추세 또한 학계와 기업의 협업을 통해 기업 내부 자료를 활용하는 학술 연구의 증가를 가속할 것으로 보인다.

3. 텍스트 데이터를 활용한 연구

과거부터 사회과학 연구자들이 사용해온 대표적인 분석 자료는 숫자로 구성된 정형 데이터였다. 빅데이터가 사회 전반에 광범위하게 쌓이고 사용되면서 이제는 사회과학 연구에서도 텍스트, 이미지, 위치 및 로그 기록, 음성과 같은 비정형 빅데이터를 사용하는 연구가 빠르게 확대되고 있다. 이러한 새로운 유형의 자료 중에서 현재 정형 데이터 다음으로 많이 쓰이는 자료는 단연 텍스트 자료다. 신문기사 본문이나 기사에 달린 댓글, 각종 온라인 게시판에 올라온 글, 그리고 다양한 소셜 미디어 포스팅까지 많은 양의 자료가 매 순간 쌓이며, 이에 대한 연구자의 관심도 꾸준히 증가하고 있다.

신문기사나 웹 게시물을 이용해서 감성 분석이나 토픽 모델링과 같은 텍스트 마이닝 기법을 적용한 연구는 매우 다양하며 이미 상당한 연구가 진행되어 왔다. 경제학 분야에서도 텍스트 자료를 사용한 연구는 빠르게 확대되고 있으며, 관련 방법론도 계속 개발되고 있다(Gentzkow et al., 2019). 여기서는 경제학 분야에서 신문기사와 온라인 커뮤니티 공간의 게시글을 활용해서 수행된 흥미로운 연구를 몇 가지 소개하고자 한다.

개인뿐만 아니라 투자를 계획하는 기업이나 거시 경제를 관리하고 정책을 집행해야 하는 정부가 의사결정을 내릴 때, 앞으로 전개될 경제 상황에 대한 불확실성은 중요한 고려 사항이다. 따라서 경제의 불확실성을 측정할 수 있는 지표의 필요성과 중요도는 높다. 다른 공식적인 지표와 비교하면 정확성은 조금 낮더라도 실시간에 가깝게 참고할 수 있는 지표는 때때로 매우 유용할 수 있다.

이러한 취지에서 Baker와 공저자는 주요 일간지에 실린 기사를 활용해서 일별로 경제나 정책의 불확실성을 측정할 수 있는 지표인 경제불확실성지수(Economic Policy Uncertainty Index)를 제안하였다 (Baker et al., 2016). 저자들이 제안한 방법은 특정 조건과 관련된 단어가 등장하는 기사를 찾고, 그러한 기사의 양이 시간에 따라 어떻게 변화하는지 살펴보는 것이다. 이를 위해 기사에 불확실한 상황과 관련된 단어가 등장하고, 경제나 무역 관련 단어를 포함하면서, 중앙은행이나 공공기관이 등장하는지를 점검한다. 이는 꽤 단순해 보이지만, 저자들이 이렇게 신문기사를 토대로 구성한 경제불확실성지수는 정부가 발표하는 경제의 불확실성을 측정하는 전통적인 지표와 유사한 추이를 보였다. 경제불확실성지수는 그 유용성을 인정받아 거시경제학 분야를 중심으로 여러 연구에서 활용되고 있다.

우리나라에서는 이긍희와 공저자가 앞에서 논의한 연구를 참고하여 키워드 선정, 기사 수집 방법, 대상 언론사의 선정 등에 있어 우리나라 상황을 더 잘 반영할 수 있도록 수정·보완된 방법을 사용하여 지수를 산출하였다. 그리고 이 지수가 거시 경제 통계와의 관련성, 예측력 및 경제분석 측면에서 유용한지를 살펴보고 있다(이긍희 외, 2020). 한국개발연구원(KDI) 경제정보센터는 한국 경제의 흐름을 파악할 목적으로 이들의 연구 방법론을 사용해서 매월 경제불확실성 지수를 발표하고 있다.

한국은행 또한 뉴스 기사를 토대로 경제 상황을 보여주는 뉴스심리지수(News Sentiment Index)를 제공하고 있다. 이 지표는 직전 7일간 경제 분야 뉴스 기사에 나타난 경제 심리를 일 단위로 지수화한다. 먼저 각 기사에서 표본문장을 무작위로 추출하여 각 문장에 나타난 경제 심리를 기계학습(machine learning) 기법을 적용하여 긍정, 부정 또는 중립으로 분류하고, 분류된 긍정문장 수와 부정문장 수의 차이를 이용해서 지수를 산출하고 있다.

인터넷 매체를 통한 뉴스의 소비가 증가하면서 '가짜뉴스'(fake news)가 증가하고 이에 대한 학술적 관심은 저널리즘 분야뿐만 아니라 여러 사회과학 분야에서도 높아지고 있다. 유튜브 및 소셜 미디어를 통해 동영상이나 이미지 형식으로 제작된 가짜뉴스의 공유와 확산은 매우 빠르게 진행되고 있다. 이에 따라 가짜뉴스에 대한 규제 또한 중요한 사회적 의제로 떠올랐으며, 뉴스나 동영상에서 다루어진 내용에 대한 팩트체크의 중요성도 커지고 있다.

경제학 분야에서 가짜뉴스를 대상으로 한 연구는 빠르게 증가하고 있다. 대표적인 연구로는 Allcott와 Gentzkow가 2016년 미국 대선 시기의 기사를 분석한 사례를 꼽을 수 있다(Allcott & Gentzkow, 2017). 저자들은 2016년 미국 대선에서 '가짜뉴스'가 미친 영향을 살펴보기 위해 대선 전 3개월 동안 주요 온라인 뉴스 채널과 페이스북을 통해 공유된 도널드 트럼프와 힐러리 클린턴에 대한 기사를 수집하고 가짜뉴스에 대한 데이터베이스를 만들었다. 그리고 대선이 끝난 후에는 1,200여 명을 대상으로 대선 당시의 뉴스 소비 행동과 인식에 대한 온라인 설문조사를 진행하였다. 이렇게 구성한 데이터를 바탕으로 저자들은 '가짜뉴스'로 판명된 기사 중 트럼프에게 우호적인 기사가 클린턴에게 우호적인 기사보다 페이스북에서 공유된 횟수가 압도적으로 많았음을 확인하였다. 그리고 응답자가 이념적으로 분리된 소셜 미디어 네트워크를 가지고 있다면, 본인들이 선호하는 후보에게 유리한 이야기를 믿는 가능성이 훨씬 크다는 점도 확인하였다.

인터넷 포털을 통한 뉴스 소비가 빠르게 증가하면서 우리나라에서도 포털뉴스의 기사 선정 과정에 정치적 편향성이 존재할 가능성에 대한 논란이 반복되고 있다. Gentzkow와 Shapiro는 뉴스 기사에 등장하는 단어의 분포를 사용해서 미디어의 정치적 편향성을 측정하는 지표를 제안하였다(Gentzkow & Shapiro, 2010). 이들의 방법론을 활용해서 최동욱은 국내 포털뉴스의 정치적 편향성을 살펴보고

편향성이 발생하는 원인을 분석하였다(최동욱, 2017). 저자는 국내 신문기사를 대상으로 글쓴이의 평가 및 의도를 포착할 수 있는 텍스트 분석 방법을 제안하고, 통계적인 기법을 활용하여 신문기사에 정파성을 부여하는 방식으로 분석을 진행하였다.

텍스트 데이터를 활용하는 다른 사례로는 온라인 커뮤니티의 게시물을 분석하는 연구가 있다. 최근 온라인 공간에서 혐오 표현이 증가하고 젠더 이슈가 주목받으면서 여러 국가에서 온라인 커뮤니티에 올라온 게시글이나 댓글을 분석하는 연구가 늘어나고 있다. 한국의 경우에는 일간베스트저장소와 메갈리아 사이트에 올라온 글을 분석하여 온라인 커뮤니티에 나타나는 혐오 담론을 분석한 연구가 있다(장소연·류웅재, 2017). 경제학자들이 주로 방문하는 온라인 커뮤니티 중에는 Economics Job Market Rumors Forum(EJMR)이라는 공간이 있다. 이곳에서는 익명의 사용자들이 경제학 분야와 관련된 질문을 서로 주고받고 진로에 대한 고민과 학계의 다양한 풍문을 공유한다. 경제학 박사들이 직장을 구하는 시점에는 일자리에 관한 정보와 의견이 활발하게 게시된다. 하지만 이곳도 다른 익명의 온라인 커뮤니티와 마찬가지로 혐오 표현이 등장하고 성별 고정관념을 담고 있는 불쾌한 표현들이 사용되기도 한다. 이러한 점에 착안하여 Wu는 EJMR에 게시된 글을 이용해서 여성과 남성에 관한 내용을 논의할 때 사용되는 표현의 차이를 살펴보았다(Wu, 2018). 이 연구에 따르면 여성에 대한 게시물로 보이는 글에서는 신체나 외모에 관한 표현과 사적인 이슈에 대한 논의가 자주 등장하는 반면, 남성에 대한 게시물로 보이는 글에서는 학문적 또는 직업적 특성에 초점을 맞춘 표현과 논의가 더 자주 등장하는 경향이 나타났다.

이외에도 법조 분야를 중심으로 판결문 자료를 활용하는 움직임이 활발히 진행되고 있다. 머신러닝 기법이 확대되면서 미국에서는 머신러닝이 사람의 의사결정을 개선할 수 있는지에 관심을 가지고 다양한 연구가 수행되고 있다. 판결문 자료를 사용한 한 대표적인 연구에서는 체포된 피의자들의 구속영장을 심사하는 판사들의 결정을 머신러닝을 통해 개선할 수 있는지를 살펴보았다(Kleinberg et al., 2018). 판사들은 체포된 피의자를 구속할지를 결정할 때 피의자의 증거 인멸, 도망 그리고 재범의 위험성 등을 고려하면서 본인들이 가진 정보와 그동안의 판결 경험을 바탕으로 최종 결정을 내린다. Kleinberg와 공저자는 2008년부터 2013년까지 뉴욕주에서 이루어진 146만여 건의 법원 심문 자료를 머신러닝 기법을 사용해서 분석하였다. 이들은 범죄 혐의나 과거 범죄 경력과 같이 심문 과정에서 얻어진 정보를 사용하여 구속 여부를 예측하는 모형을 설계하였다. 이들이 구축한 모형을 사용한 결과를 보면 머신러닝 알고리즘을 이용하여 구속 여부를 결정하는 경우 동일한 구속률을 유지하면서 도주나 재범확률을 24.7% 낮출 수 있는 것으로 나타났으며, 동일한 수준의 도주나 재범확률을 유지하면서 구속률을 41.9% 낮출 수 있는 것으로 나타났다. 이러한 결과는 판사들이 고위험 피의자들을 생각보다 많이 석방하는 판결을 했고, 구속을 더 엄격하게 하는 판사들은 고위험군뿐만 아니라 저위험군도 더 많이 구속하기 때문에 나타났다. 이러한 결과를 기초로 저자들은 머신러닝 분석의 결과를 참고하여 저위험군을 덜 구속하는 방향으로 판사들의 의사 결정을 개선할 것을 제안하고 있다.

현재 우리나라는 법제처가 운영하는 국가법령정보센터를 통해 판결문 자료를 제한적으로 공개하고 있다. 이후의 판결에 참고가 될 수 있는 판결례가 일부 공개되고 있고, 재판 관계자나 개별 사건에 대한 주요 정보를 알고 있는 경우에는 정보공개 절차를 통해 개인정보가 익명으로 처리된 판결문을 받을 수 있다. 가정법원으로부터 수집한 이혼 소송 관련 판결문에서 재산 분할 비율 및 위자료액에 관한 정보를 수집하고 분석한 사례도 있지만(박민수 외, 2014), 판결문 공개가 제한적인 상황이라서 아직은 해외의 경우만큼 판결문을 사용한 연구가 활발하지는 않다.

하지만 일부 대형 로펌은 과거부터 자체적으로 판결문 데이터베이스를 구축하는 노력을 진행했던 것으로 알려져 있으며, 최근에는 법률서비스 스타트업 기업 로톡이 판결문 데이터에 수록된 정보를 기초로 형량 예측 서비스를 시작하였다. 판결문 전수 자료를 얻는 것은 법원의 결단과 과거 판결문에 대한 디지털화가 진행되어야 한다. 하지만 이제는 케이스노트(CaseNote), 엘박스(LBOX) 그리고 리걸서치(LegalSearch)와 같은 법률 데이터베이스 서비스를 제공하는 기업을 중심으로 판결문 데이터가 축적되고 제공되면서 국내에서도 판결문 자료에 대한 접근성이 높아지고 있다. 장기적으로는 법원이 판결문을 공개하는 범위를 확대하면서 판결문에 담긴 내용을 분석하는 학술연구도 더 활발해질 것으로 기대한다.

신문기사나 기사에 달린 댓글을 활용하거나 트위터와 같은 소셜 미디어에서 수집한 자료를 활용해서 텍스트마이닝 분석을 수행하는 연구는 신문방송학이나 사회학 분야를 중심으로 오랜 기간 꾸준히 진행됐다. 최근에는 다양한 온라인 커뮤니티가 활성화되면서 커뮤니티에 쌓이는 게시물을 활용하는 연구도 증가하고 있다. 온라인 시장의 규모가 커지고 비대면 거래가 확대되면서 여행과 외식 산업뿐만 아니라 온라인에서 거래되는 다양한 상품에 대한 리뷰의 중요성도 더불어 커졌고 이에 대한 학계의 관심도 증가하고 있다.

아울러 머지않아 법원 판결문 자료와 같은 공적 기록물의 공개가 확대되고 이전에는 실물 문서로만 존재하던 자료들의 디지털화도 진행될 것으로 보인다. 디지털 저장 기술이 빠르게 발전하고 컴퓨터의 처리 속도도 꾸준히 향상되고 있으며, 이와 함께 텍스트 자료를 처리할 때 유용하게 사용되는 딥러닝 기술도 빠르게 발전하고 있다. 아울러 음성을 텍스트로 변환하는 작업의 정확도가 높아지고 그러한 기술을 사용하는 방법도 점점 편리해지고 있다. 구글이나 카카오 같은 인터넷 대기업들은 텍스트 데이터 분석에 활용할 수 있는 미리 학습된 대규모 언어 처리 모델을 누구나 사용할 수 있도록 서비스를 확대하고 있다. 이러한 변화를 고려할 때 비정형 데이터의 대표 격인 텍스트 자료를 활용하는 관련 연구는 향후 매우 빠르게 확대될 것이다.

4. 이미지 데이터를 활용한 연구

사회과학 연구에서 텍스트 자료와 더불어 점점 더 주목받는 비정형 데이터로는 이미지 자료가 있다. 경제학에서 이미지를 사용하여 진행된 대표적인 사례는 인공위성에서 찍은 사진(satellite image)을 활용한 연구를 꼽을 수 있다. 인공위성 사진을 활용하는 연구는 특히 개발경제학(Development Economics) 분야에서 쉽게 찾아볼 수 있다. 아프리카의 저소득 국가에는 정책 개발이나 학술연구에 활용할 수 있는 통계 자료가 매우 부족하다. 이런 경우에는 인공위성에서 밤에 촬영한 사진에서 조도를 추출해서 만든 지표(nighttime light data) 등을 사용하면 지역의 개발 수준이나 경제 활동 정도를 가늠해볼 수 있다.

Jean과 공저자는 인공위성 사진과 머신러닝 기법을 활용해서 아프리카 다섯 개 나라를 대상으로 촬영된 인공위성 사진을 분석하고, 그 결과를 해당 국가의 소비 지출이나 자산 수준에 대한 정보가 있는 서베이 자료와 비교하였다(Jean et al., 2016). 이 연구에서 저자들은 인공위성 사진에서 도로, 도시 지역, 수로, 경작지 등을 식별하고, 이렇게 식별된 정보를 이용하면 지역 간 경제 수준에서 발견되는 차이의 75% 정도를 설명할 수 있음을 보였다.

인공위성 사진을 활용하는 유용한 사례를 보여준 국내 연구로는 사진 속 정보를 북한의 소득 수준을 추정하는 데 활용한 연구가 있다(김규철, 2020). 북한 경제에 대한 통계는 매우 드물고, 존재하는 정보의 정확성과 신뢰성에 대해 관련 전문가들이 의문을 제기하기도 한다. 김규철은 야간에 인공위성에서 촬영된 사진을 사용해서 20년이 넘는 기간을 대상으로 북한 경제의 변화와 지역 간 차이를 살펴보았다. 인공위성 야간 조도 데이터를 통해 북한의 지역별 경제성과에 대해 분석한 결과, 중국과의 무역, 개성공단을 중심으로 한 한국과의 교류 등이 북한의 지역별 경제성과와 밀접한 연관성을 보인다는 점을 제시하고 있다.

이미지를 활용하는 연구는 저개발 국가뿐만 아니라 미국을 비롯한 여러 선진국에서도 다양하게 존재한다. 최근 사회과학 연구자들 사이에서는 지역 간 격차나 그러한 격차의 원인에 관한 연구를 수행하는 경우가 많고, 그러한 흐름에서 젠트리피케이션(gentrification)에 관한 관심도 높다. 하지만 개별 연구자나 일부 그룹이 넓은 지역을 직접 살펴보면서 장기간에 걸쳐 진행되는 지역의 변화를 추적하고 정리하기란 사실상 불가능하다. 이러한 제약을 해결할 수 있는 한 가지 방법으로 구글의 Street View를 통해 관심 지역의 상세한 이미지를 확보할 수 있다는 점에 착안한 연구가 있다(Glaeser et al., 2018). Glaeser와 공저자는 구글에서 구할 수 있는 사진을 사용해서 지역의 안전도를 측정한 연구에 주목하였다(Naik et al., 2017). Naik과 공저자는 구글 서비스를 통해서 여러 지역의 사진을 확보하고, 사람들에게 그 사진을 보여주며 사진 속 지역이 얼마나 안전하다고 생각하는지를 평가하도록 했다. 그리고 이 응답을 사용해서 각각의 지역 사진에 StreetScore라는 점수를 부여하였다. 이렇게 사람들의 평가에 기초해서 StreetScore가 부여된 사진을 학습 데이터(training data)로 사용해서 사진 속에 등장하는 지역의 특징적인 부분과 StreetScore의 관련성을 포착하는 모델을 개발하였다. 다음으로는 그렇게 개발된 모델을 이용해서 학습 데이터에 포함되지 않았던 광범위한 지역에 대한 StreetScore를 예측하고 이를 분석에 활용하였다. 이러한 방식을 사용하면 일정 시간 간격으로 촬영된 사진을 이용해서 지역의 안전성 점수를 측정하고 그 변화를 통해 젠트리피케이션이 진행된 지역을 식별할 수 있다.

공학 분야에서는 이미 오래전부터 이미지 자료뿐만 아니라 음성이나 동영상 자료를 활용하기 위한 연구나 관련 기술 및 활용 분야가 빠르게 성장해왔다. 최근 머신러닝과 딥러닝 분야가 빠르게 발전하고 이러한 기술의 활용에 관한 관심은 점점 더 높아지고 있다. 그리고 Python과 R을 중심으로 분석에 활용할 수 있는 도구가 빠르게 개발되면서 이러한 분석 기법을 사용하는 연구의 진입장벽도 낮아지고 있다. 그동안은 사회과학 연구자와 컴퓨터 사이언스 분야 연구자의 협업 형태로 연구가 진행되는 경우가 많았지만, 앞으로는 사회과학 분야에서 음성이나 동영상 자료를 활용해서 독자적인 연구를 시도하는 사례도 빠르게 늘어날 것으로 기대한다(예: Kang et al., 2020).

II
웹데이터를 활용한 학술연구

    사람들이 웹에서 점점 더 많은 활동을 하며 긴 시간을 보내게 되면서 웹을 통해 점점 더 많은 정보가 제공되고 공유되는 시대가 되었다. 그만큼 사회과학 분야에서도 웹에 존재하는 다양한 정보를 활용하거나 웹을 통해 이루어지는 행동을 관찰하고 기록하는 연구도 증가하고 있다. 앞서 살펴본 텍스트 데이터인 신문기사나 커뮤니티 게시글도 웹데이터로 볼 수 있으며, 웹에서 수집할 수 있는 다양한 사진이나 영상 자료도 크게 보면 웹데이터로 볼 수 있다. 비정형 데이터 형태의 웹데이터는 앞서 논의하였기에, 이 장에서는 사회과학 연구에서 전통적으로 사용되어온 정형 데이터를 중심으로 웹데이터를 활용한 연구로 범위를 좁혀 몇 가지 대표적인 연구를 소개하고자 한다.

1. 온라인 리뷰를 활용한 연구

    코로나 사태로 웹이나 앱을 통한 비대면 거래가 급증했고, 온라인 공간에 쌓여가는 평점과 리뷰는 이용자의 소비 결정에 중요한 정보로 활용되고 있다. 하지만 평점과 리뷰를 조작할 유인이 있고, 실제로 그런 일들이 발생한 사례가 목격되면서 평점이나 리뷰를 얼마나 신뢰해도 되는지, 그래서 이런 정보들이 얼마나 유용하고 가치가 있는지를 파악하는 것이 또 다른 고민거리가 되어가고 있다. 미국에서 진행된 한 연구는 이와 관련하여 매우 흥미로운 분석 사례를 보여준다(Mayzlin et al., 2014). 미국에서 숙박 예약 서비스를 제공하는 대표적인 업체에는 Expedia와 TripAdvisor가 포함된다. 이 두 업체는 과거 리뷰를 작성할 수 있는 권한을 부여하는 정책이 달랐는데, Expedia는 자신들의 서비스를 통해 실제 숙박을 한 고객만 해당 숙박 업체에 대해 리뷰를 남길 수 있었던 반면, TripAdvisor는 누구나 리뷰를 작성할 수 있게 허용했다.

저자들은 호텔이 좀 더 경쟁이 심한 환경에 노출되어 있을수록, 그리고 메리어트 호텔이나 힐튼 호텔과 같은 대형 호텔 체인보다는 지역의 독립적인 호텔일수록 광고성 리뷰를 올리고 평점을 조작할 유인이 클 것이라는 점에 착안하였다. 지역 내 경쟁 정도와 호텔 체인 여부를 고려해서 Expedia와 TripAdvisor에 올라온 숙박 업체의 평점을 수집해서 분석한 결과, 리뷰를 조작할 유인이 더 큰 호텔일수록 누구나 리뷰를 쓸 수 있는 TripAdvisor에서 그렇지 않은 Expedia에 비해 긍정적인 리뷰를 많이 받았던 것으로 나타났다.

2. 부동산 관련 연구에 웹데이터를 활용한 사례

우리나라뿐만 아니라 글로벌 주요 도시에서 주택 가격이 상승하면서 부동산과 관련 정책에 관한 관심도 함께 높아지고 있다. 대부분의 선진국에서는 정부가 부동산 관련 정보를 수집해서 공식 통계를 발표하고 있다. 하지만 공식적인 지표가 발표되는 주기가 길고 자료를 수집하고 분석하는 과정에도 상당한 시간이 소요되기 때문에 적시성이 떨어진다는 지적을 받기도 한다. 이러한 문제의식에서 부동산 관련 정보를 제공하는 웹사이트에서 자료를 수집해서 적시성 있는 정보를 생산하려는 노력이 이루어지고 있다.

이러한 흐름을 반영하듯 사회과학 연구에서 주택에 관한 연구를 수행할 때 웹데이터를 활용한 연구가 증가하고 있다. 예를 들어 Bricongne와 공저자는 영국의 주택시장에 대한 정보를 매일 수집하고, 이렇게 수집된 자료를 사용해서 코로나 기간 주택시장에서 발생하는 변화를 분석하였다(Bricongne et al., 2021). 저자들은 매물로 나온 주택의 특성 및 호가를 수집하고 분석하는 것에서 더 나아가 해당 매물의 거래가 이루어졌으면 머신러닝 기법을 활용하여 실거래가와 매칭을 시도하였다. 이를 통해 매물량의 변화에 따라 매도인과 매수인의 협상력이 달라지면서 발생하는 호가와 실거래가 차이의 변화도 살펴보았다. 저자들은 코로나 기간 주택시장이 침체되면서 판매자들은 관망하는 태도를 보였고, 사회적 거리 두기가 확대되면서 런던의 주택 가격은 하락하는 반면 인근 교외 지역의 주택 가격은 상승하는 경향을 확인할 수 있었다.

미국에는 질로우(Zillow), 리얼터닷컴(realtor.com), 트룰리아(Trulia)와 같은 부동산 관련 플랫폼이 존재한다. 이들 기업은 미국 내 부동산과 관련된 다양한 정보를 웹사이트에서 실시간으로 제공하고 있으며, 이런 자료를 정리해서 연구자에게 제공하거나 판매하기도 한다. 국내에도 부동산114나 닥터아파트 같은 부동산 리서치 관련 기업이 오래전부터 존재했고, 이들 업체가 구축한 부동산 관련 자료를 사용한 연구도 있었다. 최근에는 부동산 관련 프롭테크(prop tech) 기업들이 빠르게 성장하면서, 직방, 다방, 그리고 호갱노노와 같은 신생 기업의 활동폭이 확대되고 있다. 이들을 통해 부동산과 관련한 적시성 있고 정확한 정보를 구하는 일이 쉬워지고 있어, 향후 이런 기업들이 제공하는 데이터를 활용한 사회과학 연구도 점차 증가할 것으로 기대한다.

우리나라는 국토교통부를 중심으로 2000년대 중반부터 매매뿐만 아니라 전세 거래 전체에 대한 실거래가 자료를 공개해왔고, 서울특별시도 관할 구역 내 부동산에 관한 거래 및 관련 정보를 서울부동산 정보광장을 통해 제공하고 있다. 과거에는 월별로 정리된 자료를 거래 유형별로 파일로 내려받아 분석하는 것이 일반적이었다. 최근에는 공공데이터포털이 제공하는 API 서비스를 활용해서 관심 지역과 시기를 특정해서 반복적으로 자료를 수집하거나 주기를 정하여 데이터베이스를 자동으로 업데이트하는 것도 가능해졌다.

국토교통부와 관계 기관이 제공하는 자료를 사용한 학술연구도 꾸준히 늘어나고 있는데, 여기서는 경제학 분야 학술지에 실린 두 편의 연구를 소개한다. 아파트의 가격은 아파트 위치나 아파트 자체의 특성 이외에도 주변 교통망과 근린시설 그리고 혐오 시설의 존재 여부에도 영향을 받으며, 성범죄자의 유입처럼 지역 주민이 우려할 만한 사안도 지역의 거주 매력도를 낮춰 아파트 가격에 영향을 미칠 수 있다. 우리나라는 성범죄자의 거주지를 온라인에 공개하기 때문에 이 정보를 활용하면 성범죄 전과자의 지역 분포를 추적할 수 있다. 실제 한 연구에서는 국토부 실거래가 자료와 성범죄자 거주지 정보를 활용해서 성범죄자의 지역 내 유입이 주택의 매매 가격과 전셋값에 영향을 미치는지 살펴보았고, 그 정도는 사회적 연결성의 강도와 같은 지역의 특성에 따라 차이를 보임을 보였다(Kim & Lee, 2018). 이외에도 국토교통부의 실거래가 자료를 활용하여 수도권의 보금자리주택지구 선정이 주변 아파트 가격에 미치는 영향을 분석한 연구가 있다(임슬기 외, 2021). 이 연구에 따르면 보금자리지구 선정은 주변 지역 아파트 매매 가격을 약 5.7% 하락시키는 것으로 나타났다.

3. 이메일을 활용한 연구 사례

이메일이 의사소통에 폭넓게 활용되고 채용 프로세스에도 중요한 역할을 하게 되면서 이메일을 활용한 연구가 증가해왔다. 이러한 연구에서 연구자가 다수의 수신인에게 반복적으로 이메일을 직접 발송하고, 회신 여부나 회신된 이메일 내용을 정리하고 분석하는 것은 상당한 노력과 시간이 투입되는 일이다. 이에 필요한 수작업을 최소화하고 시간을 단축하기 위해 연구자들은 프로그래밍 작업을 통해 이메일을 보낼 수신인 목록을 작성한 후 수신자의 이름이나 특성에 맞춘 이메일을 자동으로 발송하고, 이후 회신이 된 이메일을 내려받아 분류하고 정리하는 작업을 수행하고 있다(Crabtree, 2018).

경제학 분야에서 노동시장에 인종 차별이 존재하는지를 살펴본 대표적인 연구로는 Bertrand와 Mullainathan의 작업을 꼽을 수 있다(Bertrand & Mullainathan, 2004). 저자들은 가상의 이력서를 만들어서 보스턴과 시카고 지역 신문의 구인 광고에 실린 일자리에 이력서를 제출하였다. 가상의 이력서에는 이름이 포함되는데 미국에서는 인종별로 많이 쓰는 이름의 분포가 크게 차이가 나서 이력서를 받은 업체는 지원자의 이름을 보면 지원자의 인종을 상당히 정확하게 가늠할 수 있었다. 가상의 이력서에 들어가는 이름 이외의 특성들은 무작위로 부여가 되었기 때문에 흑인이 많이 쓰는 이름이 기재된 지원서와 백인이 많이 쓰는 이름이 기재된 지원서의 평균적인 특성은 유사하였다. 하지만 제출한 지원서에 대한 회신 결과를 보면 백인 이름을 수록한 가상의 지원서를 제출했을 때 흑인 이름을 수록한 가상의 지원서를 제출했을 때에 비해 50% 정도 더 높은 비율로 다음 인터뷰를 진행하자는 회신을 받는 것으로 나타났다. 이는 미국의 노동시장에 인종에 따른 차별적 대우가 존재하는 것을 보여주었다.

이 연구 이후에도 백인과 흑인이 사용하는 이름에 차이가 있다는 사실을 이용한 다양한 연구가 진행되었다. 이들 연구 중에서 웹스크래핑을 적극적으로 활용한 연구로는 Airbnb를 대상으로 온라인 숙박 서비스 시장에서 인종에 따른 차별적 대우가 존재하는지를 살

퍼본 연구가 있다(Edelman et al., 2017). Edelman과 공저자는 Airbnb에 올라온 예약 가능한 숙소를 대상으로 집주인과 집의 특성에 관한 정보를 수집하였다. 그리고 이 숙소를 대상으로 랜덤하게 백인과 흑인의 이름을 사용해서 예약을 시도하고, 집주인이 숙박 요청을 수락하는지가 예약자의 이름으로 유추할 수 있는 인종에 따라 차이가 나는지를 분석하였다. 저자들은 흑인 이름으로 예약을 시도하면 백인 이름으로 예약을 시도한 경우에 비해 집주인이 요청을 수락하는 비율이 낮았으며, 그러한 차이는 과거에 흑인 투숙객을 받은 경험이 없는 이들에서 두드러지게 나타남을 보였다.

이들 연구와 유사한 아이디어에 착안해서 이메일을 활용해서 미국의 일부 주에서 도입된 Ban the Box(BTB) 정책의 효과를 살펴본 연구도 있다(Agan & Starr, 2018). BTB 정책은 백인보다 범죄율이 높은 흑인이 범죄 경력 때문에 서류 전형 단계에서 탈락하면서 인터뷰 기회조차 얻지 못하는 문제를 해결하고 이들의 노동시장 참여를 높일 목적으로 시행되었다. BTB 정책 시행 이전에는 지원서에 범죄 기록이 있는지를 점검하는 문항을 포함할 수 있었지만, BTB 정책이 시행된 주에서는 지원서에 범죄 경력을 묻는 문항을 넣을 수 없게 된 것이다.

BTB 정책을 제안한 이들은 이 정책이 시행되면 범죄 경력이 있는 흑인이 서류 전형을 통과해서 인터뷰 기회를 얻을 가능성이 증가할 것으로 기대하였다. Agan과 Starr는 미국 뉴저지와 뉴욕시에 올라온 구인 광고를 선정하여 BTB 정책 시행 전과 시행 후를 구분하여 인종을 유추하기 쉬운 이름을 이력서에 무작위로 기재한 가상의 이력서를 제출하였다. 이 연구의 결과는 BTB 정책을 제안한 이들의 바람과는 달리 BTB 정책이 시행된 이후에 오히려 유사한 배경을 가진 지원자가 고용주로부터 추가 인터뷰를 제안받는 비율에서 인종 간 격차가 더 확대된 것으로 나타났다. 이는 범죄 이력을 알 수 없는 고용주가 흑인이 평균적으로 백인보다 범죄율이 높다는 정보에 기초해서 흑인을 서류 전형에서 탈락시키면서 범죄 이력이 없는 흑인까지 인터뷰 대상에서 오히려 제외되면서 발생했다.

　이메일을 통해 차별을 연구한 실험 연구 중에는 미국 대학에 재직하고 있는 교수를 상대로 진행된 사례도 있다(Milkman et al., 2014). 미국 학계에서는 여전히 여성이나 소수 인종이 과소 대표되는 문제가 꾸준히 논의되고 있다. Milkman과 공저자는 박사 과정에 진학하고 싶은 학생으로서 연구 기회를 얻기 위해 면담을 신청한다는 내용을 담은 이메일을 259개 대학에 재직하고 있는 6,548명의 교수에게 무작위로 발송하는 방식으로 연구를 진행하였다. 이 이메일을 받은 교수는 이메일 발송인의 이름을 보고 연락을 시도한 학생의 성별과 인종에 대해 어느 정도 추측이 가능했다. 이 연구에서는 이메일을 받은 교수가 답장하였는지를 측정하고, 응답률이 이름으로 추정 가능한 성별이나 인종에 따라 다른지를 살펴보았다. 수집된 자료를 분석한 결과, 교수가 여성이나 소수 인종이 보낸 이메일에 답장을 보내는 비율이 발신인이 백인 남학생일 때 비해 유의하게 낮은 경향을 보였으며, 특히 졸업 후 임금이 높은 전공과 사립대학에 재직하고 있는 교수에게 그 차이가 크게 나타났다.

4. 교육 관련 연구에 웹데이터를 활용한 사례

교육경제학 분야에서는 학교알리미를 통해 공시되는 학교 정보를 수집하여 분석을 수행하거나 나이스 학원 민원서비스를 통해 공시되는 학원에 대한 정보를 수집한 자료를 학술연구에 활용한 사례를 예로 들 수 있다. 학교알리미 자료를 사용한 연구로는 단성학교를 다닌 학생과 남녀공학을 다닌 학생을 비교하여 단성학교 재학 경험이 학생의 체형과 건강 관련 행동에 미치는 인과효과를 살펴본 시도가 있다(Choi et al., 2015). 연구자는 이를 위해 학교알리미를 통해 제공되는 학교의 특성과 학생들의 체력 검사 결과를 이용해 산출한 BMI 지표를 분석에 활용하였다. 또 다른 연구에서는 학원 민원서비스 공시 자료에 포함된 개별 학원의 주소와 학원에서 제공하는 수업 정보를 활용하여 서울시 사교육 공급의 공간분포를 행정동 수준에서 세부 과목으로 나누어 그 분포를 살펴보았다(문상균 외, 2016).

그 밖에도 한국학술지인용색인(Korea Citation Index)을 통해 얻을 수 있는 정보를 사용하여 신종 코로나 감염 사태가 연구자의 논문 생산성에 미친 영향을 살펴보거나(강정한·권은낭, 2021), 세부 학문 분야 내에서 학술지의 인용 네트워크를 분석하고, 세부 주제에 관한 연구 동향을 검토하는 연구들도 활발히 진행되고 있다(정유경, 2020; 최성철·박한우, 2020).

5. 반복적인 웹데이터 수집이 필요한 사례

특정 시점에 한 차례 웹에 공개된 정보를 수집해서 이 자료를 학술 연구에 활용할 수도 있지만, 규칙적이고 반복적으로 데이터를 수집한다면 좀 더 많은 연구 기회를 얻을 수 있다. 대표적인 사례로는 특정 시점에는 누구나 볼 수 있는 정보지만, 시간이 지나면 이전의 정보를 더는 확인할 수 없는 경우를 생각해볼 수 있다. 물론 과거의 기록이 중요한 경우에는 정보를 관리하는 주체가 데이터나 로그 기록을 누적해서 서버에 쌓아두면 이전 시점을 기준으로 해당 정보를 열람할 수 있다. 하지만 이 경우 데이터베이스의 규모가 계속 증가하기 때문에 이러한 서비스 운영 방식은 서버 운영에 부담이 된다. 이러한 이유로 새로운 정보가 생성되면 이전의 기록을 지우고 업데이트하는 방식으로 자료를 관리하기도 한다. 설사 내부적으로 과거의 기록을 보유하고 있다고 하더라도 그 기록을 연구자가 접근하도록 허용할지는 운영 주체의 의지에 달려 있고, 많은 경우에 기업은 그렇게 해야 할 유인이 없다.

과거에는 궁금한 사항이 생기면 지인에게 먼저 문의를 하거나 주변을 수소문해서 해당 이슈를 해결해줄 수 있는 전문가를 찾아 문제를 해결했다. 하지만 이제는 많은 이들이 네이버나 구글과 같은 포털사이트에 방문해서 관련된 키워드로 먼저 검색을 한다. 가령 체불임금이 발생하거나 직장에서 부당한 경험을 했을 때 어떻게 대응해야 하는지 궁금하다면 노무사를 찾아 도움을 받을 수도 있지만, 점점 더 많은 이들이 먼저 시도하는 방법은 네이버나 구글에서 검색을 하면서 관련 정보를 살펴보는 것이다. 특히 네이버에는 Naver 지식인이라는 서비스가 있고, 다양한 분야에 걸쳐 하루에도 수십만 건의 질문이 올라온다. 이러한 질문에는 관련 업계에 종사하고 있는 전문가가 답변하기도 하고, 해당 질문에 대한 경험과 지식이 있는 누구나 답변을 달 수 있다. Naver 지식인에서 관련 질의어를 넣고 검색을 하면 이전에 올라온 유사한 질문과 답변 리스트를 살펴볼 수 있고, 이 과정을 통해 관련된 유용한 정보를 획득할 수 있다.

Naver 지식인에 오랜 기간 쌓여온 질문과 답변을 이용하면 특정 주제에 대해 사람들이 지난 몇 년 동안 어떤 질문을 올렸고, 특정 질문이 더욱 빈번하게 제기되는 시기나 특징적인 사건이 있는지에 대해 살펴볼 가능성이 열렸다. 이러한 연구에 관심을 가진 연구자는 이제 Naver 지식인에 올라온 글들을 웹스크래핑하고 수집된 자료를 정리해서 텍스트 마이닝 기법을 사용하거나 다양한 분석 방법을 활용해서 연구를 진행하려는 계획을 세울 것이다. 하지만 안타깝게도 이 연구는 Naver와 특별한 협력 관계를 맺고 별도로 데이터를 제공받아야만 가능하다. 왜냐하면 Naver 지식인에서 세부 주제별 게시판을 방문해서 살펴보면 한 페이지에 20개의 게시글이 조회되는데, 열람 가능한 최대 페이지는 99페이지로 제한되기 때문이다. 즉, 특정 시점에 살펴볼 수 있는 게시글은 최근에 올라온 1,980개로 제한이 되는 것이다. 사회·정치 분야의 세부 분야인 고용·노동 게시판을 살펴보면 하루에 평균 400개 이상의 글이 올라오기 때문에 1주일 이상 지난 글은 목록에서 확인할 수 없다. 따라서 장기간에 걸쳐 올라온 질문 리스트를 수집하려면 짧은 주기로 반복해서 게시글을 수집하면서 자신만의 데이터베이스를 구축해야만 한다.

이러한 일은 매우 다양한 경우에 발생한다. 한국의 사교육 시장은 전 세계적으로 매우 큰 규모로 알려져 있으며, 한국사회에서 사교육은 늘 중요한 사회 이슈이자 정책 현안으로 자리매김해왔다. 80년대에는 사교육 전면 금지가 시행되기도 했고, 현재도 심야 시간에 학원 운영 시간을 규제하는 정책이 시행되고 있다. 아울러 학원의 설립·운영 및 과외교습에 관한 법률(약칭, 학원법)에 따라 개별 학원은 제공하는 과목과 관련된 정보를 관할 교육청에 신고해야 하고, 이렇게 취합된 정보는 시도 교육청을 통해 웹에서 공개되고 있다. 개별 학원은 신규 과목을 개설하거나 학원비를 변경하는 때도 신고를 해야 할 의무를 지며, 이러한 변동 사항 또한 신고 시기와 함께 학원비 공시정보 사이트를 통해 공개되고 있다. 특정 시점에 공개된 정보를 수집하고 그 내용을 분석한 결과를 토대로 학술연구를 수행하는 것은 언제나 가능하다.

하지만 특정 시점의 정보를 일회성으로 수집해서는 시간에 따른 변화를 추적해야 하는 질문에는 답할 수 없다. 가령 이세돌과 알파고의 대국 이후에 소프트웨어나 코딩 교육을 제공하는 학원이 늘어났는지를 살펴보거나 늘어난 코딩 교육 수요에 따라 이들 학원은 수강료를 인상했을까 같은 질문에 답하기는 어렵다. 자유학기제 같은 교육 정책이 도입되면서 사교육 시장은 이러한 정책 변화에 어떻게 반응하고 있는지를 살펴보기도 어렵다. 물론 교육청이 새로 신고된 내용을 업데이트하면서 이전의 자료 또한 함께 조회할 수 있게 관리하고 제공한다면 시간에 따른 변화를 추적 관찰할 수 있다. 하지만 현재 공시 시스템은 17개 시도 교육청이 권역별로 자료를 관리하는 방식으로 운영되고 있고, 특정 학원이 학원비를 변경하는 경우 이전의 정보를 덮어쓰는 방식으로 데이터베이스를 관리하고 있어서 정보를 업데이트한 후에는 이전 시점의 정보를 다시 확인할 수 없다. 연구자로서는 과거의 기록을 나중에 다시 접근할 수 없는 것은 안타깝지만, 정보공시법에 따라 현시점의 학원 관련 정보를 공시해야 하는 교육청의 입장에서는 서버 부담과 관리 비용을 낮추는 자연스러운 운영 방안일 수 있다. 결국, 학원 서비스 관련 정보를 사용해서 시간에 따른 변화를 살펴보고 싶다면 연구자 스스로 정기적으로 관련 데이터베이스를 구축해가면서 이후의 연구를 위한 자료를 쌓아가야 할 필요가 생긴다.

　최근 진행되는 사회과학 연구 중에는 매우 짧은 간격을 두고 관심 자료를 반복적으로 수집하고 이를 활용하는 시도가 늘어나고 있다. 초나 분 단위로 웹에서 자료를 반복 수집하는 노력은 경제학 내에서도 산업조직론 분야에서 상대적으로 활발히 진행되고 있다. 아무래도 경쟁 상황에서 빠른 변화를 보이는 가격, 순위 및 점유율 등을 파악할 수 있는 자료의 수집에 대한 필요가 있기 때문으로 보인다. 음원 사이트인 멜론에서 실시간 차트 순위를 수집하거나 네이버나 다음과 같은 플랫폼에서 웹툰이나 웹소설에 대한 정보를 반복적으로 수집하는 경우를 예로 들 수 있다. 그 밖에도 CGV, 메가박스 그리고 롯데시네마와 같은 복합영화관 웹사이트에서 개별 영화의 좌석 예매 현황을 반복적으로 수집하기도 한다. 해외에서는 아마존이나 이베이와 같은 온라인 상점에서 특정 상품이나 경매 상품 관련 정보를 추적하고, 그렇게 수집된 자료를 사용한 연구도 다수 진행된 바 있다. 잔여 좌석의 정도나 비행까지 남은 시간에 따라 큰 가격 변동을 보이는 항공권 가격을 여행 관련 예매 플랫폼에서 수집하며 가격 변화를 설명하려고 시도하기도 한다. 국내에서도 온라인 시장이 확대되면서 마케팅 연구자나 현업 실무자들의 다양한 필요를 위해 네이버 쇼핑, 11번가, G마켓 등을 대상으로 상품 및 구매 관련 정보를 수집하는 시도가 진행되고 있으며, 이들 자료를 활용한 학술연구도 점차 확대될 것으로 보인다.

Ⅲ
웹데이터 수집 방법

　점점 더 웹을 통한 정보의 공유와 의사소통이 늘어나면서 웹스크래핑에 관한 관심도 높아지고 있다. 이제는 R이나 Python과 같은 프로그램을 활용하면 웹에서 데이터를 수집하는 작업도 매우 수월해졌다. 웹에서 데이터를 수집하는 방법은 크게 웹스크래핑, 반복적 파일 내려받기 그리고 API를 활용하는 경우로 나누어 생각해볼 수 있다.

　웹스크래핑은 특정한 데이터를 웹사이트로부터 가져오는 행위로서 웹브라우저를 통해 우리가 볼 수 있는 정보나 그러한 정보와 연결된 하이퍼링크와 같은 속성값(attribute value)을 해당 페이지를 표현하기 위해 작성된 HTML 소스를 분석해서 수집하는 과정을 지칭한다. 연구자들이 수집하고자 하는 정보는 HTML 문서상에서 특정한 노드를 표시하는 태그 사이에 놓인 내용(content)이거나 태그의 속성값인 경우가 많다. 수집하고 싶은 정보가 HTML 문서에 테이블 형태로 담겨 있는 경우에는 테이블 전체를 추출하는 방식으로 쉽게 정보를 모을 수 있다.

웹스크래핑을 진행하기 위해서는 두 가지 정보를 확보해야 한다. 첫 번째는 수집하고자 하는 정보를 서버에게 요청할 때 사용할 URL 주소다. 이 주소가 웹브라우저의 상단 주소창에 바로 표시되는 때도 있지만, 그렇지 않은 경우라면 웹브라우저의 개발자 도구를 활용해서 서버와 주고받은 파일들을 살펴봄으로써 원하는 정보를 서버에게 요청하는 방법과 주소를 찾을 수 있다.

다음으로는 서버로부터 받아온 HTML 소스에서 수집하고자 하는 정보가 문서의 어느 부분에 있는지를 표현하는 경로를 찾아야 한다. 특정한 검색어를 사용해서 뉴스를 검색하는 경우를 생각해보면 관련 기사가 보통은 한 페이지에 10개나 20개가 등장하는데, 이런 경우처럼 수집하고자 하는 정보가 여러 개면 해당 정보가 위치한 노드의 위치를 포괄하는 공통의 경로를 표현하는 패턴을 HTML 문서의 구조를 분석해서 파악해야 한다. 최근에는 크롬(Chrome)과 같은 웹브라우저의 개발자 도구의 기능을 활용하거나 Selector Gadget과 같은 보조 프로그램을 사용하면 HTML 문서에서 수집하고자 하는 정보들의 위치를 찾는 작업이 매우 쉬워졌다. 웹페이지의 구성과 기능이 간단한 정적인(static) 웹페이지를 대상으로 한다면 이렇게 두 가지 정보만 정확하게 가지고 있으면 R이나 Python이 제공하는 웹스크래핑 관련 라이브러리를 활용해서 원하는 정보만을 쉽게 추출할 수 있다.

하지만 점점 더 웹사이트에 인터랙티브한 요소가 추가되고 기능이 다양해지면서 그만큼 웹사이트 구조가 복잡해지고 있다. 통상 이런 경우를 웹사이트가 동적(dynamic)이라고 말하는데, 이런 동적인 웹사이트에서 정보를 수집할 때는 셀레니움(Selenium)의 도움을 받을 수 있다. 셀레니움은 여러 브라우저와 운영체제에서 앱이나 웹페이지가 잘 동작하는지 테스트할 목적으로 만들어진 Java 프로그램인데, 웹브라우저의 동작을 프로그래밍을 통해 자동화할 수 있는 유용한 도구다. 셀레니움을 사용하는 가장 대표적인 경우는 정보에 접근하기 위해 로그인 과정을 거쳐야 하거나 웹사이트에서 특정 요소를 클릭하는 행동을 프로그래밍을 통해 수행하는 경우다. 일부 웹사이트에서는 내부에 설정된 Javascript로 작성된 함수를 실행해야 원하는 정보에 접근할 수 있는데, 마치 사람이 마우스와 키보드를 통해 웹브라우저를 통제하는 것과 유사한 작업을 셀레니움을 사용하면 프로그래밍을 통해 수행되도록 할 수 있다.

셀레니움을 사용하면 수집하고자 하는 정보로 접근하는 것이 어렵거나 이를 위해 거쳐야 하는 복잡한 단계들을 우회할 수 있어 웹 스크래핑 작업이 매우 간단해지는 장점이 있다. 물론 셀레니움을 사용하는 방식에도 단점이 있는데, 원하는 정보에 바로 접근해서 정보를 추출하는 경우보다는 시간이 더 소요된다는 점이다. 하지만 수집해야 할 정보가 많지 않거나 자료 수집이 다급하지 않다면 셀레니움은 사회과학 연구자가 웹에서 정보를 수집할 때 의존할 수 있는 손쉬운 대안이 될 수 있다.

셀레니움은 보통 웹페이지에 존재하는 버튼이나 입력창 등의 요소를 찾고, 해당 요소에 마치 키보드로 원하는 문자를 입력하거나 마우스를 클릭하는 방식으로 동작한다. 하지만 때로는 조작이 필요한 요소를 지정하거나 동작시키기 어려울 때도 있다. 이런 경우에는 웹브라우저뿐만 아니라 다양한 상황에서 모니터 위의 좌표를 알려주면 해당 위치로 이동해서 마우스를 클릭하거나 원하는 문자를 입력하도록 도와주는 보조적인 기능을 제공하는 도구를 함께 사용하는 방법을 병행해서 원하는 정보를 수집할 수 있다.

웹스크래핑을 한다고 하면 보통은 웹페이지에서 눈으로 볼 수 있는 정보를 해당 페이지를 구성하는데 사용된 HTML 문서에서 추출하는 방식으로 접근하게 된다. 하지만 해당 웹에서 우리가 필요한 정보를 CSV나 Excel 데이터 형식으로 제공한다면 이 파일을 내려받아서 정리하는 것이 웹페이지 소스를 반복적으로 수집하는 방식보다 효율적일 수 있다. 가령 온라인 서점에서 주별 베스트셀러 목록을 수집해서 연구에 활용하고자 할 때 베스트셀러 리스트가 포함된 HTML 소스를 읽어 와서 필요한 요소를 하나씩 수집할 수도 있지만, 해당 온라인 서점에서 정리된 정보를 파일로 내려받을 수 있다면 굳이 HTML 소스를 분석해서 수집하고 싶은 정보를 하나씩 반복해서 수집할 필요는 없다.

최근에는 GitHub에 국가별 COVID-19 확진자와 사망자 수에 관한 자료가 매일 업데이트되고, 누구나 CSV 파일로 제공되는 이 자료를 내려받아 분석에 활용할 수 있다. 그 밖에도 연구자들이 사용할 수 있는 좋은 자료가 웹에서 공유되거나 주기적으로 생성되고 있다. 이런 자료를 내려받는 과정을 분석 코드에 포함하면 매번 자료를 직접 업데이트하는 작업을 하지 않더라도, 코드가 실행될 때 가장 최신의 자료가 분석에 자동으로 활용되게 할 수 있다. 앞의 사례에서 든 정형 데이터가 아니더라도 PDF로 제공되는 문서 파일이나 JPEG와 같은 이미지 파일도 코드를 사용하여 반복적으로 수집할 수 있다. 웹스크래핑을 하는 과정과 유사한 작업을 코드로 구현하면 필요한 자료를 수작업으로 반복해서 내려받아 정리하지 않더라도 다량의 자료를 수집하고 분석에 활용할 수 있다.

웹에서 데이터를 수집하는 또 다른 방법은 API(Application Programming Interface) 서비스를 활용하는 것이다. 동일한 정보를 API를 통해 수집할 수 있다면 직접 웹스크래핑을 하는 것보다 간단하고 시간도 적게 걸린다. 국내 연구자에게 활용도가 점점 높아지고 있는 대표적 API로는 여러 공공기관이 제공하는 다양한 정보를 쉽게 수집할 수 있는 공공데이터포털 API를 꼽을 수 있다. 공공데이터포털은 데이터 수요가 많은 자료를 다운로드 가능한 파일로 제공하거나 API를 통해 정보를 수집할 수 있게 운영되고 있다. 가령 국토교통부는 자체 웹사이트에서 매매 및 전·월세 실거래가 자료를 제공하고 있지만, 특정 조건을 만족하는 데이터를 반복적으로 추출해서 분석에 사용할 때는 코드를 작성해서 API를 활용하는 방식이 수작업을 최소화할 수 있어서 효율적이다. 환경부는 미세먼지에 대한 높아진 관심에 대응하기 위하여 대기 질 관련 수치를 API를 통해 제공하고 있고, 교통 정보와 관련해서는 여러 기관이 지하철 승하차 정보나 버스 위치 정보를 API를 통해 제공하고 있다.

공공데이터포털 이외에도 점점 더 많은 기관과 기업에서 API를 활용하는 서비스를 제공하고 있다. RISS나 KCI와 같은 학술 정보 웹서비스는 서지 정보를 API를 통해 제공하고 있다. Naver API에 검색하고 싶은 키워드를 전달하면 관련 뉴스나 블로그 포스팅에 대한 정보를 수집할 수 있고, Naver 지도 API를 사용하면 주소를 위경도 좌표로 변환하거나, 출발지와 도착지를 지정한 후 두 지점을 차량으로 이동할 때 이동 거리와 이동 소요 시간을 실시간으로 응답받아 연구에 활용할 수 있다. 아울러 Google이 제공하는 Youtube API를 사용하면 Youtube에 탑재된 영상에 관한 다양한 정보뿐만 아니라 영상에 달린 댓글도 쉽게 수집할 수 있다.

API가 동작하는 방식은 대체로 매우 유사하다. API를 사용하기 위해서는 우선 고유한 인증키를 발급받아야 한다. 인증키가 준비되면 각 API가 제공하는 개발 가이드 문서를 참고해서 요청을 수행하면 된다. 보통은 어디에 정보를 요청하면 되는지를 알려주는 URL 주소와 어떤 정보를 요청하는지를 식별할 수 있는 필수 파라미터를 API에 제출해야 한다. 가령 Naver API를 이용해서 뉴스 기사를 수집한다면 어떤 단어와 관련된 기사를 요청하는지를 알려주는 검색어가 필수 파라미터가 된다. 공공데이터포털에서 아파트 실거래가를 수집하고 싶다면 알고 싶은 지역의 행정 코드가 필수 파라미터 역할을 한다.

그 밖에도 검색을 좀 더 정교하게 할 수 있게 추가 파라미터를 설정할 수 있는 옵션도 존재하는데, 이러한 선택 파라미터에는 사전에 특정한 값이 미리 부여되고 사용자가 해당 파라미터 값을 따로 지정하지 않으면 해당 디폴트 값이 사용된다. API를 이용해서 요청을 보내면 회신 결과는 XML(Extensible Markup Language)이나 JSON(JavaScript Object Notation) 형태로 주로 반환된다. API의 개발 가이드 문서를 참고해서 API에 요청을 보내고 그 결과를 XML이나 JSON으로 정상적으로 회신을 받으면, R이나 Python에서 제공되는 관련 라이브러리를 사용해서 요청한 정보를 쉽게 추출하고 분석에 활용하기 좋은 형태로 변환할 수 있다.

마지막으로 직접 웹자료를 모을 때 부딪히게 되는 두 가지 이슈를 언급하고자 한다. 먼저 한글이 포함된 자료를 수집할 때는 한글 인코딩(Encoding)과 관련된 이슈를 이해해야 한다. 인코딩이란 사람이 사용하는 언어를 컴퓨터가 사용하는 0과 1로 변환하는 작업을 의미하는데, 웹스크래핑을 도와주는 패키지나 함수들은 영어권 웹페이지를 대상으로 주로 개발되기 때문에 한국어가 포함된 웹사이트에서 정보를 수집할 때는 한국어 인코딩과 관련된 에러가 발생하거나 추출된 자료에서 한글이 정상적으로 표시되지 않는 경우가 생긴다.

한글 인코딩 방식은 크게 완성형과 조합형으로 나뉜다. 완성형의 대표적인 방식은 문자 11,720개에 번호를 부여한 CP949로 윈도우에서 한글을 사용하는 방식이다. 완성형 이외에는 조합형이 있는데, 한글 모음과 자음 각각에 코드를 부여한 후 이들을 조합해 한글을 표현하는 방식으로 UTF-8이 대표적이다. 조합형은 여러 언어에 적용될 수 있다는 장점이 있어 다수의 웹페이지가 UTF-8을 인코딩 시스템으로 채택하고 있으며, 애플 맥은 UTF-8 방식으로 한글을 표현한다. 따라서 한글이 포함된 웹페이지를 대상으로 웹스크래핑을 진행할 때는 웹페이지가 어떤 인코딩 시스템을 사용해서 구축되었고, 본인이 사용하는 운영체제에 따라 HTML 소스를 분석할 때 인코딩 방식을 적절하게 설정해주어야 한다.

다음으로는 정규표현식(Regular Expression)에 대한 이해가 필요하다. 정규표현식이란 특정한 규칙을 가진 문자열의 집합을 표현하는 데 사용하는 형식 언어를 말한다. 신문기사에서 이메일 주소만을 찾아내거나 문서에 형식이 다르게 입력된 전화번호가 다수 있을 때 이 번호들을 모두 추출하려면 이들을 식별할 수 있는 패턴을 알려주고, 해당 패턴을 충족하는 문자열들을 찾아야 한다. 때로는 수집된 자료에서 영어, 한글, 그리고 숫자를 구분해서 추출하거나 특정 규칙을 만족하는 문구는 삭제하고 싶을 수 있다. 우리가 사용하고자 하는 패턴은 정규표현식으로 표현할 수 있으며, 정규표현식을 얼마나 잘 활용하느냐에 따라 웹에서 가져온 HTML 문서에서 우리가 원하는 자료를 정확하게 추출하고 최종 데이터를 정제하는 과정을 얼마나 효율적으로 진행할 수 있는지가 달라진다.

IV
맺음말

웹에서 데이터를 수집하기 위해서는 많은 자원이 필요하지 않다. 안정적인 인터넷 접속망을 갖추고 있다면 저사양 컴퓨터에서도 웹 스크래핑은 가능하다. 물론 HTML, JavaScript, CSS 등에 관한 배경 지식이 있다면 웹데이터 수집에 도움이 되겠지만, 이제는 R이나 Python 같은 프로그램에서 사용할 수 있는 편리한 도구가 많아져서 약간의 필수적인 지식만 갖추면 안정적인 기능을 제공하는 라이브러리와 함수들을 사용해서 누구나 쉽게 웹에서 데이터를 수집할 수 있다. 아울러 포털뉴스나 뉴스에 달린 댓글처럼 대중의 관심이 높은 웹데이터의 경우에는 이미 그러한 자료를 수집할 때 사용할 수 있는 툴이 개발되어 배포되기도 한다. 여러 공공기관이나 포털은 자체 API를 통해 데이터 수집을 쉽게 할 수 있는 인터페이스를 제공하고 있어서 몇 줄의 코드만으로도 다양한 정보를 수집하는 것이 가능하다.

과거에도 연구자들은 웹에서 자료를 수집하여 학술연구를 수행했었다. 하지만 많은 경우 스스로 데이터를 수집하기보다는 컴퓨터 관련 분야를 전공한 대학원생이나 인접 분야 전문가에게 자료 수집을 의뢰하는 경우가 많았다. 하지만 이제는 웹에 존재하는 데이터도 다양해지고 수집에 사용할 수 있는 프로그램 도구도 계속 발전하면서 스스로 데이터를 수집하는 방향을 긍정적으로 고려할 시점이 되었다고 생각한다.

최근 들어 웹스크래핑이 다양한 분야에서 활발하게 활용되고 누구나 쉽게 사용할 수 있는 맞춤형 함수가 GitHub와 다양한 경로로 공유되면서 사람들이 자주 웹스크래핑을 수행하는 웹서비스는 서버의 부담이 가중되는 상황에 놓이고 있다. 이런 일이 발생하면 웹서비스를 운영하는 업체는 웹페이지의 구조를 변경하는 작업을 통해 웹을 통해 공유되던 기존 샘플 코드를 사용하면 에러가 발생하도록 만들기도 한다. 그렇게 되면 해당 서버에 반복적으로 들어오는 요청이 줄어들면서 서버의 부담이 줄어든다. 이러한 의도가 아니더라도 웹 관련 기술이 발전하면서 새로운 기능을 추가하기 위한 업데이트 작업도 빈번하게 이루어지며, 이러한 변화는 기존에 작성했던 코드를 수정해야 하는 상황을 발생시킨다.

장기간에 걸쳐 데이터를 반복적으로 수집하는 작업을 진행한다면 이러한 문제 상황이 발생하였을 때 즉각적으로 도움을 줄 수 있는 전문 인력과 긴밀한 협력 관계를 유지해야 하고, 변화된 웹에서 원하는 정보를 어떻게 수집하고 싶은지 전달하고 서로 이해하는 과정을 반복해야 한다. 따라서 이러한 점을 고려할 때 연구자 본인이 필요로 하는 데이터를 웹에서 스스로 수집할 수 있는 역량을 기르는 것이 가장 좋다. 설사 스스로 처음부터 데이터를 수집하는 코드를 작성하기는 어렵더라도, 이미 작성된 코드를 이해하고 주요한 부분은 필요할 때 수정해서 사용할 수 있는 능력은 갖출 필요가 있다.

웹사이트가 변경되는 경우 이외에 장기간에 걸쳐 데이터를 반복적으로 수집할 때 겪게 되는 일 중 빈번하게 발생하는 일은 중간에 네트워크 오류가 발생해서 데이터 수집이 정상적으로 진행되지 않는 경우다. 예를 들어 매일 새벽 특정한 시간에 한 시간 동안 데이터를 수집하는 작업을 반복하는 경우를 생각해보자. 때로는 자료 요청을 하는 연구자의 네트워크가 일시적으로 불안정한 상황이 생길 수 있고, 서버 쪽 네트워크가 불안정하거나 정기 점검 등의 이유로 서버가 정상적으로 회신하지 못하는 문제가 발생하기도 한다. 예컨대, 연구자가 새벽마다 1,000번 서버에 요청을 하고 회신을 받아야 하는데 500번 실행 후 네트워크의 일시적 불안정으로 데이터 수집 작업이 비정상적으로 중단되면 당일 수집해야 하는 중요한 정보가 데이터베이스에서 누락이 되는 상황이 발생한다.

이런 경우를 늘 피할 수는 없지만, 일시적 에러가 발생했을 때는 어느 정도 시간이 지난 후 다시 코드가 실패한 부분부터 다시 진행되도록 설정하거나, 에러가 발생한 요청 건은 제외하고 나머지 작업이 진행되도록 발생 가능한 에러 상황에 대처할 수 있도록 코드를 작성해야 한다. 또한, 주기적으로 데이터가 쌓이는 것이 매우 중요한 상황이라면 데이터 수집 단계를 진행한 이후에 데이터가 정상적으로 수집되었는지를 확인하는 부분을 코드에 추가하면 좋다. 만약 에러가 발생했다면 이메일이나 SNS를 통해 그러한 사건이 발생했다고 연구자에게 알림이 가도록 설정해서 문제가 되는 부분을 신속하게 조치해서 데이터베이스의 완결성을 유지할 수 있도록 작업할 필요가 있다.

마지막으로 웹에서 볼 수 있다고 해서 해당 정보를 누구나 자유롭게 수집해서 사용해도 된다는 것은 아님을 강조하고자 한다. 학술연구처럼 비영리 목적으로 수집한 자료를 사용하는 경우에는 자료의 접근과 활용에 대한 제약이 덜하지만, 이럴 때도 해당 정보를 제공하는 웹사이트가 저작권에 대하여 어떤 방침을 명시하고 있는지 확인해야 한다. 그뿐만 아니라 많은 웹사이트가 자신의 웹사이트를 크롤링하거나 스크래핑하는 것을 허용하는 경우와 허용하지 않는 경우를 정리해서 robots.txt라는 파일을 통해 안내하기도 한다. 웹에 존재하는 자료를 수집하기 전에 해당 파일이 있는지 살펴보고 웹사이트의 관련 방침을 확인할 것을 권한다. 그리고 요청을 반복적으로 보내는 작업은 서버에 부담을 주기 때문에 서버에 요청을 보낸 후 다음 요청을 보내기 전에 몇 초간의 여유 시간을 두는 방식으로 서버에 지나친 부담을 주지 않도록 작업해야 한다. 요청 간에 쉬는 시간이 없이 반복적으로 요청을 계속 보내면 해당 PC의 IP가 차단되면서 웹사이트에 접근하지 못하는 경우가 발생할 수도 있다.

이제는 웹에서 데이터를 수집하는 일은 장기간의 학습이나 뛰어난 프로그래밍 능력이 없더라도 누구나 단기간에 익혀서 활용할 수 있는 시대가 되었다. 설사 연구자 스스로 원하는 데이터를 웹에서 직접 수집하지는 못하더라도 주변에 이런 작업을 도와줄 수 있는 사람이 늘어나고 있다는 점을 고려하면 웹데이터 수집에 대한 진입장벽은 지난 몇 년 사이에 급격하게 낮아졌다. 웹데이터 수집의 장벽이 낮아지면서 이제는 웹데이터를 수집할 수 있느냐는 점점 더 부차적인 문제가 되어가고 있다. 그보다는 웹에 존재하는 유용한 정보를 활용해서 어떤 연구를 할 것인지를 고민하는 작업이 점점 더 중요해지고 있다. 흥미로운 측면을 살펴볼 수 있는 데이터를 장기간에 걸쳐 대규모로 수집하더라도 그 자료를 사용하여 단순한 기초통계를 제시하고 시각화하는 것으로는 학술 연구의 성과물로 인정받기는 어렵기 때문이다.

활용 가능한 빅데이터와 웹데이터의 증가는 사회과학 연구자에게 학술연구를 수행할 수 있는 유용한 재료가 많아지는 것을 의미하며, 실제 이러한 변화와 가능성을 적극적으로 활용하는 국내 학술연구도 빠르게 성장하고 있다. 행정 데이터를 포함한 분석 가능한 빅데이터의 증가와 문턱이 낮아진 웹데이터 수집 과정은 연구자에게 이전과는 차별화된 연구의 가능성을 열어주고 있다. 하지만 언제나 그렇듯 좋은 데이터에 앞서 좋은 질문이 있어야 하고, 좋은 질문을 떠올리기 위해서는 해당 분야와 주제에 대한 깊은 이해와 고민이 필요하다는 점 또한 잊지 않았으면 한다.

참고문헌

강정한, 권은낭. (2021). 코로나 위기가 학술 논문 생산에 미친 영향: KCI 등록 학술지 논문 분석. 한국사회학, 55(1), 179-199.

문상균, 배한나, 최재성. (2016). 학원정보 공공데이터를 활용한 서울시 사교육 공급에 관한 분석. 조사연구, 17(3), 81-108.

박민수, 이동진, 오정일. (2014). 이혼 후 재산분할의 비율 및 이혼 위자료액의 결정: 2009년~2011년 합의부 재판례의 실증분석. 가족법연구, 28(1), 99-132.

임슬기, 이현지, 이수형. (2021). 공공주택 공급지구 선정이 아파트 매매가에 미치는 영향 및 주요 메커니즘 고찰: 보금자리주택지구 사례 분석. 경제학연구, 69(4), 151-184.

장소연, 류웅재. (2017). 온라인 커뮤니티와 혐오의 문화정치: 일간베스트저장소와 메갈리아의 사례를 중심으로. 한국소통학보, 16(1), 45-85.

정유경. (2020). 국내 문헌정보학 분야 학술지의 인용 네트워크분석. 한국문헌정보학회지, 54(4), 221-238.

최동욱. (2017). 포털뉴스의 정치성향과 가짜뉴스 현상에 대한 시사점. KDI FOCUS.

최성철, 박한우. (2020). 토픽모델링 연구동향 분석: 공학과 사회과학 분야 KCI 등재지를 중심으로. Journal of The Korean Data Analysis Society, 22(2), 815-826.

황성윤, 정태훈. (2021). 스캐너 데이터를 이용한 가격경직성 측정. 경제발전연구, 27(2), 101-125.

김규철. (2020). 새로운 데이터로 추정한 북한의 소득과 후생의 장기 추세: 1인당 GDP 추정을 중심으로, 정책연구시리즈, 한국개발연구원.

Agan, A., & Starr, S. (2018). Ban the box, criminal records, and racial discrimination: A field experiment. *The Quarterly Journal of Economics, 133,* 191-235.

Allcott, H., & Gentzkow, M. (2017). Social media and fake news in the 2016 election. *Journal of economic perspectives, 31,* 211-36.

Bertrand, M., & Mullainathan, S. (2004). Are Emily and Greg more employable than Lakisha and Jamal? A field experiment on labor market discrimination. *American economic review, 94,* 991-1013.

Bricongne, Jean-Charles, Baptiste Meunier, and Pouget Sylvain. (2021). "Web Scraping Housing Prices in Real-time: the Covid-19 Crisis in the UK."

Burkhauser, R. V., Feng, S., Jenkins, S. P., & Larrimore, J. (2012). Recent trends in top income shares in the United States: reconciling estimates from March CPS and IRS tax return data. *Review of Economics and Statistics, 94,* 371-388.

Cavallo, A., & Rigobon, R. (2016). The billion prices project: Using online prices for measurement and research. *Journal of Economic Perspectives, 30,* 151-78.

Chetty, R., & Hendren, N. (2018). The impacts of neighborhoods on intergenerational mobility I: Childhood exposure effects. *The Quarterly Journal of Economics, 133,* 1107-1162.

Chetty, R., Hendren, N., Kline, P., Saez, E., & Turner, N. (2014). Is the United States still a land of opportunity? Recent trends in intergenerational mobility. *American economic review, 104,* 141-47.

Cook, C., Diamond, R., Hall, J. V., List, J. A., & Oyer, P. (2021). The gender earnings gap in the gig economy: Evidence from over a million rideshare drivers. *The Review of Economic Studies, 88,* 2210-2238.

Crabtree, C. (2018). An introduction to conducting email audit studies. In *Audit studies: Behind the scenes with theory, method, and nuance* (pp. 103-117). Springer, Cham.

Choi, J., Park, H., & Behrman, J. R. (2015). Separating boys and girls and increasing weight? Assessing the impacts of single-sex schools through random assignment in Seoul. *Social science & medicine, 134,* 1-11.

Dubois, P., Griffith, R., & O'Connell, M. (2020). How well targeted are soda taxes?. *American Economic Review, 110,* 3661-3704.

Edelman, B., Luca, M., & Svirsky, D. (2017). Racial discrimination in the sharing economy: Evidence from a field experiment. American Economic *Journal: Applied Economics, 9,* 1-22.

Einav, L., & Levin, J. (2014). Economics in the age of big data. *Science,* 346(6210).

Gentzkow, M., & Shapiro, J. M. (2010). What drives media slant? Evidence from US daily newspapers. *Econometrica, 78,* 35-71.

Gentzkow, M., Kelly, B., & Taddy, M. (2019). Text as data. *Journal of Economic Literature, 57,* 535-74.

Glaeser , E. L., Kim, H., & Luca, M. (2018). Nowcasting gentrification: Using Yelp data to quantify neighborhood change. *AEA Papers and Proceedings, 108,* 77-82.

Jean, N., Burke, M., Xie, M., Davis, W. M., Lobell, D. B., & Ermon, S. (2016). Combining satellite imagery and machine learning to predict poverty. *Science,* 353(6301), 790-794.

Kang, Min Jung and Kim, Y. Han (Andy) and Park, Soohyun, The Voice of Risk: Wall Street CEOs' Vocal Masculinity and the 2008 Financial Crisis (January 10, 2020). Available at SSRN: https://ssrn.com/abstract=3489589

Kim, S., & Lee, K. O. (2018). Potential crime risk and housing market responses. *Journal of Urban Economics, 108,* 1-17.

Kopczuk, W., Saez, E., & Song, J. (2010). Earnings inequality and mobility in the United States: evidence from social security data since 1937. *The Quarterly Journal of Economics, 125,* 91-128.

Li, L., Lee, K. Y., Lee, M., & Yang, S.-B. (2020). Unveiling the cloak of deviance: Linguistic cues for psychological processes in fake online reviews. *International Journal of Hospitality Management, 87,* 102468.

Mayzlin, D., Dover, Y., & Chevalier, J. (2014). Promotional reviews: An empirical investigation of online review manipulation. *American Economic Review, 104,* 2421-55.

Milkman, K., Akinola, M., Chugh, D., Cachon, G., Caruso, E., & Fernandez, R. (2014). *Discrimination in the Academy: A Field Experiment. Working Paper,* Wharton.

Naik, N., Kominers, S. D., Raskar, R., Glaeser, E. L., & Hidalgo, C. A. (2017). Computer vision uncovers predictors of physical urban change. *Proceedings of the National Academy of Sciences, 114,* 7571-7576.

Wu, A. H. (2018). Gendered Language on the Economics Job Market Rumors Forum. *AEA Papers and Proceedings, 108,* 175-79.

본 장은 『조사연구』 제23권 1호(2023)에 게재된 논문을 일부 수정하였다.

제3장

코로나 이전과 이후의
한국의 사회변화

김지범 사회학과 교수

2020년 1월 20일 한국에서 코로나19(이하 코로나) 확진자가 나온 지 2년이 지나가고 있지만 아직도 코로나는 창궐하고 있다. 얼굴의 일부분이 되어가는 마스크와 사회적인 것의 의미를 되돌아보게 하는 사회적 거리두기와 격리가 진행 중이다. 책의 제목처럼 "아무도 죽지 않는 세상"(헤롤드, 2020)을 향한 여정에서 언제든지 죽을 수 있는 세상이 부지불식간에 찾아왔다. 2022년 1월 26일까지 한국에서는 약 6,600명이 사망했고 전 세계적으로는 약 562만 명이 사망했다. 코로나는 "현재의 인간보다 육체적으로 더 강하고, 더 빠르고, 더 똑똑하며, 더 건강하며, 더 오래 사는 존재"(김건우, 2016, p. 43)인 개조되어 향상된 인간-포스트휴먼 출현의 심장을 가로지르고 있다. 이에 따라, 대가들은 나름대로 코로나 상황을 가져온 사회에 대한 성찰, 미래사회 변화에 대한 개연성이 있는 예측, 그리고 새로운 세상을 위한 근본적 해결책을 제시하고 있다(슈밥·말르레, 2021; 지젝, 2020; JTBC 팩추얼 제작진, 2021). 예로, 정부의 역할 확대, 기후변화 해결, 불평등 해소 그리고 심지어 신자유주의의 재고 등이다. 코로나 이후의 시대에 대한 새로운 길을 모색하는 시점에서, 21세기 한국사회의 변화를 반추할 필요가 있다.

21세기 한국의 사회변화는 20세기 압축적 근대화에 토대를 둔다. 20세기 한국은 경제발전과 민주주의라는 시대정신으로 한강의 기적이라는 급격한 경제성장도 이루었고 1987년 절차적 민주주의도 달성했다. 근대화이론에 따르면 경제 발전으로 인한 물질적 풍요는 사람들의 가치관 변화를 가져오는데, 경제 및 신체적 안전을 중요시하는 물질주의(materialism)적 가치에서 자기표현과 삶의 질을 강조하는 탈물질주의(post-materialism) 가치로의 전환을 이끈다는 것이다(Inglehart, 1997). 이러한 가치 변화 이론이 한국에서 가능할지 확신이 없다. 최근에도 한국사회 풍토는 제도나 시스템에 대한 과거 경험 때문에 불신이 만연하고, 고도성장기에서 저성장기가 도래했지만 적응하지 못하여 불만이 많고, 노후가 준비가 안 되어 불안이 큰 사회로 '불신, 불만, 불안'의 3불 사회(이재열, 2019, p. 22)의 덫에 갇힌 것 같기 때문이다.

과연 21세기 한국인은 경제발전에 힘입어 탈물질주의자가 되었는가? 한국종합사회조사(Korean General Social Survey, KGSS)의 "국가의 질서 유지", "물가 상승 억제", "정부 결정에 대해 국민에게 더 많은 발언권 부여", "언론 자유의 보호" 4문항의 우선순위를 이용하여 물질주의자와 탈물질주의자의 비율을 살펴보았다. 물질주의자와 탈물질주의자를 각각 두 개의 유형으로 나누었다: (1) 1순위와 2순위에 "국가의 질서 유지", "물가 상승 억제"를 중요시한다고 답하면 물질주의자, (2) 1순위와 2순위에 "정부 결정에 대해 국민에게 더 많은 발언권 부여", "언론 자유의 보호"를 우선시한다고 답하면 탈물질주의자, (3) 1순위로는 물질주의와 2순위로는 탈물질주의 항목을 선정하면 약한 물질주의자, 그리고 (4) 1순위로는 탈물질주의와 2순위로는 물질주의 항목을 선택하면 약한 탈물질주의자로 규정하였다. 2010년 한국인은 37%의 물질주의자, 50%는 약한 물질주의자, 4% 약한 탈물질주의자, 9%의 탈물질주의자로 구성되었다. 반면, 2021년 물질주의자는 47%, 약한 물질주의자는 42%, 약한 탈물질주의자는 7%, 탈물질주의자는 3%이다. 탈물질주의자가 10% 정도에 불과하다는 점은 물질주의 가치가 한국사회 전체에 스며들어 관통하고 있다고 볼 수 있다.

이 글은 21세기 한국사회 변화를 조금 더 자세히 살펴보는 것이 목적이다. 지난 20년간 한국인의 태도는 변화하였는가? 아니면 안정적인가? 또한, 코로나 이전과 이후에 태도의 차이가 있었는가? 좀 더 구체적으로 몇 가지 예를 언급하면, 한국인은 더 행복해졌는가? 한국인이 생각하는 한국사회가 직면한 가장 중요한 문제는 경제인가? 한국인이 가장 자랑스럽게 생각하는 사회 영역은 어떻게 변했는가? 세속화는 진행 중인가? 사주의 영향력에 대한 믿음이 바뀌었는가? 사회의 기관 지도자에 대한 신뢰가 추락하는가? 동성애를 더 수용하게 되었는가? 원자력 발전 축소에 동의하는가? 환경에 대한 위험 인식이 증가했는가? 환경을 위해 개인의 희생을 감수하려고 하는가? 소득 격차 해소를 위한 정부의 개입을 반대하는가? 인생성공에 부모의 능력이 개인의 능력보다 더 중요시되었다고 느끼는가?

이러한 질문에 대해 성균관대학교 동아시아학술원 서베이리서치 센터에서 수집한 한국종합사회조사(Korean General Social Survey, KGSS)를 이용하여 답하려고 한다. 이 글에서 찾은 여러 태도에 대한 기초적 사실이 한국사회 미래 방향을 가늠하는 것에 도움이 될 수 있기를 기대한다. 여기서 먼저 이 글의 여러 한계점을 분명하게 밝힌다. 첫째, 태도의 동향 파악에 머무르는 정도이다. 각각의 태도 변화를 혜안을 갖고 설명하려고 하지 않는다. 또한, 변화에 대한 차이를 통계학적으로 검증하지도 않았다. 세밀하고 깊이 있는 연구는 다음을 기약한다. 둘째, 태도 문항은 시의성(예, 환경)이 있고 향후 사회과학연구에서 주요 관심 사항이 될 수 있을 것으로 예상되며, 2003년부터 2021년까지 꾸준하게 반복되는 것으로 추리려고 했다. 그렇지만, 모든 문항이 2003~2021 모든 조사 연도에서 물어보지 않아 때로는 2번만 반복되는 문항도 이용하였다. 마지막으로, 이상적으로 여러 기관에서 수집된 다양한 자료를 모아 일관성 있는 결과를 도출해야 사회 변화 및 안정성에 대한 확신이 들겠지만, 한 기관의 조사 자료만으로 국한되었다.

우선 이 글의 바탕 자료인 한국종합사회조사에 대해 간단하게 설명한다. 그다음에 각각의 태도의 변화를 기술하는데, 일반적으로 코로나 이전인 2003년도부터 2018년까지의 변화를 서술하고, 코로나 이후인 2021년과 코로나 이전 가장 가까운 연도의 변화를 비교한다[1].

---

1) 표에서 보여주는 변화 차이(B-A)는 소수점이하 수치로 인하여 B에서 A를 뺄 때의 수치
와 다를 수 있다.

122 전환과 변동의 시대 사회과학

I
한국종합사회조사(KGSS)[2]

   한국에서 조사산업은 1990년대 중반부터 활발하게 성장했다(박무익, 2000; 이흥철, 2002). 거의 30년이 지나는 현재 다양한 주제에 대한 여론조사가 넘쳐나고 있으며 중시되고 있다. 예로, 여론조사가 정당의 후보 선출, 정당의 후보 지지도, 정당 후보의 공약, 그리고 정책 결정에 심대한 영향을 미치고 있다는 점에서 '여론조사 공화국'(김준철, 2015, p. 13) 혹은 '여론조사 민주주의'(지병근, 2010)가 언급되고 있다. 더불어, 선거여론조사결과 보도 뉴스에 "중앙 선거여론조사심의위원회를 참조"하라는 사회자의 상용구가 귀에 못이 박힐 지경이다. 반면, 여론조사 결과에 대해서 때로는 믿고 싶지 않아서 혹은 여러 기관의 상충된 여론조사 결과가 언론에 크게 보도되어 여론조사에 대한 불신도 있다.

   현재도 조사자료의 질에 대하여 걱정하는 상황인데, 2000년대 초

---

2) 한국종합사회조사 자료 및 관련 문서 참조: https://kgss.skku.edu

까지 사회과학연구를 위한 신뢰할 수 있는 조사 자료는 매우 부족하였다. 양질의 조사자료에 대한 필요성이 줄기차게 제기되었다. 이러한 맥락에서 한국종합사회조사는 2003년 양질의 사회과학 학술자료 창출을 목적으로 시작되었다. 성균관대학교 사회학과 석현호 교수(현재 명예교수)가 미국의 3대 사회과학자료이며 1972년부터 구축되어 센서스 다음으로 가장 많이 활용되고 있는 일반사회조사(General Social Survey, GSS)를 모델로 삼아 한국판 GSS인 KGSS를 출범시켰다. 이런 이유로 미국 GSS가 갖고 있는 여러 특성을 공유하고 있다(Smith et al., 2006). 간단하게, 한국종합사회조사는 조사과정의 기본적인 원칙을 철저하게 지키면서(예, 표집틀 작성, 표본 대체 불가 등) 전반적 조사오류(total survey error)를 최소화하여 대한민국 성인에 대한 대표성을 갖는 양질의 자료로 규정할 수 있다.

한국종합사회조사는 많은 연구자와 학생들의 헌신과 한국연구재단, 성균관대학교 재단 그리고 연구자들의 조사 경비 지원으로 지속할 수 있었다. 한국종합사회조사는 반복횡단조사(repeated cross-sectional study)로 총 20,841명의 응답자가 참여했다. 응답률은 2000년대 초반 60% 중반이었지만 최근에는 40~50%로 감소했다. 자료 수집은 전국대학 컨소시엄이 기반이 되었다. 2003년부터 2018년까지 매년(2003-2014) 혹은 격년(2016, 2018) 조사에 116명의 교수와 2,797명의 학생이 조사원으로 참여하여 19,636명의 응답자를 면접조사하여 자료를 구축했다. 2020년에 계획된 조사는 코로나 상황으로 수행하지 못하고 2021년 8월 말부터 11월 초까지 조사했다[3].
자료 수집은 전국대학 컨소시엄 대신에 조사회사에 의뢰하였고
1,205명의 응답자가 참여했다. 2003~2021년까지 축적된 자료의
유용함은 2021년 1월까지 무려 1,920여 편의 국내외 저서(169개),
석·박사 논문(112개), 저널 논문(외국어 545개/한국어 444개), 학회발
표 및 보고서(538개)에 이용되어 명실상부한 한국사회과학의 토대
자료로 자리매김하였다.

한국종합사회조사의 설문지는 반복핵심문항, 국제비교문항, 그리
고 연구자가 제안한 문항으로 구성된다(김지범 외, 2019). 첫째, 반복
핵심문항은 국제비교를 의도하지 않고 한국사회에 적합한 정기적 혹
은 비정기적으로 반복해서 물어본 문항이다(예, 북한에 대한 태도). 둘
째, 국제비교문항은 두 종류로 구분된다: (1) 국제사회조사프로그램
(International Social Survey Programme, ISSP)은 1984년에 설립되어
현재 세계 43개국이 참여하는 국제공동조사이다(www.issp.org 참
조). 1985년 정부의 역할 모듈을 시작으로 10개의 다른 주제의 문
항(약 70문항)을 매년 공동 조사하며 이 주제들이 거의 10년에 한 번
씩 반복된다. 2020년 주제는 1993, 2000, 2010년도에 물어본 환경
으로 2021년에 한국종합사회조사에 포함되었다. (2) 동아시아사회
조사(East Asian Social Survey, EASS)는 미국 GSS 모델로 구축된 일
본의 오사카상과대학의 Japanese General Social Survey (JGSS), 중

---

3) 서베이리서치센터는 2021년 한국종합사회조사 자료를 정제하는 작업을 진행하고 있으
며 4월에 2003-2021 한국종합사회조사 누적자료로 공개할 예정이다.

국 인민대학의 Chinese General Social Survey (CGSS), 대만 중앙연구원의 Taiwanese Social Change Survey (TSCS), 그리고 성균관대의 한국종합사회조사(KGSS)가 참여하여 공동으로 조사한다(www.eassda.org 참조). 2006년 가족 모듈을 시작으로 2년에 한 번씩 공동으로 조사하고 있는데 10년마다 같은 주제가 반복된다. 2021년에 조사된 주제 모듈은 2010년에 물어본 건강이다. 마지막으로, 연구자들이 조사경비를 지불하는 연구자 제안 문항이 있다. 2021년 제안 문항은 코로나, 정치참여, 민주주의, 기본소득이다.

한국종합사회조사는 국내의 사회변동 파악, 국제비교연구뿐만 아니라 조사 방법론 연구 및 조사자료와 행정자료 연계를 통한 자료활용 확대에 중요한 기여를 하고 있다. 면접조사로는 처음으로 2016년부터 표본분할(split-ballot) 조사실험을 통하여 응답범주순서에 따른 응답 차이, 개방형과 폐쇄형 응답 차이를 살펴보았다. 또한 항목 무응답 연구도 수행했으며, 2003년도부터 2018년까지 개방형으로 물어본 직업·산업 코딩을 모두 조화화(harmonization)하는 작업을 거쳐 직업·산업 분류에 대한 분류자 간의 차이(Kim et al., 2019)를 살펴보았다. 2021년 조사에서는 이전 학생면접원에 대한 조사를 확장하여 조사기관 면접원에 대한 조사를 수행하여 면접원이 조사 응답에 미치는 영향을 파악하려고 한다. 방법론 연구와 더불어 응답자의 동수준의 자료를 IRB 심사를 거친 연구자들에게 제공하고 있어 행정자료와의 결합을 가능하게 하여 지역(이웃)효과 연구에 기여하고 있다.

Ⅱ
코로나 이전과 이후의 사회변화

1. 행복감, 생활만족도, 가계상태 만족도

해외에서는 제2차 세계대전 이후부터 조사연구자들이 단순 포괄적인 주관적 웰빙 문항을 물어보면서 국민들의 삶의 질을 측정해왔다(Diener et al., 2009, p. 187). 해외뿐만 아니라 한국에서도 경제 발전에도 불구하고 국민들이 인식하는 삶의 질이 높아지지 않고 있는 상황 때문에 국민들의 주관적 웰빙에 대한 관심이 커져가고 있다(한준, 2021, p. 373). 코로나 이전과 비교하여, 예상할 수 있듯이, 국민들의 행복감, 전반적 생활만족도 그리고 가계상태 만족도가 낮아졌다. 2021년 전에는 거의 국민의 반이 행복하다고 했지만, 2021년에는 매우 행복하다는 응답 5%를 포함하여 38%만 행복하다고 답했다(〈표 1〉 참조). 행복감과 다르게 코로나 이전에도 생활만족도는 증가하는 경향이 있었지만, 2021년 생활만족도 또한 행복감과 조응하는 결과를 보여주는데 국민의 생활 전반에 대한 만족은 34%에 그쳤다(〈표 2〉 참조). 〈표 3〉은 전반적 생활만족도의 세부적 영역으로 구성 요소가 될 수 있는 가계상태 만족도의 결과이다. 2003년부터 조금씩 증가하는 경향이 있다가 2016년과 2018년에 47%까지 증가했다. 2021년에는 30% 아래로 떨어져 2000년대 초반의 만족도와 유사해졌다. 단, 만족의 축소가 불만족의 증가로 귀결되는 것이 아니라 만족도 불만족도 아닌 응답의 증가를 불러왔다.

〈표 1〉 행복감

귀하의 요즘 생활을 고려할 때 전반적으로 얼마나 행복 또는 불행하다고 생각하십니까?

(단위: %, %p)

	매우 행복 (1)	(2)	(3)	(4)	매우 불행 (5)	N
2009	13	36	39	10	2	1,599
2010	13	34	42	8	2	1,563
2016(A)	12	37	39	9	2	1,050
2021(B)	5	33	46	15	1	1,200
변화(B−A)	−7	−5	7	7	−1	

〈표 2〉 생활만족도

모든 상황을 고려해볼 때, 요즈음 귀하의 생활 전반에 대해 어느 정도 만족 또는 불만족하십니까?

(단위: %, %p)

	매우 만족 (1)	(2)	(3)	(4)	매우 불만족(5)	N
2006	7	31	40	17	5	1,603
2009	8	32	42	14	4	1,599

2016(A)	11	38	40	9	2	1,046
2021(B)	2	32	48	16	1	1,206
변화(B-A)	-8	-6	7	7	-1	

〈표 3〉 가계 상태 만족도

귀댁의 경제 상태에 대해 어느 정도 만족 또는 불만족하십니까?

(단위: %, %p)

	매우 만족	다소 만족	만족도 불만족도 아니다	다소 불만족	매우 불만족	N
2003	3	26	21	35	15	1,312
2004	2	26	19	38	16	1,307
2005	3	26	27	33	11	1,604
2006	3	29	26	32	9	1,593
2008	5	26	26	32	10	1,500
2009	6	29	29	29	8	1,593
2010	7	26	29	28	9	1,573
2011	7	30	25	28	10	1,532
2012	7	26	27	30	10	1,385
2016	11	36	26	21	6	1,049
2018(A)	8	39	25	22	7	1,023
2021(B)	2	27	42	25	4	1,203
변화(B-A)	-6	-12	17	3	-4	

2. 자살 태도

한국의 자살률은 2020년 십만 명당 25.7(13,195명)로 OECD 국가 중 자살률이 가장 높은 나라라는 불명예를 유지하고 있다(보건 복지부, 2021.9.28). 〈표 4〉의 자살에 대한 태도를 살펴보면, 2013년 보다 2018년에 "불치병을 앓고 있는 경우", "파산했을 경우", "가족 의 명예를 더럽혔을 경우", "사는 것이 피곤해서 죽고 싶을 경우"의 4문항에서 "불치병을 앓고 있는 경우"는 크게 증가하였지만(9%p), 다른 문항에서는 약간만 증가하였다. 하지만, 2018년과 비교하여, 코 로나 이후 모든 문항에서 자살을 덜 수용하는 쪽으로 변화하였으며 "불치병을 앓고 있는 경우"에는 18%p 급격하게 줄었다. "코로나 블루 (코로나로 인한 우울증)", "코로나 레드(분노)", "코로나 블랙(절망)"이라 는 신조어의 등장에서 알 수 있듯이 정신건강 문제가 심각해짐에도 불구하고(최인수 외, 2020, pp. 79-80), 자살에 부정적인 태도는 증가하 였다. 장기간의 코로나로 인한 처절하고 암울한 상황이 역설적으로 자살을 완화시키는 역할을 한 것 같다. 향후 코로나의 심각한 위기 를 모면하면 다시 자살에 대한 태도가 뒤집힐지 의문이다.

〈표 4〉 자살 태도

자살과 관련한 다음의 각 의견에 귀하가 동의 또는 반대하시는지 여부를 말씀해 주시기 바랍니다. 어떤 사람이 … 경우 자살할 권리가 있다. 그렇다 % (아니다)

(단위: %, %p)

	불치병을 앓고 있을 경우	파산했을 경우	가족의 명예를 더럽혔을 경우	사는 것이 피곤해 서 죽고 싶을 경우
2013	43	14	11	10
2018(A)	52	17	14	14
2021(B)	34	9	6	9
변화(B−A)	−18	−8	−7	−5

3. 한국의 가장 중요한 문제

조사문항에서 가장 중요한 문제(Most Important Problem, MIP)는 1930년대에 개발되어 공중의제를 측정할 때 가장 자주 사용되는 문항이다(Yeager et al., 2011). 가장 중요한 문제는 특정 시점에서 국민들이 생각하고 염려하는 사회의 모습을 통찰할 수 있는 기회를 제공한다. 가장 중요한 문제는 폐쇄형뿐만 아니라 개방형 문항으로도 빈번히 사용되는데, 폐쇄형은 주어진 응답범주에서 응답을 선택하니 폐쇄형과 개방형에 따른 응답의 차이가 나타난다(김지범 외, 2017).

〈표 5〉는 한국사회가 직면한 가장 중요한 문제에 대한 국민들의 견해로 폐쇄형 문항에 기초한 것이다. 경제와 범죄는 유일하게 모든 연도에서 10% 이상이 응답한 문제이다. 2016년과 2021년의 가장 중요한 문제를 비교하면, 경제는 14%p, 환경은 11%p, 의료는 7%p 증가했지만 범죄와 교육은 10%p정도 낮아졌다. 코로나 이전 경제, 범죄, 교육 순으로 중요한 문제가 자리매김했던 것이, 2021년에는 경제, 환경, 그리고 범죄와 의료보호 순서로 변하였다. 환경이 중요한 문제로 부각되었다. 2021년 경제(50%)가 다른 어떤 문제와도 비교가 안 될 만큼 가장 중요한 문제로 드러났다. 2010년 범죄는 경제와 거의 차이 없이 가장 중요한 문제였지만, 범죄는 덜 중요한 문제가 되었다. 지난 20년간 한국의 범죄 피해에 대한 조사에서 나타난 "밤에 혼자 동네 골목길을 걸을 때 두렵다"의 질문에 대한 감소 추세와 지난 10년간 범죄위험(치안)에 대하여 안전하다는 인식의 증가 추세를 반영하는 것 같다(강은영, 2021, p. 319). 또 하나 중요

변화로 교육이 중요한 문제에서 사라지지는 않았지만 코로나 이후 원격수업으로 인하여 계층 간 교육격차의 심화 가능성 커지는데도 (김경근, 2021), 교육 문제는 뒷전으로 밀렸다. 코로나 상황에서의 어려운 경제생활로 인하여 많은 문제가 경제 블랙홀로 빨려 들어간 것 같다.

〈표 5〉 한국의 가장 중요한 문제

다음의 여러 문제들 가운데 오늘날 한국의 가장 중요한 문제는 무엇이라고 생각하십니까?

(단위: %, %p)

	경제	환경	범죄	의료보호	교육
2010	31	8	30	9	15
2016(A)	36	5	23	4	16
2021(B)	50	16	12	11	6
변화(B−A)	14	11	−11	7	−10
	빈곤	기타	외국인 국내 이주	테러	N
2010	6	1	1	1	1,549
2016(A)	6	3	2	4	526
2021(B)	3	1	1	0	1,199
변화(B−A)	−3	−3	−2	−4	

4. 정치성향과 정치 상황 만족도

국민들은 진보와 보수의 갈등이 점점 더 심해지고 있다고 느끼고 있는데(하상웅, 2021), 진보와 보수의 갈등이 극대화되는 대통령 선거의 계절이 돌아왔다. 국민들은 대선후보의 지지율 결과에 이목을 집중시키며 때로는 상충되는 여론조사 결과에 헷갈리며 혼란스러워하고 있다. 반면, 진보정당과 보수정당은 집토끼(각 당의 전통적 지지층인 진보와 보수)의 결집을 공고히 하면서 산토끼(중도)를 잡으려고 안간힘을 쓰고 있다. 1987년 대통령 직선제 이후 10년마다 보수(노태우, 김영삼), 진보(김대중, 노무현), 보수(이명박, 박근혜)로 정권이 교체되었다. 정권교체 10년 주기설이 지속될지 중도의 선택에 달린 것 같다.

〈표 6〉은 국민들의 정치성향 분포이다. 2003~2018년까지의 정치성향의 평균을 살펴보면 매우 진보적 5%, 다소 진보적 29%, 중도 32%, 다소 보수 29%, 그리고 매우 보수 5%로 구성되어서, 국민 세 명 중 한 명씩 (매우+다소)진보, 중도, (매우+다소)보수로 균등하게 나누어져 있다. 이런 전형적인 균형을 깬 괄목할 만한 연도는 2003년과 2018년이다. 2003년에는 보수(42%)가 진보(31%)보다 11%p 많은 보수로 기울어짐이 있었고, 2018년에는 진보(46%)가 보수(22%)보다 무려 24%p 많아 진보로의 쏠림이 있었다. 2021년에도 진보(35%)가 보수(26%)보다 많지만 그 차이는 9%p 정도로 줄었다. 2021년과 2018년을 비교하면 진보의 감소, 보수의 약간 증가, 그리고 중도의 증가로 생각할 수 있다. 아직은 국민들이 지속적으로 보수로 선회할지는 불확실하다.

<표 6> 정치성향

귀하는 자신이 정치적으로 어느 정도 진보적 또는 보수적이라고 생각하십니까?

(단위: %, %p)

	매우 진보적	다소 진보적	중도	다소 보수적	매우 보수적	N
2003	5	26	27	35	7	1,222
2004	4	29	29	34	3	1,246
2005	2	29	32	33	4	1,505
2006	4	27	34	32	4	1,533
2007	3	27	37	29	4	1,378
2008	4	24	35	31	6	1,469
2009	4	30	32	29	5	1,528
2010	5	27	35	27	6	1,500
2011	5	30	31	29	5	1,434
2012	7	30	29	27	7	1,319
2013	6	28	31	30	5	1,279
2014	6	31	29	30	5	1,365
2016	3	30	38	25	4	1,023
2018(A)	7	39	33	18	4	1,002
2021(B)	6	29	39	21	5	1,166
변화(B−A)	−1	−10	7	3	1	

2003년부터 국민은 정치 상황에 30% 이상 만족한 적이 없었다(〈표 7〉 참조). 국민들의 다수는 정치 상황에 대해 불만족이다. 그럼에도 불구하고 정치 상황에 대해 2000년대 초반 최대 80%를 넘던 불만족이 최근 60%까지 줄었다는 점은 고무적인 감소이다. 2021년은

2018년과 비교하여 정치 상황 만족이 13%p 떨어졌지만, 2018년은 2013년과 함께 유일하게 만족이 20%가 넘은 예외적인 경우로 2018년은 지난 20년간 정치 상황 만족이 가장 높은 해였다.

〈표 7〉 한국 정치 상황에 대한 만족도

귀하는 한국의 정치 상황에 대해 어느 정도 만족 또는 불만족하십니까?

(단위: %, %p)

	매우 만족	다소 만족	만족도 불만족도 아니다	다소 불만족	매우 불만족	N
2003	1	6	12	35	47	1,287
2004	1	6	12	38	43	1,283
2005	1	6	19	40	34	1,580
2006	1	8	18	39	35	1,576
2007	1	8	21	37	33	1,421
2008	1	10	16	38	35	1,497
2009	1	7	23	39	29	1,583
2010	2	12	25	39	23	1,545
2011	1	13	24	39	23	1,507
2012	1	12	22	40	25	1,381
2013	3	20	24	36	17	1,270
2014	2	14	21	42	22	1,368
2018(A)	2	24	19	40	15	1,021
2021(B)	0	13	28	37	22	1,195
변화(B−A)	−2	−11	8	−2	7	

5. 국가 자긍심

국가 자긍심(national pride)은 자신의 국가에 대한 정서적 애착심으로 국가의 성취에 대한 긍정적 감정에 기초한 애국심 또는 자신의 국가에 대한 우월성에 대한 믿음인 민족주의와 관련이 있다(Ha & Jang, 2015). 〈표 8〉은 10개 분야의 한국인의 국가 자긍심을 보여준다. 한국인 국가 자긍심 1순위는 스포츠이고 마지막 순위는 사회의 모든 집단에 대한 공정하고 평등한 대우로 견고하게 지속적으로 자리 잡고 있다. 좀 더 구체적으로 살펴보면, 2003년부터 2018년까지 한국인은 스포츠, 과학기술, 역사, 예술과 문학에서의 성취 순서로 자랑스럽게 여기며 사회보장제도와 사회의 모든 집단에 대한 공정하고 평등한 대우에 대해서는 자랑스러움이 매우 낮았다. 2013년 이후를 볼 때 사회보장제도와 민주주의가 작동하는 방식에 대한 자랑스러움의 증가가 선명하게 드러난다. 2018년과 2021년을 비교하면 모든 영역에서 자랑스러움의 감소는 없고, 사회의 모든 집단에 대한 공정하고 평등한 대우(25%p), 사회보장제도(17%p), 예술과 문학에서의 성취(11%), 세계에서의 정치적 영향력(8%p) 순으로 자랑스러움이 크게 증가하였다. 2021년 다른 영역과 비교하여 군사력, 세계에서의 정치적 영향력, 사회의 모든 집단에 대한 공정하고 평등한 대우만 60% 이하이다. 사회보장제도와 특히 사회의 모든 집단에 대한 공정하고 평등한 대우에 대한 자랑스러움의 놀라운 증가는 공동체에 대한 관심이 높아지는 것을 반영한다고 의미할 때 미래 희망적인 한국사회 모습을 그려볼 수 있을 것 같다. 다른 한편으로는, 사회의 모든 집단에 대한 공정하고 평등한 대우는 한국사회의 당면 현안으로 절실하게 풀어야 할 시대적 과제임을 방증하는 것 같다.

〈표 8〉 국가 자긍심

다음 각각에 대해서 귀하는 한국을 얼마나 자랑스럽게 여기시는지 말씀해 주십시오. 매우+약간 자랑스럽다 % (별로+전혀 자랑스럽지 않다)

(단위: %, %p)

	스포츠에 서의 성취	과학기술의 성취	예술과 문학 에서의 성취	사회보장 제도	역사
2003	89	66	61	18	74
2013	92	81	75	43	77
2016	83	75	68	42	73
2018(A)	83	79	71	59	74
2021(B)	84	82	82	76	76
변화(B−A)	0	3	11	17	2
	경제적 성취	민주주의가 작동하는 방식	군사력	세계에서 의 정치적 영향력	사회의 모든 집단 들에 대한 공정하 고 평등한 대우
2003	46	35	35	18	17
2013	74	56	53	53	31
2016	65	48	51	45	27
2018(A)	74	70	55	51	33
2021(B)	74	72	59	59	58
변화(B−A)	−1	2	4	8	25

6. 북한, 남북통일, 한반도 전쟁 가능성

대한민국(남한)에게 조선민주주의 인민공화국(북한)은 어떤 존재이며 어떻게 관계를 풀어야 할까? 북한의 남침으로 시작된 한국전쟁은 3년간의 동족상잔의 비극을 만들었으며 승자 없는 휴전으로 막을 내렸다. 어느덧 70년이 돼 가는 남북의 휴전 상태는 통일이라는 희망과 절망을 뒤섞어 놓은 후 희망일 뿐 절망만 재인식하게 해주고 있다. 그럼에도 1947년 만들어진 '우리의 소원은 독립'이라는 노래는 1948년 '독립'이 '통일'로 바뀌어(중앙일보, 2006) 아직도 한 겨레의 염원을 표명하고 있다.

〈표 9〉는 미국, 일본, 북한, 중국, 러시아에 대한 국가 선호도이다. 국민이 가장 선호하는 국가는 미국이다. 미국에 대한 선호도는 증가하는 추세이고, 북한, 일본, 중국 선호도는 감소 추세이며, 러시아 선호도는 변동이 없다. 이례적으로 2018년은 미국 선호도가 감소, 북한 선호도가 증가한 해로 판문점 남북정상회담과 북미 정상회담을 반영한 것 같다. 2018년과 비교하여 2021년은 미국 선호도는 역대 최고로 84%로 29%p 증가한 반면 북한 선호도는 20%p, 일본 선호도 또한 7%p 감소하였다. 전반적으로 미국의 선호도와 북한의 선호도는 반비례하는 경향이 있다. 북한 선호도가 일본과 비슷하다는 점은 눈여겨볼 만한 점이다.

〈표 9〉 국가 선호도

귀하는 미국, 일본, 북한, 중국, 러시아 중 어느 나라를 가장 가깝게 느끼십니까?

(단위: %, %p)

	미국	일본	북한	중국	러시아	N
2003	50	11	28	10	1	1,202
2004	46	10	30	13	1	1,235
2005	49	7	30	13	1	1,499
2006	53	6	28	11	2	1,541
2007	52	9	28	8	2	1,370
2008	55	11	23	9	3	1,436
2009	66	11	16	7	1	1,530
2010	75	8	13	4	1	1,513
2011	73	9	12	5	1	1,445
2012	71	7	15	5	1	1,333
2013	75	6	10	8	1	1,264
2014	74	5	9	11	1	1,367
2016	72	8	9	11	1	1,022
2018(A)	56	13	25	6	1	963
2021(B)	84	6	5	3	1	1,140
변화(B−A)	29	−7	−20	−2	0	

〈표 10〉은 북한을 바라보는 시각이다. 2003년부터 2008년까지 국민의 과반수가 북한을 지원대상과 협력대상으로 판단했지만, 2009년 이후로는 이러한 판단이 과반 이하로 떨어졌다. 2018년에는 2005년과 마찬가지로 이러한 인식이 최고조를 달했다. 2018년과 2021년을 비교하면 지원대상이라는 인식의 조금 감소(-3%p)와

협력대상(-16%p)이라는 인식의 매우 감소가 일어났고, 경계대상이 협력대상보다는 13%p 더 많다. 2021년 북한을 경계대상으로 생각하는 국민이 적대대상으로 생각하는 국민보다 거의 3배 정도 더 많다. 북한에 대하여 가깝다고 느끼는 태도의 감소와 관련된 남북통일의 필요성을 살펴보면(〈표 11〉 참조), 2003년부터 2018년까지 일반적으로 국민 10명 중 7명은 남북통일이 필요(매우+다소)하다라고 응답하여 남북통일에 대한 열망이 높다는 것을 알 수 있다. 그러나 2021년 10명 중 겨우 1명만 남북통일이 매우 필요하다는 응답을 하였는데, 2021년 이전의 국민 10명 중 3명이 남북통일이 매우 필요하다고 언급한 것과 비교해서 커다란 감소를 보이고 있다. 〈표 12〉는 한반도의 전쟁 가능성에 대한 질문이다. 전쟁 가능성을 높게(매우+다소) 평가한 국민은 10명 중 3명이 이하이며, 다소 높다가 조금(5%p) 증가하였다.

〈표 10〉 북한에 대한 인식

귀하는 북한이 우리에게 어떤 대상이라고 생각하십니까? 다음 중 하나만 골라주십시오.

(단위: %, %p)

	지원대상	협력대상	경계대상	적대대상	N
2003	21	38	31	10	1,266
2004	20	40	32	9	1,275
2005	17	45	28	9	1,543
2006	18	38	33	11	1,569
2007	20	41	29	10	1,405

2008	20	35	35	10	1,485
2009	15	32	36	17	1,558
2010	13	25	40	23	1,549
2011	14	21	47	18	1,504
2012	13	24	43	19	1,370
2013	12	22	47	19	1,274
2014	16	20	43	21	1,367
2016	9	21	50	20	1,039
2018(A)	17	45	29	9	1,013
2021(B)	14	29	42	15	1,191
변화(B−A)	−3	−16	13	6	

〈표 11〉 남북통일 필요성

귀하는 남북통일이 어느 정도 필요하다고 생각하십니까?

(단위: %, %p)

	매우 필요하다	다소 필요하다	별로 필요 하지 않다	전혀 필요 하지 않다	N
2003	39	41	17	3	1,304
2006	36	39	22	4	1,586
2007	36	39	21	5	1,427
2008	33	39	23	5	1,497
2009	34	38	22	6	1,575
2010	35	36	22	7	1,562
2011	32	36	25	7	1,514
2012	33	38	23	6	1,376
2013	31	39	25	6	1,278
2014	31	40	21	7	1,369

2016	35	35	24	5	1,039
2018(A)	33	42	21	4	1,018
2021(B)	10	45	37	8	1,194
변화(B−A)	−22	3	16	4	

〈표 12〉 한반도의 전쟁 가능성

귀하는 앞으로 한반도에서 전쟁이 일어날 가능성이 어느 정도 높다고 생각하십니까?

(단위: %, %p)

	매우 높다	다소 높다	별로 높지 않다	없다	N
2003	4	27	53	16	1,261
2018(A)	2	15	64	19	1,006
2021(B)	2	20	64	14	1,183
변화(B−A)	−1	5	0	−5	

7. 정부의 책임과 정부 지출

헌법 제34조 6항에서 "국가는 재해를 예방하고 그 위험으로부터 국민을 보호하기 위하여 노력하여야 한다"라고 규정한다. 코로나 상황에서 국가의 역할이 강조되었으며 때로는 국민의 기본권인 집회, 결사의 자유가 제한되기도 하였다. 그럼에도 불구하고, 코로나 위기 극복을 위해서는 개인의 자유 제한에 동의하는 비율이 최소 80%가 넘고 있으며 국가의 행정능력 강화, 질서유지, 그리고 경제적 격차 해소 등에 대하여 정부의 역할 강화에 대한 지지 또한 70%

가 넘었다(박선경, 2021).

〈표 13〉은 고소득자와 저소득자 소득격차 축소, 실업자 생활수준 유지, 가난한 사람에게 주는 혜택을 줄이는 것이 정부의 책임으로 간주하는 국민들의 응답이다. 소득관련 격차 축소 관련 세 문항에 대한 정부 책임에 대한 인식이 약화되었다. 2000년대 국민 10명 중 8명은 고소득자와 저소득자 소득격차 축소의 정부책임론에 찬성한 반면 2021년에는 간신히 국민 10명 중 5명 정도만이 동조하고 있다. 실업자 생활수준 유지에 대한 정부책임론 또한 2009년 10명 중 8명이 정부책임론을 찬성했지만, 2021년 10명 중 4명만이 찬성하고 있다. 그리고 가난한 사람에게 제공하는 혜택도 10명 중 3명은 줄여야 한다고 응답하고 있다. 정부 역할에 대한 확대 예상과 달리, 소득재분배와 사회복지가 정부 책임이라는 국민들의 지지가 줄어들고 있다는 점은 향후 불평등 완화를 위해 정부가 어떤 해법을 찾을 수 있을지 고민이 되는 지점이다.

〈표 13〉 소득 격차를 줄이는 것은 정부의 책임이라는 주장에 대한 찬반 의견

귀하는 다음의 주장에 얼마나 찬성 또는 반대하십니까? 매우+다소 찬성 % (찬성도 반대도 아님, 다소+매우 반대)

(단위: %, %p)

	고소득자와 저소득자 간 소득차이를 줄이는 것은 정부의 책임이다	정부는 실업자들도 어느 정도의 생활수준을 유지할 수 있도록 해주어야 한다	정부는 가난한 사람들에게 주는 혜택을 줄여야 한다
2003	80	–	–

2009	75	82	10
2010	69	–	–
2011	65	69	12
2014(A)	69	63	13
2021(B)	54	41	27
변화(B−A)	−15	−23	15

〈표 14〉는 세금인상이라는 조건하에서 여러 분야의 정부 지출 확대에 대한 국민들의 인식이다. 2000년대와 비교하여 전반적으로 2010년대는 모든 분야에서 정부 지출 확대를 반대하는 경향이 있었다. 2006년 정부지출 증가가 필요한 분야로 국민 10명 중 최소 7명은 보건(82%), 노인연금(78%), 환경(73%), 교육(70%)을 언급한 것과 달리 고작 10명 중 4명 정도만 문화예술(39%)과 국방(38%)을 언급하였다. 2018년을 보면 환경(69%), 보건(68%), 치안(57%), 교육(56%) 순서로 지출 필요성이 있다고 대답하고 있다. 2018년과 2021년을 비교하면, 국방을 제외한 모든 분야에서 지출 확대 필요성이 줄어들었다. 교육(-18%p), 노인연금(-14%p), 보건(-12%p), 실업수당(-10%p), 문화예술(-10%p)이다. 여러 분야에서 정부지출 확대에 대한 감소는 지속적으로 정부 지출이 확대되었다는 점과 코로나 상황 대응 정부 지출을 고려한 것 같다.

〈표 14〉 정부지출의 증감

다음은 여러 가지 정부지출 분야들입니다. 각 분야에 대해 정부가 지출을 얼마나 더 늘려야 혹은 줄여야 한다고 생각하십니까? 만약 귀하가 "훨씬 더 늘려야"라고 말한다면, 그것은 세금인상이 필요할 수 있다는 점을 염두에 두십시오. 훨씬+다소 늘려야 % (지금만큼 그대로, 다소+훨씬 더 줄여야)

(단위: %, %p)

	환경	보건	치안	교육
2006	73	82	64	70
2014	66	68	66	56
2016	66	67	67	58
2018(A)	69	68	57	56
2021(B)	66	57	55	38
변화(B−A)	−3	−12	−2	−18
	국방	노인연금	실업수당	문화예술
2006	38	78	52	39
2014	47	55	42	36
2016	39	54	44	28
2018(A)	31	45	32	32
2021(B)	34	30	21	22
변화(B−A)	4	−14	−10	−10

8. 원자력 발전, 환경 위험 인식, 환경 보호

원자력 발전 유지냐 혹은 탈피냐는 사회 갈등의 중요한 현안이다. 2017년 신고리 5·6호기의 건설 재개냐 혹은 건설 중단이냐는 친원전론자와 탈원전론자의 첨예한 대립을 가져왔는데 시민참여형 공론화 조사를 통하여 건설 중단(40.5%)이 아닌 건설 재개(59.5%)로 귀결되었다(신고리 5·6호기 공론화위원회, 2018). 2020년에는 신한울 3·4호기 건설이 백지화되었지만 다음 정권에서 재개 여부에 대한 논란이 재점화될 것 같다.

〈표 15〉는 원자력 발전 정책에 대한 의견이다. 두 연도 모두 원자력 발전 현상 유지가 다수이지만, 2018년에는 축소가 발전보다 12p% 높은 반면, 2021년에는 확대가 3%p 많아졌다. 원자력 발전 축소에 대한 의견이 2018년과 비교하여 14%p 줄고, 현상 유지는 12%p 증가하였고, 확대는 아주 미미하게 증가하였다.

〈표 15〉 원자력 발전 정책에 대한 의견

귀하께서는 우리나라 원자력발전 정책이 어떠한 방향으로 나아가야 한다고 생각하십니까?

(단위: %, %p)

	원자력 발전 확대	원자력 발전 현상 유지	원자력 발전 축소	N
2018(A)	19	50	31	966
2021(B)	21	61	18	1,137
변화(B−A)	2	12	−14	

〈표 16〉은 다양한 환경 분야에 대한 위험 평가이다. 2010년부터 2014년을 보면, 전반적으로 환경에 대한 위험 인식이 감소하였다. 예외는 원자력 발전소로 10명 중 6명은 원자력발전소가 환경에 위험하다고 말했다. 아마 2011년 후쿠시마 원자력 사고의 영향인 것

같다. 하지만, 2014년부터 2021년을 살펴보면, 원자력 발전소가 위험하다는 평가가 낮아졌지만 다른 환경 문항에 대해서 위험하다는 평가는 높아졌다. 2021년 가장 위험하게 느끼는 환경 분야는 대기오염과 기후변화이며, 원자력 발전소의 위험 정도는 간신히 과반을 넘었다(52%). 〈표 17〉에서 보듯이 2010년에서 2014까지의 변화는 환경 보호를 위해 훨씬 더 많은 비용을 지불하거나 훨씬 더 많은 세금을 낼 의향이 증가하였고, 생활수준을 낮출 의향은 미미하게 줄었다. 반면 2021년에는 전반적인 환경 위험인식의 증가에도 불구하고, 더 많은 비용 지불(-20%p), 더 많은 세금 낼 의향(-17%p), 생활수준 낮출 의향(-8%p) 모두 감소하였다.

〈표 16〉 환경에 대한 위험 인식

귀하는 일반적으로 다음 각 사항이 환경에 어느 정도 위험하다고 생각하십니까? 절대적으로+매우 위험하다 % (대체로 위험하다, 별로+전혀 위험하지 않다)

(단위: %, %p)

	산업에 의해 생기는 대기오염	기후 변화로 인한 지구 기온의 상승	농약이나 화학물질
2010	70	68	67
2014(A)	60	58	51
2021(B)	76	72	68
변화(B−A)	16	14	17

	농산물의 유전자 변형	한국의 강, 호수, 개울에 생기는 오염	자동차에 의해 생기는 대기오염	원자력 발전소
2010	55	55	57	43

2014(A)	50	49	47	59
2021(B)	57	57	55	52
변화(B−A)	8	9	8	−7

〈표 17〉 환경보호를 위해 변화할 의향

귀하는 환경을 보호하기 위해 훨씬 더 많은 비용을 지불할[훨씬 더 많은 세금을 낼, 생활수준을 낮출] 의향이 얼마나 있으십니까? 매우+약간 의향이 있다 % (의향이 있지도 없지도 않다, 별로+전혀 의향이 없다)

(단위: %, %p)

	매우+약간 의향 있음	의향 있지도 없지도 않다	별로+전혀 의향 없음
더 많은 비용 지불			
2010	60	16	24
2014	67	16	17
2021	47	33	20
더 많은 세금 낼 의향			
2010	51	16	33
2014	57	18	25
2021	40	31	28
생활수준 낮출 의향			
2010	44	17	40
2014	42	22	36
2021	34	36	30

9. 사람들과 기관 지도자에 대한 신뢰

가. 사람들에 대한 신뢰

코로나에 잘 대응한 사회의 특징으로써 지도자와 지도자가 제공한 정보에 대한 신뢰와 공익을 생각하는 연대의식이 거론되고 있는데(슈밥·말르레, 2021, p. 97), 신뢰는 사회자본의 구성요소로 사회적 결속과 연대감의 기반이다. 또한, 국민의 기관에 대한 신뢰는 기관의 효과적인 기능을 수행에 영향을 미친다(Niemi et al., 1989, p. 93). 〈표 18〉은 사람들에 대한 신뢰에 대한 결과로 2003년부터 2018년까지 명확한 추세 변화가 있지는 않은 것 같다. 사람들을 조심해야 한다는 응답이 신뢰할 수 있다는 응답보다 거의 모든 연도에서 조금 더 높은 경향이 있었다. 2018년과 비교하여 2021년 대체로 신뢰가 증가했지만, 2021년 국민의 반은 사람들을 신뢰하고 나머지 반은 조심해야 한다는 태도를 가지고 있다.

〈표 18〉 사람들에 대한 신뢰

귀하는 일반적으로 사람들을 신뢰할 수 있다고 생각하십니까, 아니면 조심해야 한다고 생각하십니까?

(단위: %, %p)

	항상 신뢰할 수 있다	대체로 신뢰할 수 있다	대체로 조심해야 한다	항상 조심해야 한다	N
2004	3	34	49	14	1,301
2007	3	44	42	11	1,428
2008	4	37	49	11	1,502
2010	5	38	40	17	1,556

2011	5	40	43	11	1,513
2012	3	37	47	13	1,397
2014	5	46	42	7	1,370
2016	6	39	46	10	1,051
2018(A)	5	41	46	8	1,030
2021(B)	2	48	45	5	1,204
변화(B-A)	-3	6	0	-3	

나. 기관(지도자)신뢰

〈표 19〉는 주요 사회기관의 지도자에 대한 국민의 신뢰(매우+다소)의 변화를 보여주고 있다. 2003년부터 지속적으로 물어본 문항을 먼저 살펴본다. 2003년부터 2018년까지 특정 연도에 따라 기관 지도자에 대한 신뢰가 출렁이지만, 대체로 의료계, 금융기관, 교육계, 지방 자치 정부, 중앙 정부 부처는 신뢰가 높아지는 경향이 있었다. 반면, 학계, 청와대, 국회의 신뢰는 변화가 거의 없었다. 청와대에 대한 2013년 69%의 신뢰와 2018년 73%의 신뢰는 매우 예외적으로 〈표 7〉의 정치 상황 만족도가 높은 연도와 궤를 같이한다.

이들 기관의 신뢰 수준 상승 및 유지와 다르게, 군대, TV 방송국, 시민운동 단체, 신문사, 종교계의 신뢰는 떨어지는 추세였다. 코로나 이전 2018년과 2021년을 비교했을 때 거의 모든 기관지도자에 대한 신뢰가 상승보다는 감소로 돌아섰다. 가장 두드러진 신뢰 상승은 대기업(22%p)으로 2003년 조사 이래 최고인 81% 수준으로 치솟았는데, 경제를 가장 중요한 문제로 생각하는 국민의 인식(〈표 5〉 참조)

에 대기업의 경제 기여 및 사회적 가치 창출에 대한 관심이 반영된 것 같기도 하다.

이와 반대로, 학계(-7%p), 대법원(-8%p), 청와대(-13%p), 시민운동단체(-14%p), 노동조합(-12%p), TV방송국(-5%p), 그리고 신문사(-5%p)의 신뢰 수준 감소를 보이며 나머지 기관 지도자에 대한 변화는 없거나 미미하다. 2021년 신뢰 수준을 보면, 의료계, 금융기관, 교육계, 대기업은 80% 이상, 통계청 및 학계는 70%대, 지방 자치 정부, 중앙 정부 부처, 대법원, 군대, TV 방송국, 검찰청은 60%대 그리고 청와대, 시민운동단체, 신문사, 종교계는 50%대, 노동조합은 40%대, 국회는 30%대의 신뢰 수준을 보이고 있다.

〈표 19〉 지도층에 대한 신뢰

다음은 우리나라의 주요 사회기관들입니다. 귀하는 이 기관들을 이끌어가는 사람들을 어느 정도 신뢰하는지 말씀해 주십시오. 매우+다소 신뢰 % (거의 신뢰하지 않음)

(단위: %, %p)

	의료계	금융기관	교육계	대기업	통계청	학계
2003	75	70	68	62	−	80
2004	74	72	66	63	−	80
2005	82	80	70	72	−	85
2006	84	84	72	75	−	85
2007	81	82	69	75	−	82
2008	80	81	70	70	−	83
2009	86	85	74	72	−	86
2010	85	83	65	77	−	83

2011	83	75	70	70	–	81
2012	84	77	74	65	–	79
2013	84	81	73	64	–	81
2014	80	71	69	63	–	74
2016	85	81	75	60	–	82
2018(A)	87	81	79	59	–	81
2021(B)	85	83	81	81	78	73
변화(B−A)	−2	1	2	22	–	−7

	여론조사 기관	지방자치 정부	중앙정부 부처	대법원	군대	TV 방송국
2003	–	46	43	71	73	71
2004	–	49	42	76	71	66
2005	–	56	48	81	65	75
2006	–	58	53	79	78	78
2007	–	60	54	80	79	78
2008	–	55	52	75	80	75
2009	–	57	52	76	84	75
2010	–	61	59	76	77	73
2011	–	56	57	76	73	73
2012	–	56	55	69	76	69
2013	75	61	61	72	83	70
2014	64	49	44	64	58	58
2016	69	58	54	70	67	67
2018(A)	71	66	64	71	63	65
2021(B)	67	65	64	63	62	60
변화(B−A)	−3	0	−1	−8	−1	−5

	검찰청	청와대	시민운동단체	신문사	종교계	노동조합	국회
2003	–	55	79	66	66	57	20
2004	–	51	79	56	69	60	17
2005	–	55	78	68	72	59	21
2006	–	60	75	71	69	60	26
2007	–	57	76	71	68	57	25
2008	–	52	71	62	65	58	28
2009	–	54	74	59	67	60	22
2010	–	61	70	63	60	57	29
2011	–	61	75	65	60	62	30
2012	–	50	73	60	59	61	26
2013	–	69	73	64	60	63	31
2014	–	52	64	55	54	55	26
2016	–	52	68	59	57	60	28
2018(A)	–	73	71	59	53	61	31
2021(B)	60	59	57	54	53	49	33
변화(B−A)	–	−13	−14	−5	0	−12	2

10. 종교, 점쟁이, 사주

세속화(secularization)는 종교 분야에서 가장 중요한 주제 중 하나로 다루어졌는데 근대화로 인하여 사람들의 삶에 종교가 미치는 영향의 축소를 의미한다. 최근에는 세속화의 반례로 간주되어 온 미국 또한 세속화의 길로 접어들었다고 보며 가장 큰 요인으로 코호트의 교체를 꼽고 있다(Voas & Chaves, 2016). 한국에서는 1960년대

중반과 1970년대부터 근대화의 시작과 함께 불교와 개신교가 빠르게 증가하기 시작했고, 천주교는 1980년대 초부터 증가하기 시작했다(Lee & Suh, 2017). 한국에서 인구의 거의 절반이 종교가 있었음에도 불구하고 종교 관련 조사 자료는 매우 부족한 상황이었고, 1985년부터 인구주택총조사에서 10년 주기로 종교정체성(religious identification) 한 문항을 조사하고 있는데 2015년 인구주택총조사의 불교 급감과 개신교의 증가라는 결과에 대한 논란이 있었다(유광석, 2021; 이대웅, 2016; 임영빈, 2019).

〈표 20〉은 세속화를 측정하는 대표적인 문항인 종교정체성(종교여부 및 소속)의 추세를 보여준다. 우선, 코로나 이전인 2003~2018년까지 살펴보면 무종교가 가장 많고, 불교, 개신교, 천주교 그리고 다른 종교 집단 순서로 구성되어 있다. 최근에 올수록 불교의 하락이 두드러지고, 개신교와 천주교는 유지하는 정도로 생각할 수 있다. 즉, 한국의 세속화는 모든 종교의 감소가 아닌 불교의 감소라는 점이 눈여겨볼 점이다. 하지만, 2021년과 2018년의 차이를 보면 불교는 변함이 거의 없고, 개신교와 천주교의 감소와 무종교의 증가가 두드러진다. 개신교는 2003년 조사 이래로 처음으로 20% 아래로 떨어졌고 종교 없음은 50%를 넘어섰다. 코로나 상황에서 개신교의 집단 감염과 종교 참여 활동이 여의치 않았다는 점으로 인하여 개신교와 천주교 정체성 약화가 나타난 것 같기도 하다. 코로나 이후 종교 활동 참석이 자유로워질 때 종교로의 회귀가 가능할지 의문이다.

공식적인 종교의 세속화가 진행되는 상황에서 과연 비공식적 종교 또한 변화가 있는지 보겠다. 〈표 21〉은 점쟁이의 미래 예측과 사주의 영향력에 대한 표이다. 지난 10년간 국민 10명 중 1명만 점쟁이가 미래 예측 능력이 있다는 점에 동의(매우+약간)하며 변화는 없다. 반면 국민 10명 중 2명 정도는 사주의 인생(미래) 영향력에 동의(매우+약간)하며 2018년과 비교하여 2021년에 미미하게 감소하였다. 비록 점쟁이와 사주의 예측 능력에 동의하는 비율은 상대적으로 낮지만, 트랜스휴먼을 향해 나아가는 4차산업혁명 시대에도 전통의 지속성이 새삼 놀랍다.

〈표 20〉 종교인 분포

귀하는 어떤 종교를 가지고 계십니까?

(단위: %, %p)

	불교	개신교	천주교	종교 없음	기타	N
2003	24	20	11	44	2	1,314
2004	28	24	9	38	1	1,311
2005	28	22	9	39	2	1,611
2006	29	20	10	40	1	1,606
2007	28	24	8	39	1	1,429
2008	24	26	9	39	2	1,508
2009	26	24	9	40	1	1,598
2010	25	23	7	44	1	1,576
2011	26	23	9	40	1	1,535
2012	26	21	9	43	1	1,396
2013	24	22	9	44	1	1,294
2014	21	25	11	42	1	1,371

2016	23	21	9	46	1	1,049
2018(A)	19	20	12	48	1	1,027
2021(B)	20	16	7	56	1	1,181
변화(B-A)	1	-4	-5	8	0	

〈표 21〉 점쟁이와 사주

귀하는 다음의 각 의견에 대해서 얼마나 동의 또는 반대하는지 말씀해 주십시오. 매우+약간 동의 % (약간+매우 반대)

(단위: %, %p)

	점쟁이들은 정말로 미래를 예측할 수 있다	사주가 그 사람의 인생(미래)에 영향을 미친다
2008(A)	11	21
2021(B)	10	17
변화(B-A)	-1	-3

11. 성태도: 혼전 성관계, 혼외성관계, 동성애

한국인의 관점에서 미국은 상당히 성에 관하여 개방적인 국가였다. 미국의 성혁명(sexual revolution)은 1960년대에 시작되었다. 1900년대 이전 여성 순결의 중요성은 1900년대 초부터 결혼을 전제로 한 혼전 성관계에서 1960년대 결혼을 염두에 두지 않은 혼전 성관계로 바뀌게 되었다. 2018년 미국의 GSS 자료를 보면 혼전 성관계에 대해서는 24%, 혼외정사는 89% 그리고 동성애는 36%가 전적으로 혹은 대부분 옳지 않다고 응답했다. 혼전 성관계와 동성애에 관해서 진보적이 되었음에도 불구하고 성과 관련된 신화가 즐비한데, 예로 동성애는 치료될 수 있는 질병이거나 여성의 불륜은 흔하지 않은 일이라는 것이다(슈워츠·캠프너, 2015).

한국은 조선시대 500년간의 유교의 전통아래 여성의 정절은 남자의 임금에 대한 충성과 대비되어, 혼인 전 혹은 혼인 후의 성관계가 모두 간통으로 간주되어 처벌받았으며(이숙인, 2014, p. 68), 2015년이 돼서야 형사상 간통이 폐지되었다. 동성애에 대한 관심은 그리 오래되지 않았는데 1992년까지 "동성애"를 언급한 뉴스는 100건 미만이었고 2006년에 처음으로 1,000건이 넘었다(빅카인즈 뉴스 검색 "동성애", 2021).

〈표 22〉는 혼전성교, 혼외성교, 동성성교에 대한 태도이다. 우선, 앞서 언급한 2018년 미국 GSS 자료와 비교하면, 혼전 성관계 및 혼외정사에 대한 허용적 태도는 미국과 한국의 차이가 없다. 그렇지만, 동성애와 관련해서는 한국은 미국보다 동성애에 대한 수용성이 덜하다(-27%p). 모든 연도에서 혼외성교, 동성성교, 혼전성교 순으로 부정적 인식이 높은데 혼외성교와 동성성교에서는 국민 다수의 부정적 견해가 지배적이다. 2008년부터 2018년까지 혼외성교는 변화가 없었지만, 혼전성교에 대한 부정적 인식은 25%p 하락했으며, 동성성교의 비허용성도 23%p 하락하였다. 전통적인 성 규범의 몰락이라는 추세에 2021년 반전이 일어나, 2018년과 비교하여 2021년에는 혼전성교(6%p)와 동성성교(15%p)에 대한 부정적 인식이 증가하였다.

〈표 22〉 성관계에 대한 태도

귀하는 다음의 각 상황에 대해서 옳다고 생각하십니까, 아니면 옳지 않다고 생각하십니까? 전적으로+대부분 옳지 않다 % (때에 따라 옳지 않다, 전혀 잘못되지 않았다)

(단위: %, %p)

	혼전성교	혼외성교	동성성교
2008	50	90	86
2013	44	91	75
2014	42	91	75
2018(A)	25	89	63
2021(B)	32	85	79
변화(B−A)	6	−4	15

12. 사회이동: 자녀세대 생활수준 변화, 인생 성공 요인

실질적으로 계층 이동이 감소했다는 경험적 연구 결과(김창환·김태호, 2020; 정인관 외, 2020)가 없음에도 불구하고, "수저계급론(금수저, 흙수저)", "개천에서 용 나는 시대는 끝났다", "헬조선", "N포 세대"라는 계층 이동에 대한 부정적 인식이 광범위하게 회자되고 있다.

〈표 23〉은 자녀세대의 생활수준 변화 예상이다. 2014년까지 최소 70%의 국민은 자녀들의 생활수준이 훨씬 혹은 약간 좋아질 것이라고 응답했다. 훨씬 좋아질 것이라는 응답은 감소추세인데 2006년까지는 40%가 넘었고, 이후 2014년까지 30% 정도는 되었다. 2021년과 2014년을 비교하면, 16%p 큰 감소가 있어 자녀의 생활수준이 훨씬 좋아질 거라는 낙관적 기대감이 매우 낮아졌다. 물

론, 약간 혹은 훨씬 나빠질 것이라는 비관적인 예상은 10명 중 2명이 안 되는 수준으로 낮은 편이다.

〈표 23〉 자녀세대 생활수준 변화 예상

귀하의 자녀들이 귀하의 현재 나이가 될 때 자녀들의 생활수준은 어떻게 될 것이라고 생각하십니까? 자녀가 없더라도 있다고 가정하여 말씀해 주십시오.

(단위: %, %p)

	훨씬 좋아질 것이다	약간 좋아질 것이다	차이가 거의 없을 것이다	약간 나빠질 것이다	훨씬 나빠질 것이다	N
2003	48	39	7	4	2	904
2004	45	40	8	5	2	880
2005	49	39	8	3	1	1,071
2006	43	40	11	4	1	1,568
2010	36	41	15	6	1	1,537
2011	38	42	12	6	2	1,498
2012	34	41	15	8	2	1,355
2013	28	44	17	8	3	1,263
2014(A)	30	41	19	8	3	1,365
2021(B)	13	45	28	12	2	1,186
변화(B-A)	-16	5	9	3	-1	

주: 2003–2005 자녀가 있는 사람에게만 질문하였음

자본주의 사회에서 능력주의(meritocracy)는 개인의 노력, 야망, 학력 등을 통하여 획득한 성취에 따른 보상을 의미한다. 대조적으로 좋은 사람을 아는 것, 집안, 인종, 성별 등은 비능력주의 요소이

다. 능력주의는 "불평등이라는 사회구조적 모순을 온전히 개인의 문제로 돌리는 것"(박권일, 2021, p. 9)이라는 문제를 내포함에도 불구하고 자본주의 사회에서 능력주의에 따른 보상은 당연하고 바람직한 것으로 간주되었다.

〈표 24〉는 ISSP의 사회불평등 모듈 문항으로 성공 요인에 관한 능력적, 비능력적 요인의 중요성에 대한 질문의 응답 결과이다. 2009년에서 2014년까지 인생성공요인으로 좋은 사람을 아는 것을 제외하고 능력적인 요인이 비능력적인 요인보다 중요하다는 인식이 만연하였다. 능력적 요인에서 열심히 일하는 것과 야망을 갖는 것은 감소하였고, 학력은 거의 변화가 없었다. 또한 부모의 부와 학력 또한 변하지 않았었다. 2021년에 인생성공 요인으로 최소 10명 중 6명이 좋은 사람을 아는 것(79%), 열심히 일하는 것(77%), 야망을 갖는 것(67%), 본인의 학력(66%), 부유한 집안 출신(63%), 부모 학력(60%)순으로 언급했다. 능력주의와 관련하여 야망은 약간 증가되고 학력의 중요성이 더 커졌다. 놀라운 변화는 2014년 조사 대비 2021년에 부모의 부와 학력의 중요성이 거의 20%p 이상 증가하였다는 점이다. 비능력 요인인 인종, 종교, 성별의 중요성은 30% 이하이지만, 인종과 종교의 중요성이 커지고 성별의 중요성이 줄어들었다. 인생 성공에 대하여 비능력 요인을 더 중요시하는 추세는 개인의 능력 요인이 부모의 능력에 점점 더 의존할 수밖에 없는 최근 사회적 상황을 반영하는 것 같다.

〈표 24〉 인생 성공 요인

귀하는 인생에서 성공하는데, 다음과 같은 사항이 얼마나 중요하다고 생각하십니까? 절대적으로+매우 중요하다 % (대체로 중요하다, 별로+전혀 중요하지 않다)

(단위: %, %p)

	좋은 사람을 아는 것	열심히 일 하는 것	야망을 갖는 것	본인의 좋은 학력	부유한 집안 출신
2009	77	87	70	58	44
2014(A)	76	79	63	57	45
2021(B)	79	77	67	66	63
변화(B-A)	3	-2	4	9	18

	높은 교육을 받은 부모	정치적 연고	인종	종교	뇌물을 주는 것	성별
2009	39	26	8	13	7	12
2014(A)	39	30	12	10	10	25
2021(B)	60	34	25	21	20	15
변화(B-A)	22	3	13	11	10	-10

Ⅲ
나가며

 이 장에서는 한국종합사회조사 자료를 이용하여 21세기 한국의 사회변화를 코로나 이전과 이후로 나누어 알아보려고 했다. 전반적으로 사회 여러 영역에서 코로나 이전의 추세가 코로나 이후 변화했다. 코로나 위기를 겪으며 국민들은 경제를 압도적으로 가장 큰 문제로 인식하고 대기업 지도자에 대하여 유례없는 신뢰를 보이고 있다. 행복감, 생활만족도, 그리고 가계상태만족도가 낮아졌다. 경제적, 정신적으로 어려운 상황에서 종교로의 회귀보다는 코로나 이전의 추세가 이어져 종교를 가진 사람들이 더욱 줄어 들었다. 자녀들이 자신보다 더 나은 삶을 살 거라는 기대는 현저하게 줄어들었고 인생성공요인으로 부모의 부와 교육의 중요성을 더 느끼게 되었다. 개인의 삶이 팍팍하다고 해서 정부의 역할 확대를 강조하는 것도 아니다. 소득 격차 완화 및 실업자들의 생활수준 유지에 대한 정부의 역할에 대해 반대가 높아졌으며 정부가 가난한 사람에게 주는 혜택을 줄이는 것에 대해서는 찬성이 많아졌다. 노인연금, 교육, 문화예술 등 여러 정부 지출 분야에서도 정부 지출의 확대에 반대가 많아졌다. 또한, 환경에 대한 위험인식은 증가하였지만 환경보호를 위해 개인의 희생은 원치 않게 되었다. 혼전성관계와 동성성교에 대한 수용성이 낮아졌으며, 북한과의 협력에 대한 관심도 줄었고 통일에 대한 필요성도 매우 낮아지게 되었다. 그래도, 국가 자긍심 여러 영역에서 가장 낮은 수준이지만 사회의 모든 집단에 대한 공정하고 평등한 대우에 대한 자랑스러움이 두드러지게 증가하였다는 점이 그나마 위안거리이다. 한 마디로, 코로나 상황이 국민들로 하여금 물질주의가치를 추구하게 만들고 각자도생의 길로 더욱 몰아가는 것처럼 보인다. 향후 한국종합사회조사 자료가 코로나 이후인 2021년의 변화를 이어갈지 아니면 코로나 이전의 추세로 돌아갈지 궁금하다.

참고 문헌

강은영. (2021). 범죄 안전 영역의 주요 동향. 한국의 사회동향 2021 (pp. 310-320). 통계청 통계개발원.

김건우. (2016). 포스트휴먼의 개념적, 규범학적 의의. 한국포스트휴먼연구소, 한국포스트 휴먼학회 편저. 포스트휴먼시대의 휴먼 (pp. 29-66). 아카넷.

김경근. (2021). 코로나 19 시대 학교교육의 변화 및 교육격차 실태. 한국의 사회동향 2021 (pp. 138-148) 통계청 통계개발원.

김준철. (2015). 여론조사로 대통령 만들기-어떻게 할 것인가. 북앤피플.

김지범, 강정한, 김석호, 김창환, 박원호, 이윤석, 최성수, 최슬기, 김솔이. (2019). 2003-2018 한국종합사회조사. 성균관대학교 출판부.

김지범, 김솔이, 강정한. (2017). 서베이조사실험을 통한 폐쇄형과 개방형 설문 응답 차이: 2016년 한국종합사회조사. 조사연구, 18(4): 127-147.

김창환, 김태호. (2020). 세대 불평등은 증가하였는가? 세대 내, 세대 간 불평등 변화 요인 분석, 1999~2019. 한국사회학, 54(4), 161-205.

박권일. (2021). 한국의 능력주의. 이데아.

박무익. (2000). 우리나라 조사산업의 현황과 전망. 조사연구, 1(2): 161-177.

박선경. (2021). 코로나19 위기 속 국가의 대응과 역할에 대한 국민 인식. 한국의 사회동향 2021 (pp. 359-370). 통계청 통계개발원.

보건복지부. (2021). 보도 참고 자료 2020년 자살사망자 13,195명, 전년대비 다소 감소. 보건복지부. http://www.mohw.go.kr/react/al/sal0301vw.jsp?PAR_MENU_ID=04&MENU_ID=0403&page=1&CONT_SEQ=368016

슈밥, 클라우스, 말르레, 티에리. (2021). 클라우스 슈밥의 위대한 리셋. 메가스터디북스.

슈워츠, 페퍼, 캠프너, 마사. (2015). 인간의 성에 관한 50가지 신화. 고경심, 유채영, 이수연 옮김. 한울.

신고리 5·6호기 공론화위원회. (2018). 숙의와 경청, 그 여정의 기록: 신고리 5·6호기 공론 화 백서. 신고리 5,6호기 공론화위원회.

유광석. (2021). 한국의 인구주택총조사 종교문항에 대한 반성적 고찰과 개선 방향에 관한 연구. 신학과 사회, 35(2), 235-264.

이대웅. (2016.12.20). 기독교 인구 지난 10년 사이 정말 더 많아졌나? 크리스천투데이. https://www.christiantoday.co.kr/news/295800

이숙인. (2014). 정절의 역사. 푸른역사.

이재열. (2019). 다시 태어난다면, 한국에서 살겠습니까. 21세기북스.

이흥철. (2002). 한국 조사업계의 발달사. 조사연구, 3(2), 123-153.

임영빈. (2019). 한국 종교 인구 변화에 관한 코호트 분석. 현상과 인식, 12: 123-150.

정인관, 최성수, 황선재, 최율. (2020). 한국의 세대 간 사회이동과 교육 불평등. 경제와 사회, 127, 12-59.

중앙일보. (2006.06.21). 우리의 소원은 ♪통일♪ 원래 노랫말은 ♪독립♪이었죠. https://www.joongang.co.kr/article/2265215#home

지병근. (2010). 서베이 민주주의(Survey Democracy)? 6·2 지방선거 후보공천사례를 중심으로. 한국정치연구, 19(3), 57-75.

지젝, 슬라보예. (2020). 팬데믹 패닉. 강우성 옮김. 북하우스.

최인수. 윤덕환, 채선애. 송으뜸. (2020). 2021 트렌드 모니터. 시크릿하우스.

하상응. (2021). 한국인의 갈등 인식과 배타성. 한국의 사회동향 2021 (pp. 349-358). 통계청 통계개발원.

한준. (2021). 주관적 웰빙 영역의 주요 동향. 한국의 사회동향 2021 (pp. 372-386). 통계청 통계개발원.

헤롤드, 이브. (2020). 아무도 죽지 않는 세상: 트랜스휴머니즘의 현재와 미래. 강병철 옮김. 꿈꿀자유.

JTBC 팩추얼 제작진. (2021). 팬데믹 이후의 세계 A.C 10. 중앙북스.

Diener, Edward, Oishi, Shigehiro, & Lucas, Richard E. (2009). Subjective well-being: The science of happiness and life satisfaction. In C. R. Snyder & Shane J. Lopez (Eds.). *The Oxford handbook of positive psychology. 2nd edition* (pp. 187-194). Oxford: Oxford University Press.

Ha, S. E., & Jang, S. J. (2015). National identity, national pride, and happiness: The case of South Korea. *Social Indicators Research, 121*, 471-482.

Inglehart, R. (1997). *Modernization and postmodernization: Cultural, economic and political change in 43 societies.* Princeton, NJ: Princeton University Press.

Kim, Chang-hwan, Kim, Jibum, & Ban, Mihee Ban. (2019). Do you know what you do for a living? Occupational coding mismatches between coders in the Korean General Social Survey. *Research in Social Stratification and Mobility, 70*, 110467.

Lee, C., & Suh, M. (2017). State building and religion: Explaining the diverged path of religious change in Taiwan and South Korea, 1950-1980. *American Journal of Sociology, 123*, 465-509.

Niemi, R. G., Mueller, J., & Smith, T. W. (1989). T*rends in public opinion: A compendium of survey data.* New York: Greenwood Press.

Smith, T. W., Kim. J., Koch, A., & Park, A. (2006). Social science research and the general social surveys. *Comparative Sociology, 5*, 33-43.

Voas, D., & Chaves, M. (2016). Is the United States a counterexample to the secularization thesis? *American Journal of Sociology, 121*, 1517-1556.

Yeager, D.S., Larson, S.B. Krosnick, J.A., & Tompson, T. (2011). Measuring Americans' issue priorities: A new version of the most important problem question reveals more concern about global warming and the environment. *Public Opinion Quarterly 75*, 125-138.

제4장

정보-미디어 환경 변화와
공론장 구조의 변동

이재국 미디어커뮤니케이션학과 교수

21세기 전반 지능정보 시대가 본격적으로 도래하면서 한국사회의 정보-미디어 환경이 밑바닥부터 변하고 있다. 컴퓨테이션과 빅데이터, 인공지능으로 대변되는 지능정보 테크놀로지의 발달은 디지털 네트워크의 끝없는 확장을 자극하며 정보 및 미디어 생태계의 근본적인 변화를 추동한다. 네이버와 구글 같은 검색 서비스를 비롯해 페이스북과 카카오톡 등 소셜 미디어, 아마존과 쿠팡의 쇼핑, 삼성전자와 애플 등의 전자업체까지 현대의 일상을 지배하고 있는 조직체들은 수많은 개별 이용자와 서비스 제공자들을 디지털 공간에서 네트워크로 치밀하게 연결하는 중이다. 연결을 통해 구축된 거대 정보 네트워크는 시간의 흐름에 따라 더욱 커지고 날로 조밀해지고 있다. 수억의 개인과 단체, 사물까지 하나의 공간으로 편입되면서 이를 구현하는 지능정보 테크놀로지가 개인의 행동과 사회의 작동에 지배적 영향력을 행사하는 존재로 부상하고 있는 것이다.

　개인과 집단이 서로 연결되는 방식과 구조가 이전과는 완전히 달라지고 인간과 물리적 환경이 상호작용하는 질서 또한 변하고 있다. 디지털 네트워크가 지배적 위치를 차지하고 있는 미디어 생태계는 특히 다층적이고 다면적인 구조 변화를 경험하는 중이다(Bennett & Iyengar, 2008; Chaffee & Metzger, 2001). 일례로 미디어 시장의 낮은 진입장벽은 여러 분야에 특화된 전문 매체와 함께 정치적으로 편향된 대체 또는 대안 미디어(alternative media)의 등장을 가능케 해 이전에 볼 수 없었던 다양한 매체들이 동시에 활동할 수 있는 환경이 조성됐다(Dimmick, Chen, & Li, 2004; Stroud, 2011). 소셜 미디어와 포털 등은 이용자에게 개인별 맞춤 정보를 비롯해 댓글과 공감, 공유 등 정보의 사회적 사용(social use of information) 기능을 제공함으로써 개인의 적극적인 의사표현 가능성을 극대화하는 모습을 보이고 있다(Choi, 2016; Kümpel, Karnowski, & Keyling, 2015). 이러한 환경의 영향으로 대중은 조각조각 쪼개지고, 개인의 의견이 갈수록 강경해지며, 사회 여론은 더욱 양극화하고, 허위정보가 대량으로 유포돼 객관적 진실이 실종된다는 우려가 깊어지는 상황이다(L. Bennett & S. Livingston, 2018; Iyengar & Westwood, 2015; J. K. Lee, Choi, Kim, & Kim, 2014; Cass R. Sunstein, 2002).

이 같은 변화는 현대 민주주의 사회의 근간을 이루는 여론형성 메커니즘과 공론장의 작동상태를 밑바닥부터 다시 구성하고 있다. 정보-미디어 환경에서 영향력을 강화하고 있는 지능정보 테크놀로지가 시민사회의 기본을 이루는 공론장의 구조에 변동을 가하는 핵심요소로 등장하고 있는 것이다. 정부와 정당, 언론 등 공론장에서 정보의 생산 혹은 유통에서 핵심적인 역할을 수행해 온 기관과 제도들이 퇴조하는 동시에 플랫폼과 알고리즘 등 지능정보 테크놀로지에 기반한 구조가 새로운 질서로 떠오르고 있다. 이로 인해 시민 사회의 여론이 형성되고 변화하는 공간인 공론장의 구조와 작동 방식까지 근본적인 변화를 겪고 있는 모습이다. 이상적인 공론장의 조건으로 일컬어지는 구성원의 평등과 사회 이슈의 공공성, 공론장 참가자의 포괄성 등(Habermas, 1962/1989)에 관한 기존의 규범이 곳곳에서 무너지고 있는 반면 새로운 질서는 아직 정립되지 않아 혼란스러운 상태다. 디지털 테크놀로지의 확장에 따라 허위정보 등 프로파간다의 생산과 확산이 용이해지고 알고리즘과 빅데이터에 올라탄 여론 왜곡 활동의 가능성이 광범위하게 열리면서 공론장이 대중영합주의 등 각종 위협에 전면적으로 노출되고 있다는 목소리가 나오고 있다. 최근까지 인지하지 못했던 문제들이 다수 발생하며 공론장의 작동방식이 근본적인 변화를 겪고 있는 것이다.

민주주의 작동의 기본적인 요소인 여론형성 메커니즘에 변형이 생기면서 시민사회와 민주체제 또한 변화의 압력을 강하게 받고 있다. 공동체 내외부의 다양한 세력들이 새로운 방식으로 여론형성 과정에 개입하는 행위가 광범위하게 펼쳐지는 것이 감지된다. 여론조작의 주요 수단으로 쓰이는 거짓정보와 관련, 소셜 미디어 등 디지털 네트워크에서 거짓의 영향력은 적어도 단기적으로는 진실을 압도하는 모습을 보인다(Silverman, 2016). 여론조작 활동으로는 2016년 미국 대통령 선거에서 페이스북 이용자의 개인정보를 수집해 표적 선거운동에 활용한 캠브리지 애널리티카 사건(Cadwalladr & Graham-Harrison, 2018; Heawood, 2018)과 2018년 한국의 일명 드루킹 자동여론조작 프로그램(매크로) 사건이 단적인 예라고 할 수 있다. 이와 같은 여론왜곡 현상은 당연히 시민의 합리적 사고와 판단을 제한하고 특정 세력의 의도에 부합하는 정치적 선택을 유도함으로써 건강한 시민사회 형성과 민주주의 체제에 부정적인 영향을 끼친다.

변화는 이렇게 거대한 규모로 진행돼, 산업혁명과 궤를 같이 하며 성장해 온 근현대 민주주의의 정치제도와 이념적 패러다임 전반에 대한 재검토를 요구하고 있다(Dahlgren, 2005). 한국사회의 기본적인 이념과 제도 전반을 재고해야 하는 상황이다. 구체적으로 국가권력과 시민사회의 관계, 자유로운 의사소통과 사회 구성원의 다양성 존중을 통한 사회·정치 효율 극대화의 추구, 개인의 존엄성과 독립성의 보장 및 사회 통합의 강화 등 민주체제의 전반적인 과정에 대한 근본적인 성찰이 필요한 시점이다. 변화 양상과 방향에 대한 천착과 분석을 통해 지능정보 테크놀로지 확산에 의해 공론장이 변형되는 구조를 파악하고 테크놀로지가 시민사회 및 민주주의의 발전에 자극과 기여가 되도록 유도할 수 있는 방안이 강구돼야 한다. 민주주의에 근본적 변동을 가져오는 환경적 변화의 원인과 영향을 정확히 밝혀내고 앞으로의 진행 방향을 가늠하는 사회과학적 작업이 어느 때보다 절실히 요구되고 있다.

I
정보―미디어 환경의 변화

　인간이 정보를 주고받는 공간과 방식, 즉 정보―미디어 환경은 계속해서 변해 왔다. 그리고 이러한 환경적 변화의 시작 지점에는 새로운 테크놀로지가 있었다. 문명을 이루고 산 이래 인간은 우선 소리를 통해 전달되는 언어를 개발해 이를 매개로 지식과 오락 등 각종 정보를 교환했다. 오랜 세월이 흐른 뒤 문자가 발명되면서 인간의 소통 방식은 혁명적인 변화를 맞이하게 된다. 입과 귀를 통한 소리가 매체로 쓰이는 방식은 시간과 공간의 제약을 벗어날 수 없었다. 순간적으로 사라지는 소리에 담긴 정보는 목소리가 들리는 거리 이내에 존재하는 사람들에게만 전달되었으며 불완전한 인간의 기억에만 저장돼 몇 세대를 지나지 못하고 원형을 잃기 마련이었다. 문자는 이러한 시간과 공간의 제한을 넘어 아주 먼 곳까지, 수천 년 먼 후대까지 정보를 전달할 수 있도록 했다. 문자 체계의 발전은 양피지, 종이와 같은 정보 기록장소와 책 등 정보 저장체계 등 유관 테크놀로지의 발달을 자극해 문자 중심의 거대한 정보 환경을 구축했다.

미디어 환경은 대량인쇄술의 개발로 또 한 차례 근본적인 변화를 겪게 된다. 구텐베르크의 대량인쇄술은 그동안 소수의 손에만 집중돼 있던 지식과 정보가 사회 구성원 대다수에게 퍼져 나갈 수 있도록 해 정보의 대중화 시대를 열어젖혔다(Eisenstein, 1980; McLuhan, Gordon, Lamberti, & Scheffel-Dunand, 2011). 정보의 대중화는 오래지 않아 신문이라는 또 다른 테크놀로지의 발달을 자극해 매스커뮤니케이션 시대의 도래로 이어졌고 사회구성원 다수가 정기적으로 새로운 사회 정보를 얻을 수 있는 대중매체 중심의 정보 환경을 만들어 냈다(Raymond, 1999). 신문으로 시작된 매스커뮤니케이션은 무선 통신과 전파 기술의 발전과 함께 라디오와 TV라는 새로운 대중매체의 등장으로 이어지는 급격한 변화를 겪었으며 변화의 속도는 이제 기하급수적으로 빨라졌다(Williams, 2004). 이후 케이블TV와 위성 통신, 인터넷 등의 테크놀로지에 힘입어 균질성, 획일성으로 대표되는 매스커뮤니케이션이 빠른 속도로 세분화, 전문화되며 대중매체를 기본으로 한 사회 질서에 커다란 균열을 일으키며(Castells, 2002) 또 한 차례 정보-미디어 환경을 뒤흔드는 근본적 변화가 눈앞에서 진행되고 있다.

현재 일어나고 있는 환경적 변화는 테크놀로지 혁신이 인간 소통 방식(communication)의 변화, 정보 유통의 사회적 구조 변동으로 이어진다는 측면에서 이전 시기와 크게 다르지 않다(Innis, 2008). 최근 20여 년간 진행된 기술 혁신은 수십억 인간을 하나의 네트워크로 연결하고 이는 또 물리적 환경의 네트워크와 접속할 수 있도록 만들었다. 스마트폰에 담긴 모든 개인정보가 카카오톡을 통해 거대

네트워크의 일부분이 된다. 개인의 정보는 곧 금융 시스템과 같은 사회적 환경에 통합되고 이제 얼마 지나지 않아 자동차와 대중교통, 아파트 현관문 등 물리적 환경과 인간이 실시간으로 연결되는 네트워크까지 구축될 전망이다. 이렇게 연결과 융합, 개인별 맞춤 등의 특징을 보이는 소통 방식은 필연적으로 정보 유통의 구조에 변동을 일으킨다. 그리고 이러한 정보-미디어 환경 변화의 주요 인자로 네트워크와 빅데이터, 알고리즘 등이 기능하고 있다.

〈그림 1〉 테크놀로지발 사회변동 모형

최근 테크놀로지 혁신의 총아로 등장한 네트워크와 빅데이터, 알고리즘 등은 현 시대의 공론장 또는 여론형성 구조의 변동 과정에 핵심적인 역할을 하는 정보-미디어 환경의 주요 요소로 자리 잡고 있다. 자연계에서도 존재하는 네트워크는 문명발전 과정에서 고성능 컴퓨터의 개발과 이들의 연결망, 즉 인터넷으로 새롭게 구현돼 인류 역사가 새로운 단계로 접어들 수 있도록 했다(Castells, 2011). 1990년대 중반 시작된 인터넷의 대중화는 30년이 채 되지 않은 기간 동안 인류 문명의 거의 모든 것을 거대한 컴퓨터 네트워크로 연결했다. 네트워크로 통합된 사회의 각종 부문은 곧바로 데이터를 만들어 내기 시작했다. 처음에는 글(text)이, 이후에는 그림과 소리, 동영상이 차례로 0과 1로만 구성된 자료(digital data)로 변환돼 쌓이기 시작했다. 이렇게 생산과 축적을 거듭한 디지털 데이터는 얼마 지나지 않아 거대한 규모로 자라나 이제 개인의 행동과 사회의 작동을 파악하고 예측할 수 있는 규모에까지 이르렀다(McAfee, Brynjolfsson, Davenport, Patil, & Barton, 2012). 빅데이터가 만들어지자 개인과 사회의 움직임을 계산하는 알고리즘이 점점 더 높은 수준으로 만들어졌다. 인간의 능력이 닿을 수 없는 크기의 데이터를 처리하는 알고리즘은 개인이 알 수 없는 차원에서 작동하며 어느새 사회의 필수 요소로 스며들었다(Massanari, 2017; Ricci, Rokach, & Shapira, 2011).

이들 요소는 공론장의 구조, 또는 여론형성 메커니즘에 중대한 영향을 미친다. 네트워크와 빅데이터, 알고리즘은 여론형성 및 변화의 3대 주체인 대중과 미디어, 정치조직 각각에 또한 이들 주체 간 상호작용 과정에 다양한 변동을 일으키고 있다. 현대 민주주의 체제의 기본 구조 가운데 하나로 기능하는 여론은 대체로 개별 시민들의 집합체인 대중이 특정 시기에 표출하는 의견으로 정의할 수 있다(Glynn, Herbst, Lindeman, O'keefe, & Shapiro, 2016). 이러한 대중들의 의견은 공적 사안에 대한 정보를 일상적으로 제공하는 언론 등 미디어에 직·간접적으로 영향받는 동시에 미디어의 내용과 형식에 영향을 끼친다. 정당 등 정치조직은 미디어를 통해, 또는 직접 대중과 접촉하며 자신들에게 우호적인 여론을 조성하고자 한다(Strömberg, 2015). 이 과정에서 정치조직은 노조나 기업협회 등 이익집단과 각종 사회 집단의 대변자 역할을 담당한다. 이에 따라 여론형성 과정은 대중과 미디어, 정치조직의 3자가 상호간 영향을 주고받는 역동적(dynamic) 구조로 이해 가능하다(McNair, 2017). 네트워크와 빅데이터, 알고리즘 등 정보-미디어 환경의 주요 요소들이 여론형성 3대 주체에 일으키는 변화는 이제 민주주의 체제의 작동방식에도 변형을 일으킬 가능성을 보이고 있다.

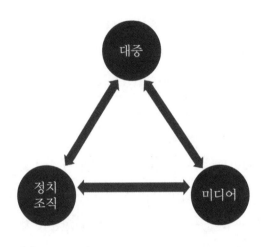

〈그림 2〉 여론의 3대 주체

1. 미디어의 변화

　지능정보 테크놀로지의 혁신은 여론형성 구조의 주체들 가운데 주요 정보 전달자인 미디어에 두드러진 변화를 가져왔다. 우선 미디어는 지난 20여 년간 그 숫자가 기하급수적으로 늘어났으며 미디어가 담고 있는 정보의 양도 지수함수를 따라 폭발적으로 증가했다(Prior, 2007). 1990년대 초반 한국에서 뉴스와 오락을 전달하는 미디어는 중앙과 각 지방에서 발행되는 일간지 등 신문과 잡지, 지상파, 유선 방송 채널 등에 불과했다. 이후 채 30년이 지나기 전에 한국사회의 미디어는 수천 개에 달하는 신문과 잡지를 비롯해, 지상파와 종편, 유튜브, 아프리카TV 등의 무수한 방송 채널, 카카오톡과 페이스북, 트위터 등 소셜 미디어에 열려 있는 채널까지 글자 그대로 셀 수 없는 정도가 됐다. 무수한 채널을 통해 전달되는 정보의 양은 이전 시기에는 상상도 할 수 없는 규모로 커져 버렸다.

미디어 쪽에서 발생한 다른 주요 변화로 융합(convergence)이 있다(Jenkins, 2004). 이전 시대 종이와 전파를 매개체로 하는 대중매체가 대종을 이루던 미디어 세계에서는 매체 간, 매체가 전달하는 내용물(contents) 간, 내용물 생산자와 소비자 간 경계가 비교적 분명했다. 그러나 모든 내용물이 디지털화하고 네트워크를 통해 연결되면서 미디어의 각종 경계가 급격히 허물어지기 시작했다(Brundidge, 2010). 완전히 따로 존재했던 신문과 방송의 기사가 포털이나 소셜 미디어에서 링크로 연결되었고 엄격히 구분됐던 뉴스와 오락 또한 정보성 오락물 또는 오락성 정보물(infotainment, soft news)의 등장으로 명확한 분리가 어려워졌다(Baum & Jamison, 2011; Thussu, 2008). 신문은 방송의 영역이었던 동영상 뉴스를 만들고 방송은 이보다 앞서 방송 언어가 아닌 문어체 기사를 포털에 올렸다. 그리고 미디어 내용물을 소비하기만 했던 일반 개인들이 뉴스와 오락을 만들어 공급하며 생산자와 소비자의 구분이 사라졌다. 모든 종류의 경계선이 흐릿해지면서 이전에는 서로 다른 존재라고 생각됐던 것들이 연결되며 섞이고 합쳐져 새로운 형태의 미디어와 내용물이 등장하는 거대한 차원의 융합이 일어났다.

미디어 시장에서 매체 간 경계가 모호해지는 융합현상이 급속히 진행되면서 언론매체들은 대중들의 '주목(attention)'을 확보하기 위해 더욱 치열한 경쟁으로 몰리게 됐다(Simon, 1996; Wu, 2017). 신문과 방송이 컴퓨터 모니터에 함께 뜨면서 신문은 동영상을 도입하고 방송은 심층 텍스트를 활용하는 등 방식으로 더 많은 독자, 시청자를 확보하기 위해 경쟁했다. 또한 낮아진 진입장벽으로 인해 신생 매체들이 늘어남에 따라 미디어 시장의 경쟁은 한층 더 격렬해졌다. 운전기와 전파 송신, 인력 유지를 위해 거대 자본이 필수적이었던 시기를 지나 컴퓨터와 인터넷으로 거의 모든 것을 대체할 수 있게 되자 신생 미디어와 1인 매체가 언론 시장에 아주 쉽게 들어오게 된 것이다. 초기에는 인터넷신문이 등장했고 팟캐스트가 나왔으며 이후 소셜 미디어 뉴스 채널, 유튜브 개인 미디어까지 수없이 많은 매체들이 시장의 벽을 넘어 들어왔다. 기존 미디어(legacy media)는 이제 이 모든 미디어와 경쟁해야 하는 상황이 됐다. 그 결과는 언론의 극심한 상업화였다. 언론 소비자들, 즉 대중의 주목이라는 한정된 시장을 두고 다투는 경쟁자들이 더욱 험악해지고 그 수가 한층 늘어나면서 미디어들은 가능한 수단을 모두 동원해 독자, 시청자를 확보하고자 상업주의의 극대화로 나아갔다(Hills, 2019; Meshi, Tamir, & Heekeren, 2015). '단독'의 홍수, 자극적인 제목, 확인

없는 보도 등 가능한 모든 비윤리적 행태가 '회사 생존'이라는 명분 아래 용인되고 때로는 장려되기까지 했다.

테크놀로지 혁신은 전혀 예기치 않았던 또 하나의 변화를 미디어 전반에 몰고 왔다. 기존에 신문과 방송 등 매스미디어의 한 몸 안에 존재했던 뉴스의 최초 생산자와 전파자가 서서히 분리되기 시작했다. 공적 사안에 대한 정보를 공급하는 언론은 그동안 뉴스의 생산과 유통을 함께 담당하면서 공론장의 작동에 필수적인 존재로 기능했다. 신문은 생산한 뉴스를 가판대 또는 보급망을 통해 대중들에게 전달했고 방송은 TV의 화면이나 라디오의 스피커를 통해 정보를 전파했다. 그러나 거듭된 기술 발전은 신문지나 TV, 라디오의 독점을 무너뜨려 인터넷을 통한 뉴스의 유통을 가능케 했다. 신문과 방송이 생산한 뉴스는 종이와 TV, 라디오를 통하지 않고 인터넷을 기반으로 하는 전혀 새로운 매체를 통해 유통되고 소비되기 시작했다. 이와 같이 뉴스의 생산자와 전파자가 분리되면서 자신이 생산하지 않은 정보를 가공해 일반 대중에 전파함으로써 커다란 영향력을 행사하는 새로운 형태의 미디어가 폭발적으로 성장하기 시작했다(Wallace, 2018). 네이버 등 포털은 뉴스를 전혀 생산하지 않지만 여러 언론에서 공급하는 뉴스를 한 곳에 모아 소비자들에게 전달해 거대한 미디어로 기능하고 있다. 또한 언론사에서 제공하는 최초 정보를 가공, 재포장해 유튜브 등 공간에 공급하는 새로운 미디어도 수없이 생겨나 활동하고 있는 것도 뉴스의 생산자와 전파자가 분리된 현상을 보여준다.

공적 정보 생산자와 전파자의 분리는 언론매체 시장에 구조적 변화를 일으켰다. 뉴스와 소비자, 광고주를 연결하는 네트워크, 즉 정보 플랫폼의 지배자가 교체되기 시작한 것이다. 기존 언론매체들은 공적 정보, 즉 뉴스를 생산해서 무료 또는 아주 싼 값에 대중들에게 공급하며 대신 확보한 소비자들의 주목을 광고주들에게 파는 플랫폼을 구축해 수익을 올려 왔다. 이러한 수익모형은 1830년대 미국에서 시작된 1센트 신문(penny press) 이후 거의 모든 미디어가 사용해 왔던 것으로 핵심은 정보의 전파 과정 지배에 있었다. 이전 시기 신문은 종이에 정보를 실어 소비자들에게 팔면서 같은 종이에 광고를 싣는 지배력을 갖추었고 방송은 TV 또는 라디오 수상기에 뉴스를 보내며 광고를 붙이는 과정을 독점했다. 그러나 크고 작은 모니터로 정보를 소비하는 시대가 되자 신문·방송은 순식간에 플랫폼의 지배력을 잃게 됐다. 소비자들이 종이와 TV, 라디오 수상기를 통해 뉴스를 소비하지 않고 컴퓨터나 전화기의 화면으로 보게 되면서 인터넷에서 가장 많은 활동을 벌이는 장소가 정보와 광고의 지배적 플랫폼이 된 것이다. 한국에서는 네이버나 다음과 같은 포털이 압도적인 정보 플랫폼으로 떠올라 시장의 지배자로 군림하는 상황이 됐다. 이들 포털은 검색서비스에 기반을 두고 뉴스를 전혀 생산하지 않은 채 전파하는 기능만으로 기존 플랫폼의 지배력을 무너뜨렸다. 정보 생산에 필요한 비용을 거의 지출하지 않고 유통만으로 막대한 수익을 올리는 구조를 만들어내는 데 성공한 것이다.

　융합과 낮은 진입장벽, 치열한 경쟁 등 미디어 시장의 변화는 전문매체 또는 틈새매체(niche media)의 증가로 이어졌다(Dimmick et al., 2004; Stroud, 2011). 전문매체는 불특정 다수의 일반적 대중을 대상으로 하는 대중매체(mass media)와 달리 특정한 소비자층을 표적으로 하는 매체를 말한다. 이전 시기에도 잡지 시장 등에서 존재했던 전문매체는 인터넷의 등장과 함께 질적, 양적으로 급격한 증가세를 나타냈다. 전문매체는 초기의 웹사이트에서 시작해 블로그, 팟캐스트를 거쳐 유튜브까지 다양한 형태의 전달수단을 통해 구현됐다. 전문매체 현상은 일반 뉴스 차원에서도 나타나 이전 대중매체 시대에는 볼 수 없었던 다양한 스펙트럼의 정치이념을 대변하는 매체들이 나오게 됐다. 이들 매체는 중립성이나 객관성 등 기존 언론의 보도원칙에서 크게 벗어나는 보도 행태를 보이며 논란을 일으키는 중이다. 이러한 변화 과정에서 자연스럽게 대체 또는 대안 미디어가 중요한 미디어 현상으로 떠올랐다. 대체/대안 미디어는 그 내용과 제작, 유통 등에 있어서 기성 주류 미디어와 구별되는 모든 종류의 매체를 일컫는다(Downing, 2000). 비교적 대규모 자원을 투입해 공적 정보를 생산하고 이를 대중에 전파해 한 사회의 지배적 질서를 반영하는 주류 미디어와 달리, 대체 미디어는 소규모 자원으로 이념적, 사회문화적, 인종적 차원에서 일부 집단의 목소리를 대변한다. 이에 따라 극우나 극좌 세력과 같이 모든 이념적 스펙트럼에 걸쳐 다양한 비주류 집단이 자신들의 의사를 공론장에 표출할 수 있는 기회를 갖게 됐다. 비슷한 과정을 통해 비주류 종교 단체, 반과학적 음모론 집단, 소수 집단 등이 서로 연결하고 조직해 유의미한 정치조직으로 자리 잡고 영향력을 확대하는 모습을 보이고 있다. 이전 시기 기존 미디어의 압도적인 영향력으로 존재 자체가 희미했던 세계관 또는 가치관들이 테크놀로지 혁신에 올라 탄 대체/

대안 미디어를 통해 공론장에 진입하고 기존의 질서를 흔들고 있는 상황이다.

2. 대중의 변화

공론장에서 여론 표출의 주체인 대중의 세계인식과 행동에도 미디어와 마찬가지로 전 방위적 변화가 일어났다. 먼저 개인이 접할 수 있는 정보의 양과 정보 출처의 수가 이전 시기와는 비교할 수 없을 정도로 늘어나게 됐다. 미디어 수와 제공되는 정보의 양이 폭증함에 따라 손바닥의 전화기에 전 세계 도서관을 합친 것보다 더 많은 정보가 들어오게 됐다. 이전 시기 한 사람이 하루 단위로 접하는 공적 정보는 아침에 볼 수 있는 신문 몇 가지와 저녁 9시 3개 채널에서 방영되는 뉴스에 불과했지만 이제 무수히 많은 채널을 통해 제공되는 뉴스와 오락의 양은 가늠할 수 없는 정도가 돼 버렸다. 이렇게 미디어 내용물이 엄청난 규모로 커지자 개인의 선택지 또한 비교할 수 없는 수준으로 확장됐다(Prior, 2007). 텔레비전 방송의 경우, 크게 다르지 않은 뉴스를 소수의 채널을 통해 접하면서 뉴스를 보거나 TV를 끄거나 2가지 가운데 하나를 선택할 수 있을 뿐이었지만 이제는 뉴스건 오락물이건 어떤 채널을 통해 어떤 내용물을 어떤 방식으로 소비할지 개인이 모든 것을 선택할 수 있게 된 것이다.

인간은 일상 속에서 복잡한 정보활동을 벌이지만 인지능력의 한계로 정보를 선택적으로 사용할 수밖에 없다(Miller, 1956; Simon, 1955). 제한된 두뇌 용량으로 말미암아 인간은 외부로부터의 자극,

즉 정보를 받아 처리하는 과정에서 최소의 인지 역량을 동원해 정보사용 목적을 달성하고자 한다(Fiske & Taylor, 1991; Gigerenzer & Todd, 1999). 이렇게 인지적 구두쇠(cognitive miser)로서 작동하는 인간 심리는 수많은 정보를 접할 때 필요한 정보만 선택적으로 보고 받아들이며 기억하는 쪽으로 움직이기 마련이다. 미디어로부터의 정보 또한 마찬가지이다. 인간의 기본적 심리 작용은 미디어 환경 변화와 반응해 미디어 정보의 선택적 사용 가능성을 더욱 확장했다. 앞서 살펴본 대로 테크놀로지 혁신은 정보와 정보출처의 폭증을 가져와 일반 대중들의 선택지를 크게 넓혔다. 인지적 구두쇠로서 개인들은 넓어진 선택지에 따라 미디어를 통해 전달되는 공적 정보, 즉 뉴스 또한 자신의 구미에 맞는 것들만 골라 소비할 수 있게 된 것이다 (Iyengar & Hahn, 2009; Stroud, 2008). 이러한 개인들의 총합인 대중들이 뉴스를 선택적으로 사용하는 경향이 더욱 강화되는 현상은 이후 여론형성 구조에 큰 변화를 가져오는 큰 원인으로 작용한다.

뉴스의 선택적 사용 증가는 곧 개인의 기본적인 신념과 반응하기 시작했다. 사람들이 사회문제를 인식하는 과정에서 자신의 신념체계(belief system) 또는 가치관(values)에 부합하는 정보만 골라 사용함으로써 기존의 믿음을 더욱 강화할 수 있는 환경이 만들어졌다 (Knobloch-Westerwick, Johnson, & Westerwick, 2015; Stroud, 2008). 정보와 출처의 폭증은 인간의 선택적 정보사용 경향을 강화하고, 이는 이른바 확증편향이 번성할 수 있는 비옥한 토양의 조성으로 이어진 것이다. 확증편향은 특정한 정보에 노출될 때 자신의 기존 신념체계에 (1)부합하는 정보는 받아들이고(confirmation bias) (2)반대되는 정보는 부정하는(disconfirmation bias) 심리 현상을 일컫는다 (Ditto & Lopez, 1992; Taber & Lodge, 2006). 확증편향이 모든 개인에 게서 항상 같은 정도로 나타나지는 않기 때문에 개인별 효과는 확 실하지 않다. 그러나 전체 사회적 차원에서 이러한 편향이 심한 사 람들이 증가하고 이들이 표출하는 의견이 많아져 이 의견이 또 다 른 정보의 형태를 띠고 공론장에 유통될 가능성이 증가한 것만은 분명하다.

미디어 내용물을 자유롭게 선택할 수 있게 되자 사람들은 곧바로 자신의 구미에 맞는 것들을 찾기 시작했다. 처음에는 네이버, 다음 과 같은 업체들이 제공하는 검색 서비스를 사용해 제공자들이 어딘 가 올려놓은 정보를 찾으러 다녔다. 검색 결과에 나온 링크로 연결 되는 정보 제공자의 웹사이트를 방문해 자신에게 필요한 내용물을 이용하는 과정을 거쳤다. 수천만 명이 하루에도 수백 차례 반복하 는 검색 등으로 개인이 인터넷에서 벌이는 활동은 시간이 지나면서 거대한 규모의 데이터를 만들어 냈다. 이러한 과정을 통해 등장한 빅데이터는 검색 업체 등 거대기술기업들에 의해 사람의 다음 행동 을 예측할 수 있는 기본 자료로 기능하게 됐다(Cherubini & Nielsen, 2016; Ferrer-Conill & Tandoc Jr, 2018; Kitchin, 2014). 성별과 나이 등 기본 정보와 실시간으로 기록되는 행동 데이터(behavioral data)는 여러 가지 기법으로 통합, 분석돼 개인의 향후 행위를 예견할 수 있 는 알고리즘을 만들고 개선하는 데 쓰이게 됐다. 알고리즘의 성능 이 좋아지면서 일반 시민들은 어느 순간부터 자신의 입맛에 맞는 뉴스와 오락물을 찾기 쉬워졌고 유튜브 등의 추천목록은 너무나 훌

륭하다고 느끼게 됐다. 개인의 선호에 딱 맞는 정보가 가만히 있어도 제공되기 시작했다. 개인맞춤형 정보 시대의 문이 어느 순간 소리 없이 열려 버렸다.

개인맞춤형 정보는 확증편향과 맞물리며 사람들이 미디어를 통해 접하는 세계의 모습이 개인별로 달리 보이는 상황까지 만들어 가고 있다. 이른바 여과거품(filter bubble)이 형성되고 있다는 것이다. 2011년 처음 제기된 이 개념은 빅데이터와 알고리즘으로 무장한 거대기술기업들이 검색엔진과 소셜 미디어, 동영상 서비스를 통해 개인의 선호에 가장 근접한 정보를 제공해 사람들이 특정한 조합의 사실에만 노출되는 것을 지칭한다(Pariser, 2011b). 사람들이 일부 편향된 정보만 접하도록 정보를 걸러내는 거품 안에 갇히는 현상이다. 이러한 여과거품이 개인의 정보 노출을 어느 정도 수준까지 통제하는지는 확실하지 않지만, 빅데이터의 확대와 알고리즘의 발달로 여과거품의 정보통제력이 점점 강력해지고 있는 것만은 분명하다(Dylko, 2016). 더욱이 이 정보여과기는 미디어가 공급하는 정보뿐만 아니라 네트워크로 연결된 지인들이 전달하는 정보 또한 통제의 대상으로 삼아 인간관계까지 영향을 미칠 수 있다는 점에서 더욱 문제시되고 있다.

이전 시기와 비교할 수 없을 정도로 많아진 것은 미디어가 제공하는 정보뿐만이 아니었다. 한 사람이 1명 또는 그 이상의 타인과 주고받는 상호작용, 즉 커뮤니케이션의 양 또한 폭발적으로 늘어났다. 성인 1인당 1대 이상의 고성능 휴대용 컴퓨터, 즉 스마트폰의 보급은 이러한 경향이 더욱 가속되는 결과를 가져왔다. 이와 함께 소셜 미디어와 같은 기술 혁신은 개인 간 연결 방식을 질적으로 바꾸어 이전에는 없었던 새로운 소통의 양식과 내용을 만들어냈다. 예를 들어, 네이버 뉴스의 댓글, 페이스북의 '좋아요', 트위터의 리트윗과 같이 이전에는 없었던 표현 수단이 나오게 됐다. 사람들은 어떤 뉴스에 대해 댓글을 달고 그 사연에 공감 또는 증오를 표현하며 지인들과 그 정보를 공유하게 됐다. 이러한 커뮤니케이션의 양적, 질적 변화는 사람들이 연결되는 방식인 네트워크의 변형 과정에 영향을 끼치고 또 영향받으며 정보—미디어 환경의 주요 변화요소로 기능하고 있다.

네트워크로 촘촘하게 연결된 사람들이 새로운 소통수단을 갖게 되자 뉴스는 이전 시기와는 전혀 다른 방식으로 사용되기 시작했다. 누군가 어떤 뉴스를 특정 인터넷 공간(네이버나 페이스북과 같이 대부분 플랫폼 형태다)에 올리면 사람들은 그 뉴스에 공감을 표하고(reacting or "liking") 댓글을 달며(commenting) 다른 곳으로 전파해 공유한다(sharing). 온라인 네트워크에서 이러한 이용자들의 행위를 뉴스관여(news engagement)라고 한다(Humphreys, 2010; Ksiazek, Peer, & Lessard, 2016). 뉴스관여는 종이 시절의 신문이나 TV 수상기 시대의 방송에서는 독자편지 등의 형태로 이루어져 극히 제한적으로 나타났을 뿐이었다. 인터넷 공간에서 개인이 네트워크로 연결되고 각종 플랫폼이 댓글과 "좋아요" 등의 기능을 제공해 새로운 의견 표현수단을 갖추게 됨으로써 본격적인 뉴스관여가 비로소 가능하게 됐다. 한번 시작된 뉴스관여는 급속도로 증가하며 대중들이 일상적으로 접하는 또 하나의 뉴스, 즉 2차적인 뉴스가 됐고 이는 사람들의 의견, 즉 여론에도 영향을 미칠 수 있게 됐다(Knobloch-Westerwick, Sharma, Hansen, & Alter, 2005; E.-J. Lee & Jang, 2010). 국가정보원 댓글조작 사건이나 미국 등에서 발견된 '캠브리지 애널리티카'의 선거개입 사건 등이 뉴스관여의 부정적 효과를 적나라하게 보여준 사례다.

3. 정치조직의 변화

현대 민주주의 체제에서 정당 등 정치조직은 자신들의 정책 또는 정치적인 입장에 대해 우호적인 여론을 조성하기 위해 지속적인 노력을 기울인다(Strömberg, 2015). 이를 위해 정치조직이 대중과 접촉할 수 있는 방식은 이론적으로 2가지가 존재한다. 첫째는 정치조직이 일반 대중과 직접 대면하는 것이고, 다른 하나는 신문·방송 등 언론매체를 통해 간접적으로 접촉하는 길이다. 일반 대중과의 직접 접촉은 정치인의 지역구 활동이나 현장 선거 운동 등과 같이 물리적인 제한을 크게 받는 반면, 매스미디어를 통한 접촉은 본질적으로 거의 무제한 가능해 정치조직이 벌이는 여론조성 활동의 대부분을 차지해 왔다. 예를 들어 정당이나 정부의 부동산 정책 발표는 언론매체를 통해 전달되며 일반 시민들은 미디어를 통해 이에 대한 정보를 습득해 정책을 평가하고 지지 또는 반대의 의견을 갖추게된다. 이러한 구조 때문에 미디어는 정치조직과 대중을 정보로 연결하는 매개체로서 기능하며 독립적인 위상을 가진 제도로서 존재할 수 있게 됐다.

테크놀로지 혁신은 이 구조에 근본적인 균열을 가져왔다. 인터넷의 도입과 발전으로 정치조직은 기존의 언론매체를 통하지 않고 대중들과 직접 접촉할 수 있는 새로운 수단을 갖게 됐다. 정치조직들은 인터넷 초기에는 홈페이지를 통해 자신들의 목소리를 일반 시민들에게 직접 전달했고 이후에는 소셜 미디어와 유튜브에 수많은 계정을 만들어 자신들의 확성기로 사용하기 시작했다. 새로운 대중접촉 수단은 기술적으로는 여전히 미디어를 통한 것이었지만 그것은 이전 시기부터 존재하던 기성 언론이 아니라 자신들이 100% 통제할 수 있는 완전히 다른 종류의 매개체였다. 정치조직으로서는 기존의 언론매체에 의존하지 않고 일반 대중과 대규모로, 효과적으로 접촉할 수 있는 길이 활짝 열린 셈이다.

정치조직의 직접적 대중접촉 수단 확장은 곧 대체/대안 미디어 증가, 개인들의 선택적 정보사용 등의 현상과 상호 반응하며 집단 의견의 동질성이 점차 강화되는 결과를 가져왔다. 온라인 네트워크로 연결된 개인들은 이전 시기보다 훨씬 더 효과적으로 자신의 구미에 맞는 정보를 선택할 수 있다. 따라서 빅데이터를 기반으로 개인에게 맞춰진 정보추천 알고리즘이 개인의 선택성을 강화하는 정보–미디어 환경에서 정치조직의 직접적 대중접촉이 증가함에 따라 개인들은 자신의 선호에 잘 맞는 정치조직을 더욱 쉽게 찾을 수 있게 됐다. 소셜 미디어나 유튜브의 추천 시스템은 정치조직의 보도자료나 동영상을 순식간에 대중들과 연결시켜 인간의 동종선호(homophily) 본능을 최대한 자극한다(Colleoni, Rozza, & Arvidsson, 2014). 이렇게 끊임없이 계속되는 동종선호 과정을 통해 개인들은 자신의 성향에 가장 가까운 또는 가깝다고 생각하는 정치조직과 연결되며 그 결과 정치조직은 구성원의 동질성이 점차 높아지는 변화를 겪게 된다.

정치집단의 내부 동질성 증가는 또 집단의 의견이 점차 극단적인 방향으로 움직이도록 한다. 어떤 집단이나 모든 구성원들의 의견은 서로 조금씩 차이가 있기 때문에 중요한 결정이 필요할 경우, 토론과 투표 등을 통해 전체 집단의 의사를 결정한다. 이러한 의사결정 과정을 통해 정해진 집단의 의견은 대체로 토론 이전 개인 의견의 평균보다 강경한 경우가 많은 것으로 나타났다. 이른바 집단극단화(group polarization) 현상이다(Cass R Sunstein, 2009). 여기에는 개인의 집단의견 동조(conformity) 현상이나 침묵의 나선(spiral of silence) 효과 등의 사회심리적 기제가 작용하는 것으로 알려져 있다(Asch, 1961; Noelle-Neumann, 1974). 밀폐된 방 안에서 큰 소리를 내면 메아리가 울려 퍼지면서 점점 소리가 커지는 것과 마찬가지로 정치집단의 토론 과정에서 강한 입장의 의견이 더욱 크게 들리고 한층 많은 구성원들이 그에 동조하면서 전체 집단의 의견이 점차 강경해지는 이른바 반향실효과(echo chamber effect)가 발생하는 것이다(Cass R Sunstein, 2001). 정치조직의 직접적 대중접촉이 집단 구성원의 동질성 강화, 집단의견의 극단화로 이어지는 과정이다.

이와 같은 정치조직의 변화는 공론장의 작동 구조에 곧바로 영향을 끼친다. 공론장에서 정치조직의 궁극적인 목적이 자신들에게 우호적인 여론 조성이라고 보면, 정치조직은 일반시민들에게 직접 정보를 전달할 때 이 같은 목적 달성을 극대화하고자 할 것이다. 정치조직의 직접적 대중접촉 수단과 집단의 동질성 증가 등의 변화로 정치조직이 메시지를 사용해 일반대중의 여론을 자신들에 유리하도록 영향을 미치려는 행위(Lasswell, 1971), 즉 프로파간다가 크게 늘어날 수 있는 환경이 만들어졌다. 정보-미디어 환경 변화로 폭증한 미디어 가운데 상당수가 이러한 정치조직의 프로파간다 도구로 기능하고 있다는 것이다. 이같이 강화되는 프로파간다에는 한 국가 내의 정치조직뿐 아니라 외국의 정부나 정치 세력의 활동도 포함돼 있을 가능성이 높다(Bastos & Farkas, 2019). 러시아의 2016년 미국 대선 개입설은 새로운 정보-미디어 환경에서 프로파간다가 국제적인 차원에서 벌어지고 있음을 여실히 보여준다(Badawy, Ferrara, & Lerman, 2018).

정치조직의 우호여론 조성활동, 즉 프로파간다는 현대 사회에서 체제에 관계없이 벌어지는 현상이다. 권위주의 사회에서는 중국공산당과 같이 지배적 권력을 확보한 정치집단의 메시지가 압도적으로 뿌려지는 반면, 민주주의 체제에서는 미국의 공화당이나 민주당 등 권력을 분점한 정치조직들이 여론 시장에서 경쟁을 벌이는 형태로 나타난다. 특히 민주주의 사회에서는 정치조직이 정치권력으로부터 독립된 언론매체를 통하지 않고 대중들에게 직접 메시지를 전달할 수 있게 되면서 프로파간다는 양적으로 증가했을 뿐만 아니라 전달구조 또한 이전 시기보다 훨씬 복잡한 양상을 띠게 됐다. 대중들에게 메시지를 전달할 수 있는 미디어로 독립적인 언론과 정치조직 종속매체 등 크게 2가지가 가능하게 되면서 프로파간다의 유통구조 또한 1단계와 2단계 형태로 나눌 수 있다. 정치조직들은 독립적 언론을 통해 간접적으로 프로파간다를 펼치거나 자신들이 보유한 미디어를 통해 직접적으로 활동을 벌일 수 있다(Enli, 2017; Mitchell, Holcomb, & Weisel, 2016). 정치집단들이 보유 미디어를 통해 벌이는 새로운 방식의 프로파간다는 또한 일반 대중뿐만 아니라 기존의 언론매체를 표적으로 삼을 수 있어 정보–미디어 환경의 프로파간다는 보다 복잡한 구조를 갖추고 있다. 몇 해 동안 한국사회를 떠들썩하게 했던 국정원 댓글 조작이나 드루킹 댓글 사건 등은 정치집단이 보유 미디어를 동원해 일반 대중과 언론 매체를 동시에 표적으로 삼아 촘촘하게 펼쳤던 프로파간다 구조의 일단을 보여준다.

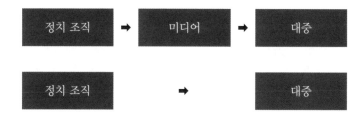

〈그림 3〉 프로파간다의 흐름: 직간접 경로

현대 정보–미디어 환경에서 벌어지는 프로파간다 가운데 최근 두드러지게 나타난 것이 가짜뉴스(fake news) 또는 거짓정보·허위조작정보(disinformation)이다. 가짜뉴스는 사실이 아닌 조작된 정보를 기존 언론매체의 뉴스 형태로 퍼뜨려 대중들을 기만하는 것으로 현재 정보 환경에서 심각한 의미를 갖는 프로파간다 활동이다. 그 용어 자체의 사회적 문제 때문에 허위조작정보 또는 거짓정보 등으로 대체되고 있는 가짜뉴스는 일반대중을 기만할 뿐만 아니라 현실 인식의 혼란, 전반적인 신뢰하락 등 다양한 문제의 원인이 되는 것으로 알려져 있다(W. L. Bennett & S. Livingston, 2018). 이러한 거짓 정보는 결국 정보-미디어 환경의 영향에 따른 정치조직 프로파간다 활동 변화의 산물이라고 할 수 있다.

II
여론형성 구조의 변동

정보-미디어 환경 변화는 여론형성 메커니즘의 3대 주체와 이들 간 상호작용 과정에 비가역적인 영향을 미치며 공론장 작동에도 근본적인 변형을 가져왔다. 이전 시기에는 정치조직이 대중의 지지를 확보하기 위해 미디어를 통해 일반 시민에 메시지를 전달하면 개인들이 메시지와 성과를 종합적으로 평가해 투표나 여론조사 등을 통해 의견을 표출하고 이를 총합한 대중 여론(public opinion)이 형성되는 단선적인 정보전달 구조였다(그림 3). 여론수렴 과정 또한 단선적인 것으로, 일반 시민들의 의견이 언론매체 등 미디어를 통해 파악되면 정치집단들이 이를 분석해 수렴하는 구조였다.

테크놀로지발 환경변화는 여론형성 구조를 훨씬 복잡하게 만들었다. 정당 등 정치조직들이 메시지를 일반시민에 직접 전달할 수 있는 수단을 확보함으로써 정치정보 전달경로가 추가됐고(정치조직 → 대중), 정치조직들이 일반시민들의 의견을 직접 수렴할 수 있는 경로 또한 새로 만들어졌다(대중 → 정치조직, Bennett, 2012; Vaccari & Valeriani, 2015). 이와 함께 정치조직과 언론매체와의 관계도 변화를 맞이하게 됐다(정치조직 — 미디어). 기존 언론매체는 이제 대체가능한 존재가 되면서 정치조직의 미디어를 포함한 모든 새로운 매체와 무한경쟁을 벌여야 하는 상황이 되었다. 정보-미디어 환경에서 여전히 일정 수준의 영향력을 확보하고 있지만 시장 장악력은 이전과 비교할 수 없을 정도로 약화됐으며 독립성 또한 훨씬 취약해졌다. 정치조직의 입장에서 기존 언론매체들은 경쟁의 상대인 동시에 프로파간다의 대상으로 인식된다. 테크놀로지 혁신이 가져온 새로운 정보유통 경로는 기존의 정치정보전달 및 의견수렴 경로에 더해져 전체 여론형성 구조를 더욱 복합적인 형태로 만들었다. 이는 여론형성의 각 주체에 발생한 변화와 맞물리며 공론장의 작동에 심각한 문제를 다면적으로 야기하고 있다. 이러한 문제로 특히 파편화와 양극화, 신뢰 하락과 대중영합주의의 부상, 데이터 권력의 위협 등이 두드러지고 있다.

1. 미디어의 전문화, 공동체의 파편화

미디어는 계속해서 늘어나며 또 전문화된다. 특히 인터넷 이후 미디어는 그 수와 전문화의 상승 기울기가 지수함수로 가팔라지며 온라인 공간을 가득 채우고 있다. 모든 사안을 종합적으로 다루는 잡지가 분화되며 경제와 산업, 자동차, 타이어 등 특수한 부분을 전문적으로 취급하는 매체가 계속 생기듯이 미디어는 모든 부문에서 지속적으로 전문화한다. 인터넷 시대 블로그와 팟캐스트, 소셜 미디어, 동영상 플랫폼 등 기술적 발전으로 미디어 전문화는 이전과는 완전히 새로운 단계로 접어들었으며, 그 결과 대중들은 수없이 많은 매체 가운데 자신의 기호에 맞는 것을 얼마든지 고를 수 있게 됐다. 이른바 고선택 미디어 환경이다(high-choice media environment, Prior, 2007).

전문 미디어의 폭증으로 인해 조성된 고선택 미디어 환경은 대중의 선택 본능과 반응하며 공동체를 조각조각 파편화한다는 우려를 불러일으키고 있다. 저선택(low choice) 환경에서 대중들은 소수의 매체를 통해 공적 정보를 얻어 현실에 대해 대체로 비슷한 인식을 가질 수 있었다. 예컨대 80년대 채널 3개의 TV와 손가락으로 셀 수 있을 정도의 신문에서 접하는 정보의 차이가 그리 크지 않았기 때문이다. 반면 고선택 환경에서는 수많은 전문 매체의 존재로 미디어를 통해 개인들이 얻는 공적 정보에 상당한 차이가 발생해 사회적 현실에 대한 인식이 전체 구성원들에게 공유되지 않을 가능성이 높아진다(Boczkowski & Mitchelstein, 2013; Larsson, 2018; J. K. Lee, 2007; Prior, 2007). 이와 같이 사회를 구성하는 개인들이 공동체와 관련된 사실을 공유하지 못하고 개인 또는 작은 집단 단위로 쪼개지는 현상이 파편화이다(fragmentation, Castells, 1996; Chaffee & Metzger, 2001; Cass R Sunstein, 2007).

이러한 파편화는 2가지 차원에서 발생할 수 있는데 (1)뉴스 사용자와 뉴스 비사용자 (2)뉴스 사용자 집단 내의 분절이 있을 수 있다(Boczkowski & Mitchelstein, 2013; Prior, 2005; Cass R Sunstein, 2007). 저선택 환경에서 선택 가능한 미디어가 소수이고 이들 미디어는 거의 유사한 내용을 편집, 편성하기 때문에 사람들이 특정 시간대에는 뉴스만 접할 수 있는 경우가 거의 대부분이었다. 예를 들어 80년대 저녁 9시 TV에서 방송하는 것은 뉴스가 대부분이었기 때문에 이때 미디어 사용자들은 뉴스를 보거나 보지 않는 2가지 선택지를 가졌을 뿐이었다. 그러나 고선택 환경에서 같은 시간대 접할 수 있는 미디어 내용물 가운데 뉴스는 아주 적은 양에 불과하며 이에 비해 엄청나게 많은 오락물이 다른 TV 채널이나 유튜브, 넷플릭스, 소셜 미디어 등에서 공급되고 있다. 이에 따라 고선택 환경에서는 이전 시기에 비해 뉴스 비사용자들이 크게 늘면서 사회 현실을 뉴스로 접하는 사람들이 훨씬 줄어드는 현상이 일어난 것이다. 또한 뉴스 사용자들도 선택 가능한 뉴스 채널의 폭증으로 완전히 다른 종류의 뉴스를 접하는 경향이 늘어날 확률이 높아졌다. 이러한 2가지 차원의 분절은 복합적으로 작용해 공동체 구성원들이 사회적 현실을 공유하는 경우가 크게 줄어들도록 기능한다. 이에 따라 개인 간 또는 집단 간의 연결이 끊어져 모래알 같은 상태로 변하는 파편화 현상이 진행될 가능성이 커진다. 고선택 환경으로 진입하며 구성원들이 같은 사회에 존재하면서도 완전히 다른 세계를 인식하게 되며 공론장이 파편화되는 상태까지 악화돼 공동체의 작동 자체를 위협할 수 있다는 것이다.

2. 극단화, 양극화, 사라지는 합의

근본적 변화를 겪고 있는 여론형성 3대 주체들은 상호반응 과정을 거치며 개인과 집단 의견의 극단화, 공동체의 양극화, 합의의 실패라는 난제를 우리 사회에 던지고 있다. 미디어 전문화가 심화되는 과정에서 정치집단이 직접 대중과 접촉하는 수단으로 사용하는 매체들이 소셜 미디어나 유튜브를 통해 또 다른 전문 미디어로 등장하며 강력한 영향력을 발휘하기 시작했다. 이들 미디어는 오직 정치집단의 프로파간다 강화를 추구하며 기존의 언론 매체와는 그 목적을 완전히 달리한다. 그러나 개인의 입장에서 볼 때 이들 매체의 내용물은 기존 매체와 쉽게 구분되지 않아 일반적인 뉴스와 같이 취급된다. 이에 따라 정보-미디어 환경은 기존 언론매체와 이들 프로파간다 매체가 뒤섞여 혼재된 상태가 되고 대중들은 자신의 기존 성향에 잘 들어맞는 내용을 담은 미디어에만 주로 노출되는 결과로 이어진다. 이와 같은 과정이 일상적으로 반복되면 개인이 자신이 속한 정치집단, 즉 내집단(in-group)과 속하지 않은 집단, 즉 외집단(out-group)에 대해 가지는 의견감정(affect)이 점차 강경해지는 결과로 이어진다(Iyengar, Sood, & Lelkes, 2012). 이러한 의견감정의 극단화(affective polarization)는 한국사회에서 지지 정당과 상대 정당에 대한 선명한 태도, 양성평등 문제에 대한 격렬한 반응 등으로 나타나고 있다. 개인의 극단화는 앞서 살펴본 동종선호(homophily) 과정과 반향실효과(echo-chamber effect) 등을 거치며 집단의 의견 또한 더욱 강경한 방향으로 몰고 가게 된다.

이 과정에서 중요한 역할을 담당하는 존재가 알고리즘이다. 폭증한 미디어로 혼란스럽고 흐릿한 정보-미디어 환경에서 개인들은 자신들에게 유의미한 정보를 선택하기 위해 최대한 노력하게 된다. 이를 포착한 플랫폼 업체들은 대중들이 자발적으로 제공한 빅데이터를 기반으로 그들이 원하는 최적의 미디어 내용물을 연결하는 알고리즘을 개발, 발전시켜왔다. 개인들은 이와 같은 알고리즘에 의해 추천되는 미디어 내용물과 온라인 "친구들"을 접하면서 자신의 성향과 기호에 적합하다고 느끼고 연결하며 소비함으로써 점차 보이지 않는 정보의 여과막을 자신도 모르는 사이 만들어 그 안에서만 생활하게 된다. 자신이 제공한 정보에 기반한 알고리즘이 만들어 낸 여과거품(filter bubble)의 감옥에 스스로 들어가 갇혀 버리는 것이다(Pariser, 2011). 여과거품은 동종선호 현상과 확증편향, 반향실효과를 더욱 강력하게 하며 개인과 집단의 의견을 한층 더 극단적으로 만들게 된다. 소비자들의 편의를 위해, 또 플랫폼 업체의 이윤 확대를 위해 개발된 알고리즘이 당초 의도와 관계없이 개인과 집단의 극단화를 심화시키는 결과를 낳게 된 것이다.

개인과 집단 의견의 극단화는 여론의 양극화로 이어질 가능성이 크다. 자신도 모르는 사이 여과거품에 갇힌 사람들은 의견이 다른 타인이나 미디어를 접할 기회가 계속 줄게 돼 다른 의견에 대해 열린 태도(open-mindedness)를 유지하기가 점점 어려워진다. 이는 개인과 집단 의견을 더욱 강경하게 만들며 공동체의 여론이 극단으로 쪼개지는 양극화로 진행하는 원인으로 작용한다(Stroud, 2010; Cass R Sunstein, 2018). 사회적 차원의 양극화는 온건한 의견의 중간층이 사라지며 양 극단에 여론이 거의 대부분 몰리는 모습으로 나타난다(Fiorina & Abrams, 2008). 이와 같이 여론의 양극화가 심각한 상태로 치달을 경우, 사회 구성원들이 갈등하는 사안에 대해 접점을 찾지 못한 채 대치를 계속하게 돼 공론장의 정상적인 작동은 불가능해진다. 공론장의 본질적 기능이 그 사회 공동 사안의 공유와 문제해결책 합의에 있다고 할 때, 양극화로 인한 합의의 실패는 민주주의 체제에 대한 근본적인 위협으로 작용할 수밖에 없다.

3. 신뢰의 하락, 대중영합주의의 부상

중간층이 사라지고 조각조각으로 흩어져 강경한 목소리만 들리는 사회에서 구성원들은 타인과 기존 제도에 대한 신뢰를 갖기 어렵다. 사회적 활동의 기본인 의사소통(communication)의 대다수가 온라인 공간에서 벌어지는 현재 정보-미디어 환경에서 사람들은 점점 두꺼운 여과거품에 갇혀 메아리치고 강경해지는 정보와 의견에 주로 노출된다. 자신과 다른 의견을 접할 기회가 제한되면서 '사람들'로 머릿속에서만 그려지는 일반적인 타인은 점차 신뢰하기 어려운 존재가 된다. 카카오톡과 페이스북 등 소셜 미디어에서 주로 만나는 사람들인 '친구'들로 구성된 네트워크에 포함되지 않은 타인들은 '우리'와 너무 다르기 때문에 믿기 힘들다는 생각을 갖는다. 수많은 미디어 가운데 여과거품을 통과한 내용물만 소비하면서 그 비판의 대상이 되는 정부와 언론, 종교 등 사회 제도 전반에 대한 신뢰를 잃게 된다. 모든 사회활동이 일정 수준의 신뢰를 바탕으로 한다고 할 때 타인과 제도에 대한 신뢰 하락은 결국 공동체의 정상적인 작동까지 위험하게 하는 원인으로 작용한다. 한국사회는 전반적인 신뢰도 측면에서 아주 낮은 수준으로 나타나 심각한 우려의 대상이 되고 있다(그림 4).

신뢰의 기반은 공동체 구성원들 간 안정적이고 지속적인 상호작용이다. 이러한 상호작용은 구성원들이 서로 얼마나 연결되어 있는지 나타내며 연결 상태를 전체 사회 단위에서 총합한 것이 사회적 자본(social capital)이다. 사회적 자본의 종류는 크게 2가지로 나뉘는데 균일한 집단 내 구성원 사이의 연결(결속, bonding)과 이질적인 집단 간의 연결(연계, bridging)이 있다(Putnam, 2000). 결속은 균일성이 높은 집단 내부의 구성원들 간 사회관계에서 강조되는 가치인 반면, 연계는 이질적인 집단 사이에 주목되는 가치를 의미하는 것으로 전체 사회 수준에서는 연계가 보다 중요하게 여겨진다. 공동체의 작동을 위해서는 구성원들을 모두 아우르는 것이 필수적이기 때문에 이질적인 집단 사이의 안정적인 상호작용을 의미하는 연계의 중요성이 더욱 강조된다. 파편화와 양극화가 심각하게 진행된 사회에서 균일한 집단 내의 결속은 강한 반면, 이질적 집단 간의 연계는 취약할 수밖에 없다. 이에 따라 정보-미디어 환경의 변화가 가속할수록 동종선호와 확증편향, 여과거품 등의 효과가 복합적으로 작용해 전체 사회에 중요한 연계 상태는 약해질 가능성이 높다. 신뢰의 하락은 이 결과로 볼 수 있다.

사회 전반에서 연결 상태가 취약해질 때 개인들은 기존 제도에 대한 신뢰가 떨어지며 동시에 주변으로 밀려난 느낌을 갖게 된다. 이러한 개인들이 모인 대중들은 규범과 질서 등에 대한 존중이 약해지며 기존의 정당이나 정치집단보다 훨씬 과격한 주장을 내세우는 쪽으로 쏠리는 경향을 보인다(Gidron & Hall, 2020; Ionescu & Gellner, 1969). 제도가 신뢰를 잃은 사회에서 대중영합주의(populism)가 자라는 배경이다. 2010년대 이후 유럽과 미국에서 득세하고 있는 대중영합주의는 영국의 브렉시트(Brexit)와 미국의 트럼프 대통령의 등장으로 절정을 이루고 있다. 2016년 영국의 유럽연합 탈퇴안이 국민투표로 가결되고 미국에서 트럼프가 대통령으로 당선된 이후에도 두 사회는 극심한 내부 분열을 겪으며 사회통합에 어려운 모습을 보이고 있는 상태다. 발전한 민주주의 체제에서 관측되는 대중영합주의 부상의 한 원인으로 환경 변화에 따른 여론형성 구조의 변형이 꼽힌다. 지능정보기술의 혁신이 대중과 미디어, 정치조직에 가져온 변화가 복합적으로 상호반응하며 대중영합주의가 번성할 수 있는 토양을 제공한 것이다(Engesser, Fawzi, & Larsson, 2017).

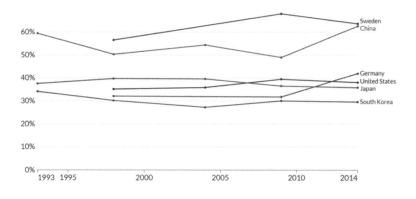

〈그림 4〉 "사람들은 대부분 믿을 수 있나"의 질문에 대한 긍정답변비율로 본
국가별 신뢰도(Ortiz-Ospina & Roser, 2016), 세계가치조사

4. 데이터 권력의 위협

수많은 데이터가 만들어지는 현재 정보—미디어 환경에서 핵심적인 힘은 이 데이터를 모으고 통제하는 데서 나온다. 촘촘한 네트워크를 통해 거대 컴퓨터와 연결된 개인들은 아침에 메시지를 확인할 때, 출근길에 대중교통을 이용할 때, 저녁 약속 장소를 찾을 때와 같이 거의 모든 활동 정보를 카카오나 네이버, 구글, 애플 등에 전달한다. 이들 거대기술기업들은 매순간 쏟아지는 정보를 축적하고 분석해 이전에 존재하지 않았던 수준의 부와 권력을 쌓아 나가고 있다. 편의를 추구하는 인간과 그들이 제공하는 데이터, 이를 기반으로 영구 개선되는 개인맞춤 알고리즘을 적절히 조합해 정보와 돈이 오가는 플랫폼을 구축하고 지배한다(Ricci et al., 2011). 이들이 지배하는 공간에서 대중들은 철저히 개체화된 소비자로서 기능하며 전체 플랫폼 차원에서 벌어지는 의사결정에 대해 대체로 무관심하고 그래서 무기력한 존재가 될 공산이 크다. 플랫폼을 지배하는 거대기술기업들이 개개인의 정보를 장악해 사회 전체에 보이지 않는 권력을 행사하는 시대가 다가오고 있다.

데이터 장악으로 확보되는 권력은 전혀 다른 차원의 사회 통제를 가능하게 한다. 수많은 사람들의 행동에 기반한 데이터(behavioral data)는 개인들이 다음 순간 어떤 선택을 할지 매우 정확하게 예측할 수 있도록 한다. 계속 축적되는 데이터와 개선되는 알고리즘으로 예측의 정확도는 시간이 지날수록 더욱 높아진다. 일정 수준 이상의 정확도가 확보되면 사람들이 전화기나 컴퓨터, 각종 전자기기를 통해 일상적으로 취하는 행동의 규칙성은 아주 쉽게 파악될 것이다. 플랫폼 업체들은 개별 소비자가 특정 시점에 어느 위치에 있는지, 어떤 기분 상태인지 등을 정확히 분석해 그에 딱 맞는 상품정보를 제공할 수 있게 된다. 뉴스는 수많은 종류 가운데 개인의 성향에 맞는 이슈와 적절한 편향성을 가진 것으로, 드라마는 적당한 내용과 표현 수위를 정해 초기화면에 올릴 것이다. 물론 검색 기능도 제공한다. 그 검색 결과 또한 제공된 정보에 기초해 가장 '적당하다'고 분석된 것이 먼저 보일 것이다. 이에 따라 개인은 점차 두터워지고 조밀해지는 여과거품 안에서 자신이 원하는 정보를 얻는다고 느끼며 만족해할 것이다(Ricci et al., 2011). 자신이 원하는 대로 정보와 오락을 얻고 살아가며 '자유롭다'고 느끼는 사람들은 거품막(filter bubble) 안에 갇혀 거대권력의 존재조차 인지하지 못하는 상태가 된다(Harari, 2018; Pariser, 2011a). 데이터를 손에 쥔 거대기술기업들이 알고리즘을 끝없이 개선해 대중들이 정보나 상품을 자유롭게 선택한다고 믿게 만들어 자발적으로 움직이게 하는 새로운 차원의 통제가 가능한 세상이 되고 있다.

거대기술기업의 데이터 권력은 나라에 따라 다양한 방식으로 나타나고 있다. 자유주의 국가에서는 기술기업들이 데이터 권력을 거의 독점하고 확대하고 있는 반면, 권위주의 체제에서는 정부가 데이터 권력을 철저히 장악하고 있는 상태다. 한국이나 미국, 유럽 등에서는 지배적인 플랫폼을 구축한 업체들이 시간이 지날수록 급속히 데이터 권력을 집중시키고 있지만 정부의 견제는 논의 단계에 그치고 있을 뿐이다. 한국에서는 네이버와 카카오 등 국내 업체와 구글과 페이스북 등 해외 사업자들이 주요 플랫폼을 지배하면서 여론조작 행위의 방치, 불공정 거래 등 문제가 발생하고 있고 미국과 유럽에서도 유사한 문제가 제기되고 있다. 각국 정부가 논의를 시작했지만 적절한 견제를 위한 기본적인 원칙조차 끌어내기 힘들어하고 있는 상태다.

오히려 일부 정부기관들은 이들 거대기술기업과의 협력을 통해 사회통제의 수단을 강화하는 모습도 보이고 있다. 연방수사국(FBI) 등 미국의 법집행 기관들이 아마존의 안면인식 프로그램(Rekognition)을 수사에 활용하려는 계획을 세우거나 영국 런던의 대규모 감시 카메라(CC-TV) 프로젝트 등이 이러한 예이다(Godfrey, 2020; Norris & Armstrong, 2020). 권위주의 체제에서는 정부가 데이터 권력을 완전히 통제하는 모습을 보인다. 중국에서 공산당에 집중된 정치권력이 알리바바와 같은 중국 내 업체들을 완벽히 손 안에 넣어두고 애플 등 해외 사업자들의 영향은 소위 만리방화벽(Great Firewall) 등으로 견제하고 있다(Griffiths, 2021). 또한 안면인식기술과 감시 카메라 네트워크의 결합을 통해 사회구성원들의 일상을 감시하는 등 정부 차원의 데이터 권력 강화작업도 벌이고 있는 실정이다. 자유주의 체제에서는 상업적 원칙에 따라 움직이는 거대기술기업의 데이터 권력이 날로 커지고 있으며 권위주의 국가에서는 정부가 데이터 권력을 장악하고 있는 모습이다. 대중들은 자신이 내놓은 데이터로 건설된 거대한 감옥 안에서 자유롭다고 생각하며 생활하거나, 철저한 감시 하에 정부가 허락하는 행동만 할 수 있는 사회가 만들어지고 있다. 헉슬리와 오웰이 〈멋진 신세계〉와 〈1984〉에서 다른 방식으로 예견한 암울한 세계가 현실이 될 수 있다는 것이다(Huxley, 2007; Orwell, 2021).

III
공론장의 위기, 사회과학의 역할

　1990년대 중반 이후 세계는 이전 시기와 완전히 다른 모습으로 변하고 있다. 테크놀로지의 전진으로 말미암은 이 변화는 시간이 지날수록 그 강도와 속도를 더하며 우리의 숨을 가쁘게 한다. 변화가 가져온 충격 가운데 가장 눈에 띄는 것들은 정보-미디어 환경에서 쉽게 찾을 수 있다. 인터넷이 가져온 온라인 문화, 차례로 등장한 소셜 미디어와 개인 휴대전화, 각종 플랫폼 등은 인간이 세계를 인식하는 통로인 정보-미디어 환경을 근본부터 재조직하고 있다. 네트워크로 연결된 인간과 사물의 모든 개체가 생산하는 데이터는 거대한 규모로 쌓이고 매순간 개선되는 알고리즘은 빅데이터를 재료로 가상공간과 물리적 공간을 모두 바꿔 나간다. 정보-미디어 환경이 거대한 재구조화 과정을 겪으며 필연적으로 공론장 또한 변화의 압력을 받고 있다.

　공론장은 여론형성 메커니즘의 세 주체인 미디어와 대중, 정치조직 각각의 변화와 이들 간의 상호반응을 통해 변화하고 있다. 테크놀로지 혁신을 뒤따라 미디어의 수적 증가와 융합, 정보 생산자-전파자의 분리 등 변화를 겪으며 언론 등 모든 매체들은 극심한 경쟁을 피할 수 없게 됐다. 이에 따라 새로운 매체는 물론, 기존 매체들도 상업성 강화, 선정주의 격화 양상이 심각해지고 있다. 또한 정보의 생산자-전파자 분리에 기인한 지배적 플랫폼의 교체로 매체간 경쟁은 더욱 격렬해지고 있는 상태다. 기존의 지배적 정보 플랫폼이었던 언론매체들이 주도권을 새로운 플랫폼에 빼앗기며 뉴스와 정보가 사회에 공급되는 구조가 변하고 있는 것이다. 여론을 표출하는 주체인 대중들은 정보와 정보출처의 선택지 급증을 경험하고 있으며 그로 인해 선택적 정보사용이 고도화되는 과정을 겪고 있다. 선택적 정보사용은 거대기술기업들의 개인맞춤형 정보 제공을 촉발하며 이는 여과거품(filter bubble) 감옥의 우려를 불러일으키고 있다. 또한 새로운 의견 표현 방식이 다양해지면서 대중들이 공감과 댓글 등 방식으로 정보와 뉴스를 사회적으로 사용하기 시작했다. 이러한 현상은 보다 풍부한 의견 표현을 가능하게 하는 등 긍정적인 효과와 함께 댓글조작 등 부정적인 결과도 낳고 있다. 정치조직들은 자신들이 통제 가능한 매체를 보유하게 되면서 직접적인 대중접촉을 통해 프로파간다 활동을 일상적으로 벌이고 있다. 이러한 정치조직의 직접적 대중접촉으로 정치집단의 내부 동질성이 높아지고 집단의 평균의견이 점차 극단적으로 변하는 경향을 보이고 있다. 정치조직의 프로파간다는 국내적, 국제적으로 이루어지며 허위조작정보 등 새로운 기제를 통해 공론장의 안정성을 떨어뜨리는 수준까지 이르렀다.

여론형성 주체들과 그들 간 상호반응 과정에서 나타난 변화는 공론장의 정상적 작동을 위협할 수 있는 각종 문제를 일으키고 있다. 고선택(high choice) 정보−미디어 환경에서 대중들은 조각조각 쪼개져 서로 연결되지 못해 공론장 자체가 와해될 수 있다는 우려가 나오고 있다. 계속되는 미디어 전문화와 대중들의 선택적 정보사용 본능이 합쳐지면서 발생하는 파편화 현상은 공동체의 작동을 위협할 수 있다. 구성원들이 같은 공간에 있으면서도 단절된 상태에 놓여 완전히 다른 세계인식을 갖게 될 경우, 그들이 공유하는 것은 물리적 생활공간일 뿐 공동체라고 할 수 없는 상태가 된다. 또한 대중들의 높은 선택성과 개인맞춤형 정보 제공이 결합하면서 형성되는 여과거품 등의 현상은 개인과 집단 의견의 극단화와 사회의 양극화를 자극하고 있다. 정치조직이 직접적 대중접촉 수단을 통해 벌이는 허위조작정보 등 프로파간다는 진실된 공적 정보와 혼합돼 네트워크를 어지럽히며 여론을 더욱 양극화할 가능성이 높다. 심각하게 양극화된 공론장에서는 이성적인 의견교환과 타협이 어렵게 마련이며 공동체의 전진에 필수적인 합의가 난망한 상태가 돼버린다. 파편화, 극단화, 양극화가 극심한 상태에서 사람들은 사회 전반에 대한 신뢰를 갖기 어렵다. 타인과의 단절이 심해지고 개인과 집단의 의견이 갈수록 강경해지는 상황에서 이질적 집단 간의 연결, 즉 연계(bridging)는 줄어들며 사회 전반의 신뢰도는 하락할 수밖에 없다. 기존질서에 대한 신뢰상실은 과격한 주장을 내세우는 대중영합주의가 자라는 배경을 제공한다. 대중들의 일상활동이 데이터로 축적되고 있으며, 고도화하는 알고리즘은 이들 대규모 데이터를 기반으로 개인의 다음 행동을 매우 정확히 예측해 개인들을 통제할 수 있는 수준에 이르렀다. 거대 플랫폼 업체들은 데이터를 통제하며 개인들이 자신이 원하는 대로 정보와 오락을 얻으며 자유롭게 산다고 믿게 하는 정도의 통제가 가능한 데이터 권력을 확보해 나가고 있다. 데이터 권력의 형성과 행사는 정치 체제에 따라 달리 나타나지만 어떤 경우든 공론장의 정상적인 작동을 힘들게 하고 있다.

지능정보기술의 혁신으로 촉발된 정보-미디어 환경의 변화는 사회의 파편화, 양극화 등 현상을 야기하며 공론장이 위험한 상태에 이르고 있다. 공론장의 실패는 결국 민주주의 체제에 대한 위협이다. 공동체의 주요 문제가 무엇인지 또한 그 해결책이 어떤 것이어야 하는지에 대한 합의를 이루지 못하는 사회의 미래는 어두울 뿐이다. 여론형성의 주체들인 대중과 미디어, 정치조직 각각의 변화와 상호작용에 기인하는 이 문제는 사회 전반적인 것으로 모든 사회과학 학문분야의 당면한 과제다. 당연하게도 정치와 경제, 사회, 문화 등 모든 분야를 관통하는 학문적, 실천적 노력이 요구되고 있다.

참고문헌

Asch, S. E. (1961). Effects of group pressure upon the modification and distortion of judgments. In *Documents of gestalt psychology*(pp. 222-236): University of California Press.

Badawy, A., Ferrara, E., & Lerman, K. (2018, 28-31 Aug. 2018). *Analyzing the Digital Traces of Political Manipulation: The 2016 Russian Interference Twitter Campaign.* Paper presented at the 2018 IEEE/ACM International Conference on Advances in Social Networks Analysis and Mining (ASONAM).

Bastos, M., & Farkas, J. (2019). "Donald Trump is my president!": the Internet research agency propaganda machine. *Social Media + Society, 5*, 2056305119865466.

Baum, M. A., & Jamison, A. S. (2011). Soft news and the four Oprah effects. In R. Y. Shapiro & L. R. Jacobs (Eds.), *The Oxford handbook of American public opinion and the media*(pp. 121-137). Gosport, UK: Oxford University Press.

Bennett, W. L. (2012). The personalization of politics: Political identity, social media, and changing patterns of participation. *The Annals of the American Academy of Political and Social Science, 644,* 20-39.

Bennett, W. L., & Iyengar, S. (2008). A new era of minimal effects? The changing foundations of political communication. *Journal of Communication, 58,* 707-731.

Bennett, W. L., & Livingston, S. (2018). The disinformation order: Disruptive communication and the decline of democratic institutions. *European Journal of Communication, 33,* 122-139.

Boczkowski, P. J., & Mitchelstein, E. (2013). *The news gap: When the information preferences of the media and the public diverge:* MIT press.

Brundidge, J. (2010). Encountering "Difference" in the contemporary public sphere: The contribution of the Internet to the heterogeneity of political discussion networks. *Journal of Communication, 60,* 680-700.

Cadwalladr, C., & Graham-Harrison, E. (2018). Revealed: 50 million Facebook profiles harvested for Cambridge Analytica in major data breach. *The guardian, 17,* 22.

Castells, M. (1996). *The rise of the network society.* Cambridge: Blackwell Books.

Castells, M. (2002). *The Internet galaxy: Reflections on the Internet, business, and society:* Oxford University Press.

Castells, M. (2011). *The rise of the network society* (Vol. 12): John wiley & sons.

Chaffee, S. H., & Metzger, M. J. (2001). The end of mass communication? *Mass Communication & Society, 4,* 365-379.

Cherubini, F., & Nielsen, R. K. (2016). Editorial analytics: How news media are developing and using audience data and metrics. *Available at SSRN 2739328.*

Choi, J. (2016). News internalizing and externalizing: The dimensions of news sharing on online social networking sites. *Journalism & Mass Communication Quarterly.*

Colleoni, E., Rozza, A., & Arvidsson, A. (2014). Echo chamber or public sphere? Predicting political orientation and measuring political homophily in Twitter using big data. *Journal of Communication, 64,* 317-332.

Dahlgren, P. (2005). The Internet, public spheres, and political communication: Dispersion and deliberation. *Political Communication, 22,* 147-162.

Dimmick, J., Chen, Y., & Li, Z. (2004). Competition between the Internet and traditional news media: The gratification-opportunities niche dimension. *Journal of Media Economics, 17,* 19-33.

Ditto, P. H., & Lopez, D. F. (1992). Motivated skepticism: Use of differential decision criteria for preferred and nonpreferred conclusions. *Journal of Personality and Social Psychology, 63,* 568-584.

Downing, J. D. (2000). *Radical media: Rebellious communication and social movements:* Sage.

Dylko, I. B. (2016). How technology encourages political selective exposure. *Communication Theory, 26,* 389-409.

Eisenstein, E. L. (1980). *The printing press as an agent of change* (Vol. 1): Cambridge University Press.

Engesser, S., Fawzi, N., & Larsson, A. O. (2017). Populist online communication: Introduction to the special issue. *Information, Communication & Society 20,* 1279-1292.

Enli, G. (2017). Twitter as arena for the authentic outsider: exploring the social media campaigns of Trump and Clinton in the 2016 US presidential election. *European Journal of Communication, 32,* 50-61.

Ferrer-Conill, R., & Tandoc Jr, E. C. (2018). The audience-oriented editor: Making sense of the audience in the newsroom. *Digital Journalism, 6,* 436-453.

Fiorina, M. P., & Abrams, S. J. (2008). Political polarization in the American public. *Annual Review Of Political Science, 11,* 563-588.

Fiske, S. T., & Taylor, S. E. (1991). *Social Cognition:* Mcgraw-Hill Book Company.

Gidron, N., & Hall, P. A. (2020). Populism as a problem of social integration. *Comparative Political Studies, 53,* 1027-1059.

Gigerenzer, G., & Todd, P. M. (1999). *Simple Heuristics that Make Us Smart:* Oxford University Press, USA.

Glynn, C. J., Herbst, S., Lindeman, M., O'keefe, G. J., & Shapiro, R. Y. (2016). *Public Opinion* (Third ed.). Boulder, CO: Westview Press.

Godfrey, C. (2020). Legislating Big Tech: The effects of Amazon Rekognition technology has on privacy rights. *Intell. Prop. & Tech. LJ, 25,* 163.

Griffiths, J. (2021). *The great firewall of China: How to build and control an alternative version of the internet:* Bloomsbury Publishing.

Habermas, J. (1962/1989). *The structural transformation of the public sphere: An inquiry into a category of bourgeois society:* MIT press.

Harari, Y. N. (2018). *21 Lessons for the 21st Century:* Random House.

Heawood, J. (2018). Pseudo-public political speech: Democratic implications of the Cambridge Analytica scandal. *Information Polity, 23,* 429-434.

Hills, T. T. (2019). The dark side of information proliferation. *Perspectives on Psychological Science, 14,* 323-330.

Humphreys, A. (2010). Co-producing experience. In E. Malthouse & A. Peck (Eds.), *Medill on Media Engagement* (pp. 95-110). New York: Pine Forge Press.

Huxley, A. (2007). *Brave New World:* Ernst Klett Sprachen.

Innis, H. A. (2008). *The Bias of Communication:* University of Toronto Press.

Ionescu, G., & Gellner, E. (1969). *Populism: Its Meaning and National Characteristics:* Macmillan.

Iyengar, S., & Hahn, K. S. (2009). Red media, blue media: Evidence of ideological selectivity in media use. *Journal of Communication, 59,* 19-39.

Iyengar, S., Sood, G., & Lelkes, Y. (2012). Affect, not ideology: A social identity perspective on polarization. *Public Opinion Quarterly, 76,* 405-431.

Iyengar, S., & Westwood, S. J. (2015). Fear and loathing across party lines: New evidence on group polarization. *American Journal of Political Science, 59,* 690-707.

Jenkins, H. (2004). The cultural logic of media convergence. *International Journal of Cultural Studies, 7,* 33-43.

Kitchin, R. (2014). Big data, new epistemologies and paradigm shifts. *Big data & society, 1,* 2053951714528481.

Knobloch-Westerwick, S., Johnson, B. K., & Westerwick, A. (2015). Confirmation bias in online searches: Impacts of selective exposure before an election on political attitude strength and shifts. *Journal of Computer-Mediated Communication, 20,* 171-187.

Knobloch-Westerwick, S., Sharma, N., Hansen, D. L., & Alter, S. (2005). Impact of popularity indications on readers' selective exposure to online news. *Journal of Broadcasting & Electronic Media, 49,* 296-313.

Ksiazek, T. B., Peer, L., & Lessard, K. (2016). User engagement with online news: Conceptualizing interactivity and exploring the relationship between online news videos and user comments. *New Media & Society, 18,* 502-520.

Kümpel, A. S., Karnowski, V., & Keyling, T. (2015). News sharing in social media: A review of current research on news sharing users, content, and networks. *Social Media+*

Society, 1, 2056305115610141.

Larsson, A. O. (2018). "I shared the news today, oh boy": News provision and interaction on Facebook. *Journalism studies, 19*, 43-61.

Lasswell, H. D. (1971). *Propaganda technique in world war I* (Vol. 170): MIT press.

Lee, E.-J., & Jang, Y. J. (2010). What do others' reactions to news on Internet portal sites tell us? Effects of presentation format and readers' need for cognition on reality perception. *Communication Research, 37*, 825-846.

Lee, J. K. (2007). The effect of the Internet on homogeneity of the media agenda: A test of the fragmentation thesis. *Journalism & Mass Communication Quarterly, 84*, 745-760.

Lee, J. K., Choi, J., Kim, C., & Kim, Y. (2014). Social media, network heterogeneity, and opinion polarization. *Journal of Communication, 64*, 702-722.

Massanari, A. (2017). #Gamergate and the Fappening: How Reddit's algorithm, governance, and culture support toxic technocultures. *New Media & Society, 19*, 329-346.

McAfee, A., Brynjolfsson, E., Davenport, T. H., Patil, D., & Barton, D. (2012). Big data: the management revolution. *Harvard Business Review, 90*, 60-68.

McLuhan, M., Gordon, W. T., Lamberti, E., & Scheffel-Dunand, D. (2011). *The Gutenberg galaxy: The making of typographic man:* University of Toronto Press.

McNair, B. (2017). *An introduction to political communication:* Routledge.

Meshi, D., Tamir, D. I., & Heekeren, H. R. (2015). The emerging neuroscience of social media. *Trends in cognitive sciences, 19*, 771-782.

Miller, G. A. (1956). The magical number seven, plus or minus two: Some limits on our capacity for processing information. *Psychological Review, 63*, 81-97.

Mitchell, A., Holcomb, J., & Weisel, R. (2016). *Election 2016: Campaigns as a direct source of news.* Retrieved from Washington. D.C.:

Noelle-Neumann, E. (1974). The spiral of silence: A theory of public opinion. *Journal of Communication, 24*, 43-51.

Norris, C., & Armstrong, G. (2020). *The Maximum Surveillance Society: The Rise of CCTV:* Routledge.

Orwell, G. (2021). *Nineteen Eighty-Four:* Oxford University Press.

Pariser, E. (2011a). *The Filter Bubble: How the New Personalized Web is Changing What We Read and How We Think:* Penguin.

Pariser, E. (2011b). *The Filter Bubble: What the Internet is Hiding From You:* Penguin UK.

Prior, M. (2005). News vs. entertainment: How increasing media choice widens gaps in political knowledge and turnout. *American Journal of Political Science, 49*, 577-592.

Prior, M. (2007). *Post-Broadcast Democracy: How Media Choice Increases Inequality in Political Involvement and Polarizes Elections.* New York: Cambridge University Press.

Putnam, R. D. (2000). *Bowling Alone: The Collapse and Revival of American Community.* New York: Simon and Schuster.

Raymond, J. (1999). *News, Newspapers and Society in Early Modern Britain:* Frank Cass.

Ricci, F., Rokach, L., & Shapira, B. (2011). Introduction to recommender systems handbook. In *Recommender Systems Handbook* (pp. 1-35): Springer.

Silverman, C. (2016). This analysis shows how viral fake election news stories outperformed real news on Facebook. *BuzzFeed news, 16.*

Simon, H. A. (1955). A behavioral model of rational choice. *The Quarterly Journal of Economics, 69,* 99-118.

Simon, H. A. (1996). Designing organizations for an information-rich world. *International Library of Critical Writings in Economics, 70,* 187-202.

Strömberg, D. (2015). Media and politics. *The Annual Review of Economics 7,* 173-205.

Stroud, N. J. (2008). Media use and political predispositions: Revisiting the concept of selective exposure. *Political Behavior, 30,* 341-366.

Stroud, N. J. (2010). Polarization and partisan selective exposure. *Journal of Communication, 60,* 556-576.

Stroud, N. J. (2011). *Niche News: The Politics of News Choice:* Oxford University Press.

Sunstein, C. R. (2001). *Echo Chambers: Bush v. Gore, Impeachment, and beyond:* Princeton University Press Princeton, NJ.

Sunstein, C. R. (2002). The law of group polarization. *Journal of Political Philosophy, 10,* 175-195.

Sunstein, C. R. (2007). *Republic.com 2.0.* Princeton, NJ: Princeton University Press.

Sunstein, C. R. (2009). *Going to Extremes: How Like Minds Unite and Divide:* Oxford University Press.

Sunstein, C. R. (2018). *#Republic:* Princeton University Press.

Taber, C. S., & Lodge, M. (2006). Motivated skepticism in the evaluation of political beliefs. *American Journal of Political Science, 50,* 755-769.

Thussu, D. K. (2008). *News as Entertainment: The Rise of Global Infotainment:* Sage.

Vaccari, C., & Valeriani, A. (2015). Follow the leader! Direct and indirect flows of political communication during the 2013 Italian general election campaign. *New Media & Society, 17,* 1025-1042.

Wallace, J. (2018). Modelling contemporary gatekeeping: The rise of individuals, algorithms and platforms in digital news dissemination. *Digital Journalism, 6,* 274-293.

Williams, R. (2004). *Television: Technology and Cultural Form:* Routledge.

Wu, T. (2017). *The Attention Merchants: The Epic Scramble to Get inside Our Heads:* Vintage.

제5장

포스트휴먼 사회의
소비자역량과 소비자주권

황혜선 소비자학과 부교수

현대사회에서 인간의 삶과 소비는 떼어놓고 생각할 수 없다. 인간의 생존을 위한 가장 기초적인 욕구충족을 위한 것에서부터 자신의 취향과 신념을 나타내기 위한 소비까지, 소비자의 삶은 다양한 재화와 서비스를 소비하는 과정으로 채워진다. 일상을 채우는 소비가 사회의 많은 비중을 차지하는 현대사회를 소비사회(consumer society)라 부른다(Roach et al., 2019). 더 나은 삶을 위한 도구를 끊임없이 발전시키는 과정에서 우리는 산업사회를 지나 정보사회, 더 나아가 새로운 디지털혁명을 맞이한 초연결사회, 지능정보사회로의 사회변동을 경험하고 있다. 지능정보기술의 발전과 함께 소비자들은 방대한 정보를 탐색하고 활용할 수 있는 도구를 갖추고 시장과 사회에서 다차원적 역할을 능동적으로 수행할 수 있게 되었다. 인간은 도구를 만들고, 그러한 도구들은 인간의 삶을 규정한다("We shape our tools, and thereafter our tools shape us.")는 Marshall McLuhan의 주장처럼, 기술은 확장된 역량을 갖춘 인간으로의 변화를 가능하게 하며 발전을 거듭하고, 그 결과 우리는 포스트휴먼 사회에 적응해야 할 과제를 부여받았다. 이러한 관점에서 포스트휴먼 사회에서 소비의 의미와 소비자역할의 변화를 조명함으로써 현대사회에서 더욱 중요해진 소비자역량과 소비자주권의 재개념화를 시도한다. 이를 위해 먼저 현대사회에서 소비가 가지는 의미와 소비의 초점이 변화되어 온 흐름을 읽어보고, 사회변동에 긴밀히 맞물린 소비의 모습을 짚어본다. 나아가 현대사회의 기술변화와 그로 인해 나타나는 사회변동이 소비자의 삶과 공동체로서의 소비사회에는 어떠한 변화를 가져오고 있는지 살펴본다.

I
현대사회의 소비

1. 일상을 채운 소비

　모든 인간은 소비자다. 소비는 소비자로서의 인간이 살아가는 일상(everyday life)을 채우는 흔하고 빈번한 일상적 행위(everyday activity)이다(Fitzsimmons, 1965). 현대 소비사회에서 소비자들은 인간의 생존을 위한 최소한의 상태 그 이상으로 풍부한 재화와 서비스의 경험을 누리고 있으며, 삶의 많은 영역들이 소비의 범주 안에 녹아들고 있다. 현대사회의 소비는 단지 개인의 고유한 영역뿐만 아니라 일과 가정의 영역을 포함한 다차원적 삶의 주제들과 관련된다(김나정, 유병희, 2020). 소비가 곧 일상 그 자체가 된 소비사회에서 우리의 삶은 매 순간 소비의 과정이자 누적된 소비의 결과로 설명될 수 있다. 이는 소비경험의 질이 곧 인간으로서의 삶의 질과 직결됨을 의미한다(Schultz-Kleine & Kernan, 1992).

　소비가 인간의 일상을 채우는 현대사회에서 인간의 생활양식(lifestyle)은 개인 단위에서 이루어지는 소비를 통해 구체화된다(Dunn,

2008). 생활양식은 개인의 사회적 실천의 모습을 나타내는 것으로, 소비자의 생활양식은 시대에 따라 달라지는 사회의 주요 자원과 이러한 자원을 배분하는 사회의 가치체계, 제도, 양식이 생산과 소비에 투영된 결과로 나타난다. 산업사회에서 정보사회로 진입한 뒤 정보와 지식자원은 물질적 자원보다 더 중요한 사회의 발전 동력으로 간주되었으며, 이에 따라 정보통신기술과 인간의 창의성을 중심으로 한 상품과 서비스 시장이 발전하였다. 이러한 사회 변화는 생산과 소비에 영향을 미쳐 소비자의 일상과 생활양식을 변화시켰다.

개인의 삶을 채우는 소비의 장면들과 이것들이 모여 이루는 소비현상은 개인의 일상적인 생활 그 자체로서의 의미를 가질 뿐만 아니라 사회의 변화를 담아내는 현상으로 바라보아야 할 대상이기도 하다. 소비는 현대사회에서 인간의 삶을 위한 다양한 행위들의 총체로서, 개인의 선택과 일상생활의 역동뿐만 아니라 사회문화적 시민생활(civic life)과도 결부된 상위 개념이다(Trentmann, 2009). 구체적 행위로서의 소비는 최종사용자(end-user)가 재화와 서비스를 구매하고 사용하는 경제활동의 과정으로 묘사되나, 소비행위가 구체화되기까지의 과정은 사회문화적 차원의 의사결정에 근거하며 그 결과는 개인을 넘어 인간의 생존과 번영에 영향을 미친다(Goodwin et al., 2008). 따라서 소비는 개인의 선택이자 사회의 가용자원에 대한 평가이며, 사회에서 요구되는 재화와 서비스를 생산하도록 이끄는 힘의 의미로 다루어질 필요가 있다.

또한 소비는 그 자체로 사회변화의 동력으로 작용한다. 소비는 사회의 변동에 따라 그 현상과 의미가 달라져왔으며, 소비를 통해 채워지는 개인의 삶이 변화하며 나타나는 사회적 현상은 그 자체로 또 다른 사회변동의 동인이 된다. 거시적 수준에서는 경제성장이 풍요로운 소비사회를 이끌며 사회적, 문화적 의미에 집중한 비필수적 소비지출을 늘리는 배경이 되었으며(Galbraith, 1975), 이는 소비가 단지 개인의 필요와 욕구를 채우기 위한 것이 아니라 사회적 행위로서의 성격을 가지게 만들었다(Baudrillard, 2004; Hirschle, 2014). 즉 사회의 변동이 소비로, 다시 소비의 현상이 사회의 변동으로 맞물리며 소비사회는 진화해왔다. 따라서 우리는 현대사회의 일상을 채운 소비의 개념을 살펴볼 때 '개인'의 단위와 '사회'의 단위에서 교차하는 수많은 점들을 연결하며 이해할 필요가 있다.

2. 소비의 의미

소비를 생산에 대비되는 개념으로, 시장경제 주체인 소비자가 수행하는 경제활동으로만 바라보는 것은 현대사회에서 '일상'으로서의 소비가 가지는 의미를 다루지 못한다. 그렇다면 일상으로서의 소비는 무엇을 의미하는가? 현대의 소비는 어떠한 의미를 담고 있는가?

인간은 더 나은 삶을 위해 끊임없이 나아가려 노력한다. 이러한 노력은 현대 소비사회에서 우리에게 주어진 풍부한 소비재화와 자원들을 통해 결실을 맺는다. 더 나은 삶에 대한 강렬한 욕구, 그리고 끊임없이 수단의 개량을 추구하는 노력이 인간이 가진 한계를 극복하고 현대문명의 발전을 이끄는 동인으로 평가되기도 한다. 도구를 만들고 사용하는 인간, 그리고 도구를 끊임없이 발전시키며 새로운 소비의 영역을 창조해나가는 인간은 소비를 통해 더 나은 삶을 추구하는 현대인의 모습이다.

이러한 '소비하는 인간', '호모 콘수무스(Homo Consumus)'로서의 삶은 오늘의 필요와 욕구를 채우고 내일의 삶에 대한 바람을 담고 있다. 매일 출근길에 커피를 사는 일, 이동을 위해 택시를 타는 일은 우리에게 깊은 생각을 요하는 일도 아니며, 우리는 이러한 일상을 소비라고 생각하지도 않은 채 경험하고 있지만, 이러한 경험 역시 개인의 삶을 채우는 일상적 소비행위들이다. 차량구매나 보험가입처럼 더 복잡한 선택의 과정을 거쳐야 하는 재화나 서비스에 대한 소비경험이나, 공연이나 연주회를 관람하는 것처럼 비물질적인 가치 중심의 소비경험도 있다. 소비의사 결정과정의 복잡성이나 소비대상의 특성과 상관없이 이러한 행위들은 모두 '사람들이 그들이 원하는 바대로 살기 위한 과정'으로서의 목적을 가지는 소비활동이다(Fitzsimmons, 1965). 따라서 일상을 채운 소비의 의미를 이해하는 것은 현대의 소비사회와 개인들의 삶의 모습을 읽어내는 창으로 기능할 수 있다. 소비는 사람들이 '원하는 바를 담은 삶의 모습을 구체적으로 보여줌으로써 개인의 정체성, 개인들 간의 역동, 개인과 사회의 관계를 읽어낼 수 있는 근거를 제공한다(Dunn, 2008; Goffman, 1959).

소비는 자신이 추구하는 삶을 실현하기 위한 목적으로 자원을 획득하는 것부터 구매, 사용, 처분에 이르는 행위를 수행하는 과정을 모두 포괄하는 개념으로 정의할 수 있다(Ertz et al., 2017; Jacoby, 1978). 표면적으로 소비는 상품이나 서비스를 선택하고 사용하는 일상적 행위로 드러나지만, 본질적으로는 인간이 자신의 삶에서 추구하는 가치를 실현하기 위한 목적적 행위이다. 따라서 소비는 경제성장의 동인이나 물질적 재화를 사용하는 인간의 도구적 행위가 아니라 삶의 질을 결정하는 역동적인 과정으로 간주될 수 있다(Goodwin et al., 2008). 즉 소비행위는 개인의 관점에서 자신의 욕구를 충족함으로써 삶의 질을 높이기 위한 선택의 과정이며, 소비자욕구의 본질은 소비자들이 가치 있다고 여기는 삶의 모습에 있는 것이다.

소비자는 가치를 실현하기 위해 소비과정에서 개인의 자원과 환경의 여건을 적극적으로 조합한다. 이때 사회적 의미나 가치체계는 개인의 소비생활에 투영되어 소비자의 욕구체계를 규정하는 데 사용된다. 즉 소비는 사회적으로 형성된 의미나 가치체계가 소비자에게 내면화되고, 이를 구체적인 현실 소비세계에서 실현하기 위해 개인과 사회의 자원을 활용함으로써 사회적으로 상호작용하는 과정이다. 사회에서 공유되는 상징이나 가치 등 비물질적인 것을 추구하는 소비는 그 사회에서 중요하게 생각하는 바를 반영한다. 소비는 대상의 절대적 가치, 사용가치에만 이끌리는 것이 아니라 사회의 가치나 의미를 반영한 욕구체계가 구체화되는 과정으로 볼 수 있다.

현대 소비자들은 소비를 통해 이러한 사회적 가치체계를 구체화시켜 나가며, 이러한 관점에서 소비는 사회적 행위로서의 의미를 지닌다. 개인의 소비는 그 사회의 가치를 반영하고, 다시 소비를 통해 구체적으로 드러나는 인간 삶의 양식은 사회의 여러 단면을 형성해나간다. 정리하면, 소비는 개인적 차원에서는 자신의 욕구를 충족하고 가치 있다고 여기는 삶을 이루는 과정이며, 사회적 차원에서는 기호의 전달과 수용, 즉 커뮤니케이션의 과정이자 사회적 상호작용의 산물로 간주될 수 있다.

3. 소비의 변화

가. 물질적 가치에서 경험적 가치로의 이동

Amartya Sen은 욕망을 충족함으로써 얻어진 결과(outcomes)보다 사람이 가치 있는 삶을 살 수 있는 기회(opportunities)를 강조한 '실현능력접근(capability approach)'을 제시하였다(Nussbaum & Sen, 1993; Sen, 1980). 이 접근에 따르면, 사회 내에서 개인들이 추구하는 진정한 삶의 질은 인간 존재의 본질과 개인의 삶을 통해 달성할 수 있는 바를 자유롭게 조합할 수 있는 기회, 즉 인간의 실현능력(capability) 극대화를 통해 향상될 수 있다.

현대 소비사회는 물질적, 정신적, 문화적 자원의 풍요를 바탕으로 인간의 실현능력을 극대화할 수 있는 기회를 풍부하게 제공하고 있다. 생산기술의 눈부신 발전은 소비자들이 선택할 수 있는 대안을 크게 확대하였으며, 넓어진 선택권만큼 시장경쟁은 치열해졌다. 기술발전으로 제품 간 품질 격차가 좁아지면서 소비자들은 상향평준화된 시장에서 선택할 수 있게 되었다. 실로 현대사회의 넘쳐나는 재화와 서비스는 소비자들의 필요와 욕구를 채우고 다채로운 경험을 제공하며 삶을 풍부하게 만든다. 소비자는 시장에서 자신의 욕구를 충족시킬 수 있는 대안을 탐색하여 선택하고 사용함으로써 느끼는 가치를 통해 자신의 삶을 풍요롭게 만들며, 이는 가장 직접적으로 사회의 자원을 나의 소비에 활용하여 삶의 질을 향상시키는 상호작용의 모습이다. 현대사회의 물질적 풍요는 이러한 상호작용을 지원하는 환경적 여건이라 볼 수 있다.

　소비의 범위는 물질적인 재화에서 무형의 서비스나 이미지, 상징, 공간을 포괄하며, 소비자가 '소유한 대상물'에 대한 논의가 아니라 '경험하는 가치'에 대한 논의로 확장되었다(정윤희, 이종호, 2009). 물질적, 도구적 가치를 지닌 재화나 서비스뿐만 아니라, 인간의 지적 호기심을 채워주기 위한 강연이나 문화콘텐츠, 자기계발을 위한 교육서비스, 새로운 자아실현 기회를 찾기 위한 컨설팅 서비스처럼 훨씬 더 높은 차원에서 소비되는 재화나 서비스도 있다. 기존에 없던 새로운 경험을 느낄 수 있도록 설계된 서비스가 그것의 본연의 가치를 압도하며 소비자들의 관심을 받는 것은 물질적인 가치를 넘어선 경험적 가치를 추구하는 소비의 현상을 보여준다. 소유가 아닌 경험 그 자체로서 목적을 가진 경험적 소비는 Hirschman과 Holbrook(1982)이 쾌락적 경험이 소비자의 삶에 가치 있는 소비행위로서 쾌락적 경험을 강조하며 학계의 많은 관심을 받았다. 경험적 소비는 삶의 질과 행복을 목적에 두는 과정에서 추구하는 '즐거움'에 초점을 두며, 겉으로 드러나는 소비행위보다 내면의 정신적 풍요로움을 통해 높은 삶의 질을 향유하려는 소비자들의 욕구와 맞닿아 있다(Van Boven, 2002).

나. 나에게 가치 있는 경험을 위한 소비

소비자들은 다양한 소비경험을 통해 자신의 존재를 구체화하고 타인과 소통하며 사회적으로 공유되는 상징적 의미들을 받아들인다. 그 경험은 내가 값비싼 제품을 소비함으로써 다른 사람으로부터 인정을 받는 것과는 다른 만족을 주는 경험이다. 즉 소비의 의미가 나의 만족스러운 경험에 집중되어 있는 것이다. 사회적 계급 투쟁으로서의 구별짓기를 위한 소비와 달리 타인의 반응이나 평가, 인정에 좌우되지 않는, 개인적인 영역 안에서 경험과 평가, 만족이 이루어지는 것이다.

최근에는 젊은 소비자들을 중심으로 다른 사람들의 가치매김에 상관없이 내가 누리는 것의 의미, 나의 경험에 대한 소비자들의 관심이 높아지고 있다. 구체적이고 직접적인 가치의 획득을 위한 수단적 소비가 아니라 추상적이고 개별화된 가치를 경험하는 것이 중요한 목적지향적인 소비가 더욱 중요하게 여겨지는 것이다. 이에 대해 학자들은 소비자가 경험하는 가치, 감정적 만족, 혹은 쾌락적 경험으로 설명해왔다(Hirschman & Holbrook, 1982). 이는 사회구조적 계급이 아닌 개인의 내적인 동인에 의한 소비경험을 설명하는 것이다. 그러나 이것이 사회적인 의미를 지닌 소비행위가 개인적인 영역으로 축소되는 것을 의미하는 것은 아니다. 여전히 소비자들은 자신을 둘러싼 환경으로부터 자신의 경험과 삶의 질을 향상시킬 수 있는 가능성을 찾아 선택하고 있다. 타인의 평가나 인정을 목적으로 하는 소비는 겉으로 드러나는 표상을 통해 개인이 주변 환경과 소통하는 것이라면, 소비자의 경험에 집중하는 것은 개인이 환경

본질적인 가치를 자신의 경험으로 채택하고 내면화시키는 것에 초점을 두는 것이다. 그러한 소비의 가치는 결과가 아닌 과정에, 소유가 아닌 경험에, 객관적 효용이 아닌 주관적인 감성에 의해 평가된다.

이러한 경험은 소비자에게 도구적 효용도 제공하지 않고 주관적일 뿐만 아니라 휘발성이 강한 감성적 경험에 소구한다는 점에서 효용의 성격과 크기, 지속력에 의문이 제기되고 낭비적인 행위로 간주되어 비판의 대상이 되기도 한다(Smith, 1996). 그러나 아이러니하게도 소비자들이 의미를 부여하는 소비행위는 이처럼 낭비적이라고 판단되는 소비행위일 때가 많다. 그렇다면 이러한 경험 중심의 소비행위는 비합리적인가? 예를 들어, 저렴한 가격, 편리한 쇼핑 환경을 갖춘 점포를 선택하는 것이 최적의 쇼핑 장소를 고르는 합리적 기준이라는 점에는 이견이 없을 것이다. 선택이 가져다주는 효용과 지불해야 할 비용은 합리적 판단을 위한 객관적이고 명료한 기준이 될 수 있다. 그러나 쇼핑 과정에서의 즐거운 경험이나 새로운 느낌 역시 소비의 과정에서 얻어지는 가치이며, 소비자의 선택 기준이 될 수 있다. 소비자가 자신에게 가치 있는 경험을 선택하는 것은 개인적 차원에서 합리적 판단으로 간주되는 것이다.

〈그림 1〉 새로운 공간경험을 제공하는 쇼핑몰 더현대서울¹⁾

(사진출처: 현대백화점)

다. 경험의 시대, 새로운 생산과 소비방식

물질적 풍요로움은 누가 무엇을 더 많이 소유하였는가에 따라 경쟁하는 것을 무의미하게 만들었고, 소유가 아닌 경험이 삶의 풍요로움을 평가하는 잣대가 되었다. 콘텐츠 중심의 소비사회는 경험적

---

1) 오프라인 대형 쇼핑몰은 저렴한 가격과 신속한 배송을 내세운 거대 온라인 유통서비스의 등장으로 위기에 내몰리며 쇼핑 공간의 차별화를 위해 공간을 통해 새롭게 창조하는 소비자경험에 초점을 두며 혁신적 변화를 꾀하고 있다. 수많은 인파가 모여드는 복합쇼핑몰과 백화점의 모습은 이러한 혁신의 성공사례를 보여준다. 온라인 쇼핑에 익숙해진 소비자들이 오프라인에서 쇼핑하도록 만들기 위해서는 소비자들이 가치 있게 여길 만한 새로운 경험을 제공하는 것이 필요하다는 판단이 적중한 것이다.

소비를 중심으로 한 생활양식을 뒷받침한다. 제품을 소유함으로써 자산을 늘리는 것에 몰두하던 것에서 벗어나, 나의 취향에 잘 맞고 차별화된 새로운 경험을 축적하는 것이 중요한 '경험의 시대'가 도래한 것이다.

경험의 시대에는 시장에서 제품을 구입하고 소유권을 넘겨받는 것을 중심으로 소비가 이루어졌던 영역들이 점차 경험하고 사용하는 방식으로 변화하고 있다. 구독경제(subscription economy),[2] 스트리밍라이프(streaming life)[3]라는 용어는 소비의 패러다임이 소유에서 사용으로 변화하고 있는 모습을 보여준다(Klopčič et al., 2020; Ritter & Schanz, 2019). 소유하지 않아도 언제든지 자신이 원하는 결과만을 제공받는 방식으로 소비가 이루어지는 것이다.

제품-서비스 시스템(product-service system: PSS)은 소유에서 경험으로 소비방식 변화를 지원하는 비즈니스 모델 중 하나이다. PSS는 유형적 제품에 담긴 '가치'를 서비스화하여 제공하는 것으로, 서비스 중심의 시장원리가 기존의 제품중심 시장원리를 압도하는 변화를 보여준다(Kim & Hwang, 2021; Visnjic & Van Looy, 2013). 이로써 제품을 구매하고 관리하는 소비자의 부담이 획기적으로 줄어들

---

2) 구독경제는 제품이나 서비스 판매 중심의 비즈니스에서 구독을 기반으로 한 비즈니스 모델로의 변화를 일컫는 용어로, 소비자는 제품의 소유권과 함께 구입하던 거래의 방식에서 탈피하여 그들이 원하는 결과(outcomes)를 그들이 원하는 시점에 구독하는 방식으로 경험할 수 있게 함으로써 소비자의 니즈를 더 잘 충족시킬 수 있도록 제안된 것이다.

3) 스트리밍라이프는 삶을 유지하기 위해 필수불가결한 것부터 선택적인 여가소비까지 소비의 패러다임이 소유에서 사용으로 변화하는 현상을 일컫는다(김난도 등, 2020).

고 소비자는 제품을 사용한 결과만 경험하게 된다. 예를 들어 소비자가 원하는 결과가 '잘 관리된 의류의 상태'라면 소비자는 우수한 품질의 세탁기, 의류관리기를 구매할 수도 있고 동네마다 있는 세탁서비스 업체를 이용할 수도 있다. 또는 최근 기존의 세탁서비스에서 한 단계 더 진화한 정기 구독방식의 새로운 세탁 서비스를 이용할 수도 있다. 정해진 수거함에 세탁물을 담아 문 밖에 두면 원하는 날짜에 세탁물을 수거하여 세탁 후 다시 문 앞에 배송해주는 서비스로, 소비자는 유형적 제품을 구입하는 대신 서비스 이용료를 내고 세탁의 결과를 정기적으로 구독(이용)하는 것이다.

제품 중심의 시장에서 무형적이고 비물질적인 서비스 중심 시장으로의 변화는 시장이 물질의 흐름은 최소화하고 자원의 효율성은 최대화하는 방향으로 전환되는 것을 의미한다. 따라서 생산의 측면에서 PSS는 Industry 4.0과 순환경제(Circular Economy)의 접점에 놓인 혁신적 생산 모델이자 비즈니스 시스템으로 간주된다(da Costa Fernandes et al., 2020; Gaiardelli et al., 2021). 소비의 측면에서도 PSS는 환경적 영향을 줄이는 동시에 소비자의 욕구를 더욱 세밀하게 충족시킬 수 있도록 설계될 수 있다는 점에서 지속가능한 발전을 위한 대안적 생산과 소비 방식으로 제안된다(Kim & Hwang, 2021; Stål & Jansson, 2017). 특히 PSS는 제품과 서비스의 다차원적인 결합방식이 창조될 수 있는 유연성을 가지며, 단순히 제품만 공급되었을 때보다 더 큰 부가적인 가치를 전달할 수 있게 된다(Kimita et al., 2009). PSS의 유연성은 다양한 소비자욕구를 충족시키면서도 자원의 순환과 활용가능성을 높인다는 점에서 소비가치를 희생하

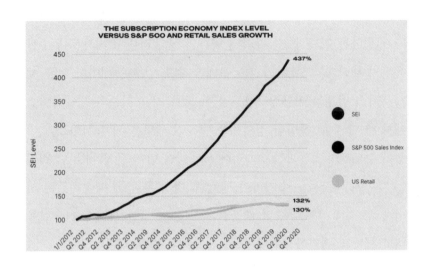

〈그림 2〉 구독경제 성장률 (출처: zuora.com)

지 않으면서도 지속가능한 사회를 위해 선택할 수 있는 대안으로서
의 의미가 있다.

라. 개인적 가치에서 사회적 가치로

소비자는 사회적으로 바람직한 의미나 지위를 획득하기 위해 노
력하기도 한다. 소비자는 자신이 삶을 통해 실현하고자 하는 어떠
한 상태를 사회적인 해석에 근거해 형성하며 사회적으로 이상적이
라 여길 만한 삶의 상태에 다가가기 위한 소비를 하게 된다. 여기서
소비는 이상적인 삶을 규정하기 위한 사회적 기대와 긴밀하게 연관
된다. 현대사회의 소비자들이 누릴 수 있는 다양한 대안과 경험의

가능성은 이러한 소비의 욕구가 발현되고 실현되도록 돕는다.

또한 소비자는 적극적으로 자신의 소비를 통해 공동체에 영향을 주는 선택을 한다. 개인의 선택이 사회에 영향을 미칠 수 있을 것이라는 기대를 가지고 실천하는 것은 소비자주권의 실현을 위한 개별 소비자들의 움직임이라 볼 수 있다. 이때 소비자를 둘러싼 환경은 소비자가 자원과 가능성을 취사선택하는 공급의 원천이 아니라 소비에 의해 영향을 받아 변화될 가능성이 있는 소비자의 적극적 행위 대상이 되는 것이다. 현대 소비사회에서 '소비'라는 행위는 도구적인 목적을 위한 거래행위나 사용행위를 지칭하는 것에 국한되지 않으며 개인의 욕구충족을 넘어 사회적으로 의미 있는 경험을 추구하는 과정이자 사회에 영향을 끼치는 행위로서의 의미로 확장되어왔다.

소비의 가치가 개인적인 것에서 사회적인 것으로 이동하는 것과 관련하여 '소비하는 것'과 '소비하지 않는 것'에 대한 자발적인 선택의 측면을 함께 살펴볼 수 있다. 개인적인 절제나 금욕 차원에서 소비하지 않는 것이 아니라 의식을 가지고 무엇인가를 선택하지 않고 회피한다는 것이다. 소비자들은 자신의 평소 소비생활을 설명할 때 자신의 선택한 소비행위만 설명하지 않고 자신이 무엇을 선택하지 않으려 노력하였는지를 설명기도 한다(한준오 외, 2021). 무엇인가를 선택하는 소비가 정체성이 될 수 있는 것처럼 무엇인가를 의식적으로 선택하지 않는 것 역시 소비를 통한 자신의 정체성이 될 수 있는 것이다(Niinimäki, 2009). 이는 시장에서의 선택을 기준으로만 소비행위를 설명할 때에는 이해되기 어려운 소비의 모습이다. 즉 소비행위를 설명함에 있어 소비자의 삶을 중심으로 그들이 어떻게 소비생활을 꾸려 나가기로 결정했는지에 초점을 맞추는 것이 필요하다.

과거 소비자불매운동이 주로 소비자 권리의 침해나 피해에 대한 저항에 초점이 있었다면 최근에는 자신과 직접적인 관련이 없더라도 부적절한 기업 또는 기업인의 행위에 대해 '선택하지 않음'으로써 소비자들은 자신의 의견을 표출한다. 소비자들이 '선택하지 않음'을 자신의 의도적인 소비 선택이라고 인식한다는 것은 소비자의 불매행위가 단지 기업의 부당함에 대해 반응하는 소비자들의 집단적인 행위의 의미만을 가진 것이 아니라, 자신의 소비생활의 신념을 실천하고 정체성을 나타내는 행위로서 인식하며, 이를 통해 사회적 움직임을 일으키고자 한다는 점을 보여준다. 비록 그러한 선택이 개인의 이익 측면에서는 가장 효율적인 선택이 아닐지라도 사회적으로 바람직하고 공동체의 관점에서 이익이 되는 것을 사회적 합리성에 따라 판단하는 것이다. 이는 소비가 개인의 사적 이익의 차원을 넘어 공동체를 고려하는 사회적 움직임으로서 가지는 의미를 드러낸다.

II
변화된 소비자역할과 소비자주권

1. 소비자역할의 확장

소비자는 현재와 미래의 욕구를 충족하기 위해 소득, 시간과 같은 자신의 한정된 자원을 어떻게 배분할 것인지, 배분된 자원으로 어떤 재화 또는 서비스를 구매하고 사용할 것인지, 그리고 최종적으로는 어떠한 처분 과정을 거칠 것인지 결정하는 과정을 반복함으로써 소비생활을 꾸려나간다. 소비가 재화나 서비스의 사용을 포함하는 과정이라는 점에서 인간은 끊임없이 소비자로서의 역할을 수행하고 있는 것으로 볼 수 있다. 실제 소비자가 수행하는 수많은 역할과 소비생활의 전체적인 맥락을 고려하기 위해서는 일상생활을 통해 소비생활을 영위하는 인간 그 자체에 대한 정의가 필요하다는 것이 제안되었다(Sanders & William, 2001). 이러한 맥락에서 소비자를 '인간으로서의 삶을 소비를 통해 영위해가는 존재', 즉 '생활자'의 개념으로 바라보는 관점이 등장하였다. 이는 소비자를 합리적 경제인의 틀에 가두지 않고 다양한 생활의 장(場)에서 활동하는 인간 존재 그 자체로 바라본다(박기철, 2005).

생활자로서의 소비자를 바라보는 관점은 소비가 이루어지는 시점이 구매의 틀을 벗어나 인간으로서 삶을 영위하는 과정을 아우른다는 점에서 주로 경제주체로서의 소비자의 역할에 초점을 두던 관점을 확장하는 의의가 있다. 그러나 생활자의 관점에서 바라보는 소비자역할의 초점은 여전히 개인의 삶에 있다. 현대 소비사회에서 소비자는 경제주체로서의 역할에서 더 나아가 사회의 일원으로 여러 이해관계의 당사자이며, 소비자의 사회적 영향력은 다른 소비자와의 관계, 기업과의 관계, 정부와의 관계에서 경제활동의 범위 이상으로 나타나고 있다(김기옥, 황혜선, 2009). 소비자의 역할은 소비 의사결정 순간에 국한되지 않고 인간 삶의 목표와 매우 직접적으로 연결되며, 이는 사적 이익이 되는 행동으로서의 소비와 사회 구성원들이 추구하는 삶의 모습을 실현함으로써 사회적 웰빙에 기여하는 소비를 모두 포괄해야 함을 의미한다(Goodwin et al., 2008).

삶의 질을 결정하는 연속적인 행위이자 사회 내의 가치를 반영하고 더 나아가 사회의 변동을 이끄는 사회적 행위로서의 소비의 의미에 주목하게 되면서 소비자역할에 대한 논의의 범위도 확대되어 왔다(Parker, 1999; Vitell, 2015; Wikström, 1996a). 소비자는 자신의 인적, 물적 자원을 환경적 여건에 따라 활용하여 개인의 삶을 영위하고, 시민으로서의 소비자역할을 수행하며 공동체의 일원으로서 기능한다(김기옥, 황혜선, 2009; Vitell, 2015). 즉, 확장된 소비자역할은 경제 시스템의 가장 말단에서 최종사용자로서 수행하는 소비자의 경제적 역할을 넘어서는 것이다. 아래에서는 기술의 발전과 사회변동의 과정에서 사회적 영향력을 확대해나가는 소비자의 확장된 역할을 경제적 역할과 사회적 역할로 크게 구분하여 살펴보기로 한다.

2. 경제적 역할

가. 가치창조자

소비자역할을 가장 좁게 이해하는 관점은 경제학에서 주로 다루어온 소비자의 개념으로, 소비자가 시장경제에서 담당하는 최종사용자(end user)로서의 역할에 대한 것이다. 소비자가 재화나 서비스를 선택하는 것은 'voting with your dollars', 즉 화폐투표와 같은 역할을 한다(Johnston, 2008). 선택을 통해 사회의 자원배분에 영향을 미치고 시장을 통해 정치적 선택권을 행사하며, 시장기능을 개선하기 위해 의견을 반영하는 것이다. 이러한 소비자역할은 이미 생산이 결정된 후 시장에 놓인 대안 가운데 취사선택하는 것으로만 국한되어 생산에 참여하는 이해관계자로 간주되지 않는다.

그러나 최근 산업 영역에서는 혁신을 위해 더 능동적인 소비자역할을 요구하고 있다. 주로 기술주도적 발전을 시도해오던 것에서 벗어나 사용자경험(user experience)에 초점을 맞춘 사용자중심 디자인(user-centered design)을 추구하고, 더 나아가 소비자의 생활맥락(life context)을 이해하고 공동창조(co-creation)를 통해 혁신의 실마리를 찾으려는 것이다(Herrera, 2017; Pallot et al., 2010). 이러한 배경에서 혁신의 중요한 플랫폼으로 리빙랩(Living Labs)[4]이 주목받으면서 협력적(collaborative)이고 공동창조적인(co-creative) 소비자의 역할이 중요해졌다(Hossain et al., 2019; Mulder et al., 2015; Schumacher & Feurstein, 2007). 생산의 초기 단계에 소비자를 개입시키는 방식(co-creator approach)으로 혁신을 위한 소비자의 역할이 부각되면서, 평범한 모든 사람들(everyday people)과 가치사슬(value-chain)에 속한 모든 이해관계자들 간에 체계적 파트너십이 구축된다(Mulder & Stappers, 2009). 소비자가 제품개발과 생산에 직간접적으로 참여함으로써 공동생산자(co-producer), 또는 생산적 소비자(prosumer)로서의 역할을 수행하게 된 것이다(Fellesson & Salomonson, 2016; Kotler, 2010; Schumacher & Feurstein, 2007). 이로써 소비자와 기업은 공유된 가치(shared value)를 창조하는 협력적 관계로 발전한다.

공동창조는 기업의 관점에서는 새로운 혁신의 기회를 찾는 것이고, 소비자의 관점에서는 삶의 질 향상을 위한 가장 적극적인 역할 수행에 해당한다. 세계 최대 소비재 기업 중 하나인 유니레버(Unilever)는 제품개발에 관한 아이디어와 솔루션을 얻을 수 있는 개방형 플랫폼인 Open Innovation을 2010년부터 운영해왔다. 이 플

---

4) 리빙랩(Living Labs)은 다양한 개념 정의가 있으나, 공통적으로는 협력적 혁신 및 개발을 위한 플랫폼과 정보의 원천을 제공하는 다양한 방식과 노력을 포괄한다. 전 세계 리빙랩의 상위조직인 The European Network of Living Labs(ENoLL)의 정의는 다음과 같다: "user-centered open innovation ecosystems based on a systematic user co-creation approach, integrating research and innovation process in real-life communities and settings"

랫폼에서는 일반 대중에게 회사가 해결하고자 하는 특정 과제를 제시하고 일반 소비자들은 자신의 혁신 아이디어를 제공할 수 있다. 회사가 최종적으로 소비자의 제안을 수용하기로 결정하면, 상호 합의된 계약을 진행함으로써 실제 제품 개발이나 지능형 제품포장 등에 소비자의 의견이 직접적으로 반영된다. 소비자는 자신이 원하는 방식의 생산을 유도함으로써 자신의 욕구에 가장 잘 부합하는 대안을 가질 뿐만 아니라 아이디어를 상업화함으로써 그에 상응하는 보상을 얻는 것이다.

나. 협력적 소비자

소비자역할의 확장은 최근 지능정보기술을 통한 초연결성(hyper-connectivity) 및 소비에 대한 인식의 변화와 관련이 있다. 최근 공유경제의 한 형태로 자신이 보유한 유휴자원을 다른 소비자들에게 제공하는 '협력적 소비(collaborative consumption)'가 활발하게 나타나고 있다. 이는 다른 소비자와의 관계에서 소비자역할이 확대되는 모습 중 하나이다(Hamari et al., 2016; Hwang et al., 2018). 숙박공유서비스를 제공하는 에어비앤비(Airbnb)가 대표적인 예이다. 사람-사람, 사람-사물, 사물-사물이 네트워크로 연결된 초연결사회(hyper-coinnected society)는 배타적 소유권이 아닌 접근가능성을 중심으로 하는 새로운 생산과 소비의 방식을 실현할 수 있는 기반이 되었으며, 이는 협력적 소비 참여자로서의 역할 확장을 이끌었다(김기옥 등, 2015; 차두원, 진영현, 2015).

프랑스 파리의 벨리브(Vélib) 공유자전거를 모델로 2014년 11월 시작된 서울시의 공유자전거 따릉이는 소비자들의 욕구를 실현하는 새로운 모습을 보여주는 사례이다. 따릉이 서비스는 적은 양의 데이터를 교환하는 사물인터넷(Internet of Things) 네트워크를 의미하는 소물인터넷(Internet of Small Things)과 실시간으로 연동 가능한 스마트폰의 모바일 애플리케이션 서비스를 통해 자전거를 이용, 반납할 수 있게 하는 공유플랫폼이다. 따릉이와 같은 공유플랫폼이 제안되고 현재까지 성장하는 배경에서 더 중요하게 이해해야 하는 맥락은 '협력적 공유사회(Collaborative Commons)로의 전환(Rifkin, 2014)'에 대한 인식변화이다. 물질의 풍요를 경험한 현대 소비자들은 더 이상 물질적 재화의 소유 그 자체가 의미 있는 것이 아니라는 것을 깨닫는다. 협력적 소비는 소유하지 않고 접속하는 것에 집중한다. 재화에 대한 배타적인 소유권을 주장하는 것이 아니라 접근권과 사용권을 확보하며, 타인과 재화를 공유하거나 교환하면서 가치를 창출하는 경제구조를 받아들이는 것이다. 이러한 관점에서 따릉이는 소비자들에게 새로운 공공 이동수단이 하나 더 생긴 것 그 이상의 의미를 지닌다. 이는 전통적인 재화의 교환과 사용을 위해 필요한 '소유'의 개념을 버리고 공유경제에 참여함으로써 가치를 누리는 것을 일상적인 생활양식의 일부로 소비자들이 받아들이기 시작했다는 것을 보여준다. 연결성이 크게 증가한 초연결사회에서 소유가 아닌 공유를 통해 소비의 빠른 순환을 꾀하려는 소비자들의 욕구가 드러나는 것이다. 따릉이뿐만 아니라 차량공유, 공간의 공유 등 협력적 소비의 모델들이 확대된 배경에는 이와 같은 사회적, 경제적, 기술적 상황이 복합적으로 작용한다.

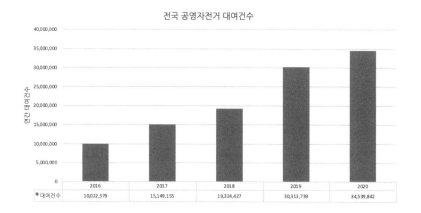

〈그림 3〉 전국 공영자전거 대여건수 증가 현황 (출처: 통계청)

3. 사회적 역할

가. 시민소비자

소비자의 사회적 역할을 개인 단위에서 살펴보면 각자의 소비생활에서 윤리적이고 책임 있는 소비자역할을 수행하는 것에서 시작한다. 소비행위는 먹고, 마시는 기초적인 인간의 생존 욕구의 해소뿐만 아니라 공동체의 가치를 내면화하는 것, 정의로운 선택을 실천하는 것과 같은 사회적인 행위를 포괄한다. 인간이 추구하는 가장 보편적 가치인 개인의 행복한 삶에서부터 인류애의 가치를 실현하는 것에 이르기까지 소비를 통해 구체화될 수 있다. 또한 공동체가 지향하는 바가 개인의 소비에 투영되고, 궁극적으로 공동체의 지속가능성은 개인의 선택결과로서 설명된다. 따라서 소비는 개인의 삶의 질을 결정할 뿐만 아니라 더 나은 공동체의 복지에 영향을 미치는 행위로 간주되며, 소비자는 그에 상응하는 사회적 역할을 수행하게 된다(McGregor, 2007). 이러한 차원에서 소비자는 기업의 사회적, 윤리적 책임을 요구하는 역할을 수행하기도 한다.

소비자는 그들이 속한 사회의 일원으로서 시민소비자의 역할을 수행한다. 소비자는 자신의 소비생활의 바탕이 되는 시장에 대한 책임을 가지는 존재로서, 소비와 관련된 인권, 빈곤, 노동, 국제적 정의 등의 문제에 대해 고려할 책임이 있다는 것이다(Johnston, 2008; 김기옥, 황혜선, 2009). 이러한 선택은 친환경제품이나 공정무역제품을 고르는 것과 같이 선택의 기준을 정립하는 것 외에도 자발적인 절제나 억제를 포함한다. 시장에서의 '소비자'의 역할과 사회에서의 '시민소비자'의 역할 사이에 상충되는 면이 있으며(Kallhoff, 2016), 역설적이게도 '시민소비자로서의 소비자역할이 수행되기 위해서는 자유롭게 원하는 대로 선택할 수 없다'는 것이 소비의 의미에 담겨야 한다. 풍요로운 소비사회에서 오히려 자유로운 선택을 제한하는 것이 현대의 책임 있는 소비자역할이 되는 것이다. 이는 공공선(common good)과 개인의 소비생활의 질이 동시에 유지되기 위한 최적의 선택이 결과적으로 소비생활의 지속가능성을 도모하는 것이라는 관점에서 소비자의 바람직한 역할이 규정되어야 함을 의미한다. 따라서 소비가 개인과 공동체의 삶의 질을 결정하는 과정으로서의 의미를 가진다는 것을 고려할 때, 소비자욕구의 발현과 충족 과정은 더 이상 개인의 행위가 아니며 개인과 사회의 교차점에서 논의되어야 한다.

나. 정치적 소비자

앞서 살펴본 가치창출자로서의 소비자역할에서 보다 넓은 차원에서 소비자의 적극적 역할이 강조되는 소비자운동가(consumer activist)의 모습을 살펴볼 수 있다. 소비자운동(consumer movement) 또는 소비자 행동주의(consumer activism)는 상품이나 서비스가 어떻게 생산되어야 하는지, 어떻게 소비자들에게 전달되어야 하는지에 대한 보다 폭넓은 관점에서의 영향력 행사에 관련된다(Kozinet, 2004). Co-creation에서는 소비자-기업 파트너십에 집중하는 반면, 소비자운동가로서의 소비자역할은 전 지구적 공동체 차원에서 소비자가 추구하는 이념이나 정의를 전달하는 더 넓은 차원에서의 협력이다. 이러한 관점에서 소비자는 생산된 것을 수용하는 소극적 역할에서 벗어나 자신의 욕구를 생산에 반영하고 바람직한 생산의 방식으로 유도하는 영향력을 갖춘 존재로서 역할을 수행한다(Caruana & Crane, 2008). 따라서 운동가로서의 소비자역할은 소비자-기업의 파트너십보다 더 광범위한 소비자행위를 포함하며, 소비생활과 관련한 모든 이해관계자들의 권익보호와 환경에 대한 정의를 추구하는 것이다.

정치적 소비주의(political consumerism)는 소비자들이 윤리적, 환경적, 정치적으로 반대하는 제도 또는 시장관행에 변화를 일으키거나, 반대로 긍정적인 기업의 행위에 대해 보상하기 위해 시장을 정치의 장으로 이용하는 것을 말한다(Stolle & Micheletti, 2013). 이는 소비라는 일상적인 행위에서 정치적, 도덕적 이슈를 드러낸다는 점에서 라이프스타일 정치(lifestyle politics)로 설명되기도 한다(Bennett,

1998; Shah et al., 2007). 이 개념들의 핵심은 공공선에 대한 관심과 지지가 의사결정의 중심에 놓여 있다는 것이다(Zorell, 2018). 따라서 정치적 소비는 윤리적, 환경적, 정치적 가치를 추구하는 것이 의사결정의 주요 원리로 작동하는 것이라는 점에서 최근 소위 '가치소비' 또는 '미닝아웃(meaning out)'이라 일컬어지는 신념에 근거한 소비행태의 적극적 형태라 볼 수 있다.[5]

소비자는 주로 불매운동(boycott)과 구매운동(buycott)을 통해 대중적인 참여를 바탕으로 이러한 정치적 영향력을 행사한다. 이는 기업의 재무성과에 타격을 주거나 이득을 안겨준다는 점에서 시장에 대한 직접적인 영향력 행사로 볼 수 있다. 더 나아가 이러한 시민적 가치가 시장에 알려지는 것은 정부의 개입이나 규제의 필요성을 드러냄으로써 간접적으로 정부의 정책에도 영향을 미친다(Copeland & Boulianne, 2020). 기업의 책임을 요구하는 것, 기업의 경영과 관련한 정보공개를 요구하는 것, 소비자가 기업과 정부에 대한 감시자로서 역할을 수행하는 것이 모두 포함될 수 있다.

과거에는 이러한 정치적 역할이 사회운동을 주도하는 일부 활동가들에게 집중되어 있었으며, 소비자권익보호단체를 중심으로 소비자

---

5) 가치소비에 대한 통일된 학술적 정의는 없으나, 소비자들이 중요하게 생각하는 가치를 의식하는 소비(value-conscious consumption)로 설명될 수 있다. 과거에는 주로 가격 대비 품질이라는 차원에서 가치를 판단하였으나 점차 개인이 경험하는 가치, 주관적으로 만족할 만한 가치로 초점이 이동해왔다(전지현, 이영선, 2010). 최근 자신의 가치관과 신념에 부합하는 제품 또는 서비스를 구매하려는 소비흐름을 '미닝아웃(meaning out)'으로 일컬으며 주관적 가치를 중시하는 소비행위의 흐름이 중요한 소비 트렌드로 자리 잡으면서 가치소비와 동일한 맥락에서 논의되고 있다.

권리 및 복지 증진과 정치권력 강화를 위한 소비자운동이 전개되면서 조직적인 형태를 보여왔다(Hermann & Mayer, 1997; 문은숙, 2004). 이후 컴퓨터매개커뮤니케이션(computer-mediated communication)이 일상화되면서 집단행동의 장벽이 낮아지고(Hampton & Wellman, 2003) 풀뿌리운동(grassroots movements)을 지원할 수 있는 채널이 다각화되면서 소비자운동의 새로운 국면이 시작되었다(Hwang & Kim, 2015). 특히 소셜 미디어는 메시지가 확산되는 속도가 매우 빠르고 광범위하다는 점에서 현대 소비자운동의 발전된 매체로서 활용된다. 뿐만 아니라 소셜 미디어의 참여적 특성은 온라인에서 수평적인 시민참여를 가능하게 하였으며, 실시간 소통의 장점을 통해 오프라인과 온라인의 경계를 넘나들며 소비자들이 사회운동에 참여하도록 동원하는 매체이자 새로운 소비자운동의 장(場)으로 활용되고 있다(Meek, 2011). 이는 개인의 소비생활에서 소비자운동의 자발적 참여와 실천이 가능하도록 촉진하는 역할을 한다. 이러한 과정 속에서 소비자는 단체나 조직적 행동에 의존하지 않더라도 소비자로서 사회적 정의를 추구하는 움직임에 참여할 수 있는 기회가 많아졌으며, 이와 같은 자발적 시민참여의 필요성이 더욱 강조되고 있다.

확장된 소비자역할은 사적 이익추구 중심의 개인 차원에서 벗어나 사회적, 전 지구적 차원에서의 역할을 강조한다. 소비자는 개인의 소비생활을 현명하게 관리하는 것뿐만 아니라 더 나아가 자신의 소비에 따른 결과를 고려하며, 능동적 시장참여자로서 다른 경제주체들과 함께 새로운 가치를 창조하는 co—producer, co—creator로서의 역할, 시민성을 함양한 정치적 소비자로서의 역할을 수행한다

(Shah et al., 2007; Wikström, 1996b). 이러한 소비자역할의 확장은 곧 현대 소비사회에서 소비자가 갖춰야 할 소비자역량의 관점 이동을 이끈다.

4. 소비자역량과 소비자주권

현대 소비자들은 자유롭게 인간의 다양한 가능성을 실현하려는 욕구를 지속적으로 표출한다. 더 나은 것, 더 나에게 꼭 맞는 것, 더 새로운 것, 더 즐거운 경험, 더 나은 미래를 위한 것을 지속적으로 추구해나가는 과정이 개인에게는 삶에서 추구하는 가치나 신념을 이루기 위한 노력이자 분투임과 동시에 이러한 노력들이 모여 사회 변동을 이끄는 힘으로서 작용한다. 소비가 사회의 많은 영역을 차지하고 소비자의 역할이 더욱 확장되는 가운데, 소비자역량에 대한 관점 역시 개인의 소비생활을 관리하는 것에서 더 나아가 자신의 삶과 공동체를 위한 삶, 그리고 현재와 미래의 지속가능성을 고려하여 더 나은 소비문화를 형성하는 것까지 포괄해야 한다. 그리고 이러한 실천은 소비자주권(consumer sovereignty)의 개념과 맞닿아 있다.

소비자주권의 개념은 생산적 노력의 성공이란 오직 소비자의 선호에 의해서만 판단될 수 있다는 규범적 선언에서 시작되었다(Hutt, 1936). 소비자가 시장에서 자유로운 선택의 기회를 보장받고 선호에 따른 선택을 할 때 기업의 성공 여부가 결정된다는 것이며, 더 나아가 사회의 유한한 자원을 어떻게 배분하여 생산에 투입할 것인지에 대한 결정이 소비자의 선택으로부터 시작한다는 것을 의미한다. 소비자주권의 실현 여부를 평가하기 위해서는 1) 선호의 충족된 결과와 2) 그 과정에서 얼마나 개인의 자유로운 선택이 가능했는가를 판단해야 한다. 더 나은 삶을 위한 가치를 추구하는 것이 소비자의 보편적인 선호라면 이는 소비자선택의 기준이 될 수 있으며, 이에 따라 개인의 자원은 자유롭게 배분될 수 있다. 이러한 개인들의 선택이 모여 사회적으로 유한한 자원이 배분되는 기준이 성립될 것이며, 이것이 곧 소비자주권의 실현 상태라 볼 수 있다. 그러나 소비자의 사회적 역할과 책임이 강조됨에 따라 선호와 자유로운 선택에 있어서 역동성을 고려하는 것이 필요해졌다.

소비자는 사회적으로 바람직한 방향이 무엇인지 인지하고, 그것을 자신의 새로운 선호에 반영하는 학습과정을 자유롭게 거칠 수 있으며, 그 결과 소비자선택은 사회적 합리성을 충족하는 방향으로 변화할 수 있다(Schubert & Chai, 2012). 이 과정에서 소비자는 자신의 이익보다 사회적 공감대에 부응하기 위한 선택을 할 수 있으며, 각자의 삶에서 효용의 극대화를 추구하는 것을 포기하고 더 큰 공익(greater good)이나 지속가능성을 따르는 선택을 할 수 있다. 이는 소비자선호에 대한 관점의 이동이 필요하다는 것을 의미한다. 한편 소비자의 생산적 참여는 소비자선호가 생산에 반영되는 방식을 바꾸어놓았다. 선택을 통해 소비자의 수요가 전달되는 간접적 방식이 아니라 직접적으로 선호가 생산에 반영되도록 하는 파트너십 관계로 확장되면서 소비자의 자유로운 선택이라는 개념 역시 시장에 놓인 대안에 대한 후속적 선택이 아니라 생산의 초기단계에서부터 적극적으로 생산에 개입하는 방식으로 변화한 것이다. 이러한 소비자 선호와 자유로운 선택의 역동성은 현대사회의 소비자역량과 소비자주권이 어떻게 재개념화될 수 있는지 논의하는 근거를 제공한다.

5. 소비자리더십

기업과 사회에 영향력 있는 소비자의 능동적 역할이 중요해짐에 따라 소비자가 자신의 권리와 책임의 범위를 인지하고 적극적으로 행동하는 것이 소비자역할을 효과적으로 수행하는 것이라 볼 수 있다. 소비자의 효과적 역할수행 결과는 곧 지속가능한 발전과 소비자주권의 실현을 동시에 추구하는 과정이라 볼 수 있다. 이러한 관점에서 소비자주권의 개념은 개인화된 소비자의 선호와 선택이 아니라, 공동체의 일원으로서 시민성을 갖춘 소비자의 선호와 사회적 합리성을 반영한 선택으로 재개념화될 필요가 있다.

자신과 공동체의 현재와 미래를 모두 고려하는 실천적 역할을 수행하는 존재로서 소비자가 갖추어야 하는 역량으로 소비자리더십(consumer leadership), 소비자의 도덕적 리더십(consumer moral leadership)이 제안되었다. 소비자리더십의 개념은 소비자의 책임을 중심으로 선언적으로 제안되었으며(McGregor, 2010) 소비자의 참여적 역할을 강조하는 개념으로 사용되어 왔다(Stewart et al., 2019; Scholz et al., 2017). 리더십은 목표지향적 과정에서 발휘되어야 하는 영향력의 개념으로, 개인적으로 수행하는 활동뿐만 아니라 타인과의 관계 속에서 영향력을 미치는 활동을 포함한다(Hersey et al., 1996;

McClelland & Boyatzis, 1982). 이러한 개념적 틀을 적용할 때 소비자리더십은 소비생활의 목표를 달성하는 과정에서 개인과 사회 전반에 미치는 영향력으로 볼 수 있다.

 소비자리더십이 제안된 배경에는 소비자가 개인의 소비생활을 관리(management)하는 수동적 존재가 아니라는 점을 강조하는 관점의 변화가 있다. 소비자를 소비생활의 관리자로 보는 것은 단지 이익 극대화와 비용 최소화의 원리에 따라 개인이 시장에 반응한 결과로 소비의 과정을 축소시킨다. 그러나 리더십의 관점에서 소비자는 목표를 수립하고 변화를 이끌며 그들을 둘러싼 환경과 제도에 영향을 미치며 시장과 사회에서 충분한 힘을 가진 존재로서 간주된다(Covey, 1992; McGregor, 2010). 이러한 관점에 따르면, 소비자는 충분한 힘을 가지고 임파워먼트(empowerment)를 경험는 존재이며, 자신과 공동체 이익 사이에 발생하는 충돌을 공공선의 관점에서 포용적으로 바라볼 수 있어야 한다.

Ⅲ
포스트휴먼 사회의 소비자

포스트휴먼 사회의 핵심은 인간과 기술이 융화되는 공진화 과정이다. 기술은 인간의 실현능력을 확대하는 방향으로 발전되어 왔으며, 소비자가 충분한 힘을 가진 존재로서 더 나은 삶의 질을 누릴 수 있도록 돕는 유용한 도구를 제공해왔다. 그러나 기술발전이 삶의 질을 향상하는 도구로서만 기능할 것이라는 낙관적 기대를 가지기 어렵다는 견해도 있다. 분명 기술의 발전과 그에 따른 시장과 사회의 변화는 포스트휴먼 사회의 소비자에게 또 다른 숙제를 안겨주고 있다. 인간과 기술의 역할과 경계가 모호해지는 사회변동 과정에서 나타나는 혼란을 조명하고, 이러한 변화 속에서 주목해야 할 소비자문제들을 살펴봄으로써 사회과학의 도전적 과제를 짚어볼 수 있다.

1. 기술의 변동과 소비자 임파워먼트

소비자의 힘은 소비자가 놓인 사회적 맥락에서 가치 있게 여겨지는 자원을 통제할 수 있는 능력이라 정의할 수 있으며, 이는 사회시스템과 위계를 이루는 가장 근본적 요소이다(Keltner et al., 2003; Rucker et al., 2012). 소비자 힘의 원천은 전통적으로 소비자 개인들의 '수요(demand)'로 다루어졌으나, 기술의 발전으로 '정보력'을 갖추고 '네트워크화' 된 소비자의 힘을 다루는 것이 중요해졌다(Labrecque et al., 2013). 인터넷과 네트워크의 초기 발전 단계에서 학자들은 소비자의 정보력과 영향력이 증대되어 시장에서 소비자의 힘이 증대되는 결과를 낳고, 그 결과 이전과는 전혀 다른 소비자-기업의 관계가 형성될 것으로 내다보았다(Deighton & Kornfeld, 2009; Levine et al., 2000). 평범한 소비자들이 방대한 양의 정보에 접근할 기회가 생긴다는 것만으로도 그들의 삶과 시장에 의미 있는 영향력을 갖춰나가는 시작점이 될 수 있기 때문이다. 초연결사회에서는 정보에 접근하는 것을 넘어 새로운 정보를 생산하고 사회에 자신의 목소리를 드러내고 전 세계의 누구와도 연대할 수 있는 기회가 열려 있다. 이는 소비자에게 과거보다 더 많은 힘과 권한을 부여할 뿐만 아니라 소비자의 실현능력을 극대화함으로써 소비자의 삶의 질을 향상시키고 시장과 사회에서 소비자 위상을 강화하는 배경이 된다. 즉, 기술이 소비자의 삶에 편익을 제공하는 유용한 도구로서 가치를 가지며 그 결과 소비자 임파워먼트(empowerment)가 가능해짐을 의미한다.

그러나 기술발전의 산물이 반드시 소비자의 힘을 강화하는 방향으로 작동할 것으로 보기는 어렵다. 기술의 발전은 소비자의 존재와 그들이 살아가는 방식에 근본적인 변화를 야기한다. 따라서 기술로 인한 소비자문제는 개인정보보호와 같은 국지적 이슈에 대응하는 것 이상으로 바라보는 시각이 필요하며, 소비자 삶에 미치는 영향을 포괄적으로 설명하는 것이 필요하다. 기술의 변동이 도구적 발전의 의미를 넘어 존재론적 차원에서 논의될 때 우리는 기술이 소비자의 삶에 어떠한 변화를 가져올 것인지에 대해 살펴볼 수 있다. 포스트휴먼 사회의 소비자주권은 기술의 존재론적 물음과 기술에 의해 영향을 받는 소비자 삶의 차원에서 논의되어야 한다.

소비자주권 실현을 위해서는 소비자가 원하는 것을 자유롭게 선택할 수 있어야 한다. 그런데 기술은 이러한 선택의 범위에 들어가지 못한다. 이미 현대 소비자들은 기술을 지배할 수 있는 소수의 사람들에 의해 만들어진 세계에서 도구에 의해 규정된 삶의 영역에 역으로 길들여지고 있다는 비판이다. 이는 기술이 도구로서의 의미만 가지는 것이 아니라, 인간의 사고와 일상생활에 침투하여 인간을 대신하여 선택을 내리기에 이르는 상황을 바라보는 기술결정론적 입장과 연결된다(Ellul, 1996). 실로 기술의 발전은 인간을 중심으로 하는 사회로의 변화를 표방해왔으면서도(유영성 등, 2014), 알고리즘에 의한 인간소외 문제를 동시에 야기하고 있다(Dugain & Labbé, 2019). 비트(bit)가 주도하는 디지털화된 사회에서 인간의 행위는 디지털세계의 흔적으로 기록되고, 기록된 데이터는 알고리즘을 통해 다시 인간의 행위를 대신하는 자동화된 결과물을 산출한다. 인간행위가 곧 데이터이자 데이터가 곧 인간행위와 그 결과를 규정한다. Negroponte(1995)의 주장처럼 인간도 역시 디지털화된 존재인 것이다.

단적인 예를 살펴보도록 하자. 소비자는 자신의 실현능력을 극대화하는 다양한 가능성을 시장에서 찾고 삶을 영위해나간다. 그리고 이러한 소비자의 행위는 데이터로 분석되어 '분석된' 소비자 프로파일을 만들어나간다(Pridmore & Lyon, 2011). 이러한 가상의 소비자는 실제의 소비자를 대신하여 자동화된 선택을 할 근거를 제공하고 소비자는 자신이 생산한 데이터에 의해 재구성된 가상의 모습에 맞추어 살아가게 된다. 소비자가 탐색해야 할 정보의 범위부터 일상적인 소비생활의 선택까지 가상의 소비자 프로파일에 의해 결정되는 것이다. 이는 기술의 발전에 힘입어 소비자의 실현능력이 극대화될 것이라는 기대와 달리 매우 제한된 실현능력의 범위 안에서 주체성을 상실할 가능성이 있음을 보여준다. 결국 인간 존재와 기술의 경계가 모호해지는 과정에서 기술이 소비자 임파워먼트의 유용한 도구로서 활용되는 것이 아니라 오히려 소비자를 매우 일상적인 소비생활로부터 소외시키는 결과를 낳는 것이다.

또 다른 예는 필터버블(filter bubble)[6] 안에 갇혀 있는 소비자의 모습이다. 소비자는 네트워크상에 존재하는 수많은 정보에 얼마든지 자유롭게 접근할 수 있는 것처럼 보인다. 그러나 실제로는 검색엔

---

6) 필터버블(filter bubble)은 알고리즘을 통한 개인화된 검색 결과물을 제공하는 상태에서 선별적으로 정보의 사용자가 보기를 원할 것으로 추측되는 정보에만 노출됨에 따라 거품 속에 갇히는 것과 같은 현상을 말한다(Pariser, 2011a). 정보제공자가 개인의 성향이나 관심사, 사용패턴 등의 데이터를 바탕으로 노출시킬 정보가 선별되면 정보의 사용자는 새로운 정보나 자신의 관심사와 거리가 먼 정보에 대해 접할 기회를 박탈당할 수 있다는 점이 지적되어 왔으며, 이로 인한 정보편식이나 가치관의 왜곡과 같은 부정적인 결과가 초래될 수 있다는 비판이 있다. 또한 인간과 달리 윤리적 판단이 불가능한 알고리즘의 한계도 지적되어 왔다.

진이나 소셜 미디어 플랫폼의 체계화된 알고리즘 안에서 개별소비자에게 '적절하다고 여겨지는' 정보가 제공된다. 사용자에 따라 적절한 정보를 여과하여 제공하는 것은 소비자의 정보과부하 문제를 줄이기 위해 필요하며 이는 특히 전자상거래에서 추천 시스템(recommendation system)으로 폭넓게 적용되고 있다(Hinz & Eckert, 2010). 방대한 정보가 전혀 정리되지 않은 채 주어진다면 소비자는 정보의 범람 속에 어떤 정보도 활용하기 어려울 것임은 분명하다. 그러나 문제는 무엇이 소비자에게 더 적절한 정보인지에 대한 판단은 소비자가 아니라 알고리즘의 설계자에 의해 내려진다는 것이며, 소비자는 이러한 알고리즘의 존재나 작동방식에 대해 파악하기가 거의 불가능하다는 것이다(Pariser, 2011b). 정보의 다양성과 선택권이 애초에 매우 제한적이라는 점에서 필터버블에서 벗어날 필요가 있음이 강조되고 있다(Bozdag & Van Den Hoven, 2015; Matt et al., 2014).

알고리즘이 작동하기 위한 근거는 소비자들이 남긴 흔적, 즉 데이터이다(Pariser, 2011a). 소비자는 데이터에 의해 적절하다고 판단된 정보에 우선적으로 노출되며 이는 결국 새로운 경험 가능성을 차단한다. 역설적이게도 지능정보기술이 발전하며 소비자가 경험하는 정보환경은 그들에게 익숙한 것으로 제한된 매우 좁고 편협한 정보환경이며, 자신과 다른 생각을 가진 사람들과의 접촉이 원천적으로 차단된 채 알고리즘 안에 갇힌 소비자가 되는 것이다. 결과적으로 소비자의 생각이나 경험의 폭이 줄어들 수밖에 없으며 제한된 정보 속에서 새로운 실현능력을 확대할 기회를 놓치게 될 수 있다. 알고리즘은 데이터를 기반으로 맞춤화된 정보를 제공함으로써 더

만족할 만한 정보환경을 구축하도록 설계되지만, 이는 진정한 의미에서 소비자의 자기결정성을 침해한 결과이다. 이러한 문제는 소비자가 의식적으로 알고리즘의 존재를 인정하고 자신의 정보를 제공하기로 결정한 것이 아닐 때 더욱 심각하게 다루어져야 한다.

지능정보기술은 가상과 현실의 경계, 인간과 기술의 역할과 경계를 모호하게 만들고 있다. 포스트휴먼 사회는 인간의 실현능력 확대를 위한 기술과 인간의 관계에 초점을 두고 있지만 실제로는 소비자의 자율성을 빼앗거나 제한된 상황에서의 합리적 선택에 익숙해지게 만든다. 진정한 의미에서의 소비자 임파워먼트는 소비자가 주체성을 가진 존재로서 시장에서 힘을 발휘할 수 있다는 것을 의미한다. 기술로 만들어진 세계의 일부로 전락하여 주체성을 상실할 위기에 놓인 소비자의 상황을 비판적으로 바라보는 것과 함께 진정한 의미에서의 소비자 임파워먼트를 지향할 수 있도록 소비자와 기술의 관계에 대한 근본적인 물음을 끊임없이 던지는 것이 필요하다.

2. 시장의 변화와 제한된 정보

현대 소비시장은 공급의 양적 팽창과 소비자선호에 대응하는 질적 차별화의 특성을 모두 보여주고 있으며, 끊임없이 수많은 대안들이 쏟아져 나오는 소비시장에서 소비자는 더 넓은 선택지를 가지는 동시에 상품과 서비스에 대한 더 많은 정보를 처리해야 하는 입장에 놓인다. 이러한 점에서 풍요로운 소비사회는 한편으로 소비자가 상품의 품질이나 거래조건을 정확하게 알지 못한 채 선택해야 하는 상황에

처하게 만들었다는 점이 지적되어 왔다. 시장에서 소비자가 투명한 정보를 가질 수 없는 '정보비대칭(information asymmetry)'이 나타나는 것이다. 소비자가 획득하거나 탐색할 수 있는 정보는 매우 제한적이며, 정보품질의 측면에서도 한계가 있다. 정보의 품질은 절대적인 기준에 근거하여 정의할 수 없으며 사용자의 관점에서 사용적합성(fitness for use)에 따라 평가하게 된다. 따라서 일차적으로는 정보사용자의 맥락에 맞는 정보가 소비자에게 제공되어야 하며, 여기에 일반적인 정보품질을 구성하는 적시성(timeliness), 정확성(accuracy), 완전성(completeness), 적합성(relevance)을 갖춘 정보가 소비자에게 제공되어야 한다(Alshikhi & Abdullah, 2018; Romero-Rodriguez et al., 2016).

그러나 생산과 유통이 전문화된 현대 소비사회에서 상품과 서비스에 대한 정보는 대부분 생산자에게 더 많이 존재하며, 소비자는 생산자가 제공하는 상업적 정보에 의존하여 상품과 서비스를 판단할 수밖에 없는 경우가 많다. 생산자는 자신에게 불리한 정보는 최소화하고 유리한 정보를 최대한 강조할 것이기 때문에 소비자는 정확하고 균형 있는 정보를 확보하기 어렵다. 소비자의 상대적으로 낮은 정보력은 자신이 원하는 거래의 조건을 유지하기 어렵게 만들며, 결과적으로 선택에 필요한 정보의 정밀성과 완결성이 현저히 낮은 상황에서 물질적 풍요와 정보의 결핍이라는 모순된 상황에 직면하게 만든다. 또한 수많은 공급자와 소비자가 상호작용하는 현대 소비시장에서는 동일한 거래상대방과 지속적인 관계를 유지해야 할 필요성이 적다. 언제든지 자신의 선호를 더 잘 충족하는 거래로 이동할 수 있기 때문이다. 그런데 이러한 선택권의 확대가 소비자정보의 측면에서 소비자의 정보비용을 높이는 직접적인 요인이 된다. 동일한 제품을 각기 다른 거래조건으로 판매하는 유통업체들이 존재할 때 소비자는 상품의 품질에 대한 정보뿐만 아니라 서로 다른 거래조건을 비교선택하기 위한 정보가 필요하다. 그리고 이러한 거래조건은 늘 동일한 것이 아니기 때문에 소비자는 여러 업체들 사이에서 자신에게 가장 바람직한 거래조건을 제시하는 업체와 거래를 하게 되며 이는 그때그때 다른 선택으로 이어질 수 있다. 특히 온라인 상거래에서는 이러한 거래가 일회성의 성격을 띨 가능성이 더욱 높아진다. 이처럼 일회성 거래의 빈도가 높아지면 제품이나 공급자에 대한 정보를 소비자가 생산하거나 보유하는 데 드는 비용이 높아지기 때문에 소비자는 제한적인 정보를 활용하여 선택하게 된다.

이러한 제한적 정보의 상태는 소비자의 사회적 역할 수행에도 장애로 작용한다. 소비자의 사회적 역할이 수행되는 과정에는 필연적으로 공동체의 가치와 개인의 욕구 사이에 갈등과 조화가 반복된다. 이러한 문제는 소비자의 태도나 인식 변화로 모두 해결되지 않는다. 소비자가 공익을 위한 선택을 하고자 하더라도 그러한 선택을 위한 충분한 정보가 소비자들에게 주어지기 어렵기 때문이다 (McGregor, 2007; 2017). 예를 들면 구입하려는 제품이 어떻게 생산, 유통되었는지, 노동자들의 작업환경은 어떠했는지, 기업의 지배구조는 얼마나 건전한지, 생산과정에서 발생한 환경영향은 어떠한지 등에 대해 소비자가 알기 어렵다. 따라서 소비자에게 주어진 역할은 자신의 소비가 다른 사람의 삶, 그리고 공동체의 안녕과 연결되어 있다는 점을 고려하여 선택하는 것에서 더 나아가 이를 위해 필요한 정보를 탐색하고 요구하며 소비자의 의견을 적극적으로 개진하는 것을 포함한다. 이러한 의견 개진의 대상은 생산을 직접적으로 담당하는 기업뿐만 아니라 정부와 공적 영역도 해당된다. 이러한 관점에서 정치적 영향력을 가진 행동가, 정치적 소비자(political consumer)로서 소비자역할 수행이 중요해진다.

3. 지능정보기술과 소비자정보격차

소비자의 합리적 선택을 저해하는 정보비대칭 문제는 주로 정보의 공급에서 나타나는 불균형 문제로 다루어져왔다. 공급되는 정보의 양적 불균형과 접근성 제약으로 인한 시장실패 현상이 대두되어왔기 때문이다. 그러나 지능정보기술의 발전으로 정보의 양적 확대와 정보접근성의 획기적인 향상이 이루어졌음에도 소비자정보문제는 여전히 해소되지 않고 있다. 오히려 초연결화, 지능화되어가는 시장의 변화에 따라 정보비대칭 문제는 더욱 빈번하게 나타나며 이로 인한 소비자문제의 양상 또한 복잡해지고 있다. 또한 지능정보사회에서 나타나는 산업과 기술의 변화는 지금까지의 기술발전과 그로 인한 사회변동 폭을 훨씬 넘어서는 전면적이고 급진적인 변화이자 변화의 방향 또한 예측하기 어려운 불확실성을 지닌다.

지능정보기술의 발전은 소비자가 다양한 정보원천에 언제든지 접속하여 방대한 정보를 손쉽게 처리할 수 있는 기반을 제공한다는 점에서 완전정보의 가능성으로 비춰지기도 하나, 실상 소비자는 정보과다의 문제와 정보결함의 문제를 동시에 경험하고 있다. 지능정보사회에서 정보의 공급과 관련한 문제는 정보의 양이나 접근가능성의 문제가 아니다. 오히려 수많은 정보 중에서 어떠한 정보에 얼마나 자주 노출되는지 즉, 정보의 선별과 선택가능성에 대한 문제이다. 소비자는 더욱 정교해진 검색엔진을 활용하여 자신이 원하는 정보를 얻기가 용이해졌으며, 소비자의 사용맥락에 맞게 고안된 플랫폼을 활용하여 실시간으로 자신의 니즈에 부합하는 정보를 실제 소비생활에 적용할 수 있게 되었다. 더욱이 소비자들이 온라인에 남긴 수많은 흔적은 이러한 선별된 정보를 생산하는 과정의 자동화를 가능하게 한다. 일면 효율적인 정보선별과 사용적합성이 높은, 즉 좋은 품질의 정보를 선택할 수 있는 가능성이 높아진 것으로 볼 수 있으나 실상은 반드시 그렇지만은 않다. 소비자는 알고리즘에 의해 생산, 제공되는 정보의 최종사용자임과 동시에 이러한 알고리즘이 작동하기 위한 행태정보를 제공하는 정보생산 주체이다. 그러나 소비자는 자신의 정보가 얼마나, 어떻게 활용되었는지, 이때 활용되는 알고리즘은 어떻게 설계되었는지 알기 어렵다. 정보의 선별이 이미 설계자에 의해 편향되어 있을 가능성을 소비자는 인식하기도, 배제하기도 어려운 것이다.

정보의 편향성은 소비자의 합리적 의사결정을 어렵게 만드는 요인이 될 뿐만 아니라, 편향된 알고리즘에 근거한 자동화된 의사결정(automated decision making, ADM)은 소비자의 책임을 벗어난 결과를 야기할 수 있다는 점에서 기존의 법제로 다루기 어려워지는 문제가 있다. 지능정보기술은 인간 중심으로 발전하고 인간의 의사결정과정과 유사해지는 방향으로 나아가고 있으나(유영성 외, 2014),

누적된 행태 정보에 근거한다는 점에서 여전히 한계를 갖는다. 예컨대 사회변동 과정에서 소비자의사결정에 의식적 전환이 필요하더라도 인간이 가지는 선한 의지를 반영하도록 작동하기보다는 설계자의 의도와 누적된 데이터에 따라 움직일 가능성이 높기 때문에 소비자의 책임 있는 결정과는 거리가 있을 수 있다. 또한 알고리즘이 인간의 의사결정을 닮아가며 복잡해짐에 따라 알고리즘이 '블랙박스'화되어 소비자뿐만 아니라 심지어 설계자도 최종 결과 값을 이해하고 예측하는 것이 어려워진다(이금노, 2018). 이러한 점에서 정보의 편향성이 소비자의사결정에 미치는 영향에 대한 비판과 알고리즘의 투명성을 요구하는 목소리가 높아지고 있다.

〈표 1〉 정보격차의 단계

	1단계 격차	2단계 격차	3단계 격차
정보격차 단계	접근격차 (access divide)	이용격차 (usage divide)	활용수준격차 (beneficial outcomes)
판단근거	인터넷 접근성	인터넷 이용능력/ 이용여부	활용결과의 질적 수준

오늘날 중요한 소비자 힘의 원천은 정보와 네트워크에 있으며 (Labrecque, 2013), 소비자는 디지털 기술의 활용 방식뿐만 아니라 기술세계에서 작동하는 사회적 메커니즘과 문화적 현상에 적응해나간다(Dey et al., 2020). 이러한 적응의 과정을 고려할 때 소비자정보격차는 기술의 접근가능성에 대한 1단계 격차에서 더 나아가 이용능

력과 이용 여부를 고려한 2단계 격차, 실질적인 활용 결과의 질적 수준에 따른 3단계 격차로 나누어 접근한다(표 1). 우리나라는 국가정보화기본법에 의해 지능정보화 관련 정책을 수립, 추진하고 있으며, 최근 개인화된 디지털 디바이스의 발전과 보급으로 정보의 접근격차는 많은 부분 해소된 것으로 나타나고 있다(이기호, 2019). 그러나 〈그림 4〉에서 보는 바와 같이 정보격차의 차원을 구분할 때[7] 여전히 정보의 활용 역량과 활용 수준 차원에서의 격차는 해소되지 못한 것으로 나타나고 있다.

1단계와 2단계의 격차 수준에서는 기술의 보급과 기술활용교육과 같은 직접적인 지원을 통해 격차를 해소하는 것이 수월한 반면, 3단계 소비자정보격차는 객관적으로 평가되기 어려운 질적 차원을 포함한다. 단지 기술을 사용할 수 있는 것이 아니라 그러한 기술에 내포된 가치와 위험, 문화적 차원들을 비판적이고 주체적으로 받아들일 수 있는지, 그리고 자신의 삶에 적용하기 위한 학습의 과정을 얼마나 잘 수행하며 참여적 태도를 보이는지를 모두 포괄해야 한다(Fieldhouse & Nicholas, 2008). 온라인과 오프라인의 경계가 점차 흐려지면서 정보격차의 문제는 오프라인 세계에서 유용한 자원에 접근할 수 있는 기회나 사회참여의 문제와 상호 결합되는 양상을 보인다는 점에서 중요하게 다루어져야 한다.

---

7) 디지털정보격차는 일반국민의 디지털정보화수준을 100으로 가정할 때, 일반국민 대비 정보취약계층의 디지털정보화수준을 의미한다. 디지털접근수준, 디지털역량수준, 디지털활용수준을 종합해 산출한다.

<그림 4> 디지털정보격차 현황

한편 알고리즘 기반의 정보환경이 급속하게 발달함에 따라 알고리즘에 대한 지식격차가 새로운 정보격차로 다루어져야 한다는 주장이 제기되고 있다(Cotter & Reisdorf, 2020; Gran et al., 2021). 알고리즘을 기반으로 한 플랫폼이 정치, 사회, 문화뿐만 아니라 일상적인 소비생활에 지대한 영향을 미치고 있음에도 소비자들은 알고리즘이 어떻게 정보를 전달하도록 설계되었는지 알 수 없다는 점에서 정보격차의 새로운 차원으로 고려되어야 한다는 것이다(Noble, 2018). 더욱이 알고리즘은 소비자가 선택하는 것이 아니라 시스템에 내재(embedded)되어 수많은 의사결정의 기초가 되는 환경을 생성한다는 점에서 미묘하지만 중요한 격차를 만든다는 것을 고려해야 한다(Gran et al., 2021).

알고리즘에 대한 지식 격차에서 중요한 것은 알고리즘에 대한 개괄적 이해이다. 기초적으로는 알고리즘에 의해 특정 정보가 더 높은 우선순위로 도출될 수 있다는 점과 이러한 순위를 지정하는 기준에 대한 지식을 갖추는 것에서 출발하며, 알고리즘이 기획되는 원칙과 방법, 그리고 그에 따른 사회적, 정치적 영향을 이해하는 것이 필요하다(Cotter & Reisdorf, 2020; Rader et al., 2018). 특히 소비자는 자신이 생성한 데이터가 알고리즘 작동의 근거가 된다는 점을 이해하는 것이 중요하다. 소비자는 자신의 소비생활을 영위하는 것과 함께 알고리즘을 통해 학습된 정보환경을 형성하는 데 참여하는 역할, 즉 정보의 생산과 소비를 모두 담당하는 '프로슈머(prosumer)'로서의 역할을 수행하는 것이다(Gran et al., 2021). 따라서 알고리즘에 대해 충분히 소비자가 이해하는 것, 그리고 알고리즘의 편향성과 불확실성에 대해 비판적 시각을 견지하며 정보생산과정에 책임있는 주체로서 관여하려고 노력하는 것이 중요해진다.

4. 사회변동과 소비자연구

서두에서 논의한 바와 같이 소비는 개인의 일상을 채우는 행위로서의 의미뿐만 아니라 시민생활의 일부로서 개인을 넘어 지구사회의 지속가능성에 영향을 미치는 행위이다. 소비자는 개인의 욕구충족과 충돌하거나 경쟁하는 사회적 가치를 동시에 추구해야 하는 존재로서 양자를 조율하는 긴장관계에 놓여 있다. 또한 개개인의 소비행위는 인간 삶의 변화를 직접적으로 드러내는 것으로, 우리 사회의 변화를 이끄는 동인으로 간주되기도 한다. 이러한 관점에서 사회의 책임 있는 주체로서의 소비자역할이 더욱 중요해진다. 사회의 변화에 맞물린 소비자의 역할과 소비자에게 요구되는 역량에 대한 지속적인 논의가 필요한 이유이다.

소비자는 개인과 사회의 가치를 조율하고 인간과 기술의 공진화를 위한 시대적 사명을 갖는다. 이를 위해서는 소비자역할과 책임의 포괄적 이해가 필수적이다. 소비의 초점이 소유에서 경험으로 이동하는 것은 개별 소비자들이 더 이상 물질의 소유에 집착하지 않고 유휴자원을 가급적 줄이는 방향으로 소비생활을 영위한다는 점에서 소비생활의 질을 양보하지 않고 자원 보존에 도움이 되는 선택을 하는 것으로 볼 수 있다. 그러나 이를 좀 더 확장하여 생각하면, 개별 소비자들이 경험을 통해 소비하는 대상을 제공하는 제공자가 제품을 소유하면서 대여의 방식으로 소비자에게 경험을 제공하고 난 뒤 어떻게 폐기하는지에 대해서는 소비자가 전혀 알 수도 없고 관심도 없을 것이다. 경험중심의 소비가 매우 단발적인 소비자욕구를 즉시 충족할 수 있도록 더 유연한 기회를 제공한다는 점에서 개인의 욕구를 우선시하며 낭비적인 소비로 이어질 가능성 또한 지적된다. 이는 소비자의 관심이 자신의 구매행위뿐만 아니라 공급부터 폐기에 이르는 전 단계에 필요하며, 개인소비자 중심적 사고에서 벗어나 공동체로서의 소비사회 중심적 접근이 필요함을 시사한다. 즉 공동체의 일부로서 소비자선택의 합리성이 고려될 필요가 있다는 것이다.

또한 현대의 지능정보기술은 가상과 현실의 경계, 인간과 기술의 역할과 경계를 모호하게 만들며 이는 소비자의 역할과 책임의 영역에도 영향을 미친다. 지금까지 살펴본 바와 같이 기술과 사회의 변동은 소비자의 역할과 책임의 영역을 확장하고 새로운 소비자역량의 필요성을 강화하는 배경이 되어왔다. 우리는 기술로 만들어진 세계의 일부로 수동적이고 무력할 수밖에 없는 소비자의 입장에 놓이면서도 동시에 책임 있는 주체로서 인간과 기술의 공진화적 흐름이 가능하도록 주도적인 역할을 해야 하는 모순적 상황에 직면해 있다. 포스트휴먼 사회에서 책임 있는 소비자의 역할이 더욱 중요해진다는 점에서 기술로 인한 사회변동이 가져오는 영향에 대해 비판적 시각을 견지하는 것이 필요하며, 사회변화에 따른 소비자주권과 소비자역량의 재개념화를 끊임없이 시도해 나가는 것이 새로운 사회의 도래에 따른 인간의 삶과 공동체로서의 소비사회를 이해하기 위한 사회과학적 접근의 과제가 될 것이다.

참고문헌

김기옥, 김난도, 이승신, 황혜선. (2015). 초연결사회의 소비자정보론. 시그마프레스.

김기옥, 황혜선. (2009). 현대사회의 소비자역할 확장에 따른 소비자운동의 인식: 소비자
역할과 소비자운동의 척도개발을 중심으로. 소비자학연구, 20(4), 153-185.

김나정, 유병희. (2020). 개인 영역의 소비가 소비자 삶의 질에 미치는 영향에 대한 연구:
통합적 소비전략을 중심으로. 소비자학연구, 31(4), 1-30.

김난도, 전미영, 최지혜 등. (2020). 트렌드코리아 2021. 미래의창.

문은숙. (2004). 소비자운동의 이해와 한국소비자운동의 발전 과정. 시민사회와 NGO,
2(2), 189-223.

박기철. (2005). 소비자 조사분석을 넘는 생활자 체험이해. 한국광고홍보학보, 7(3), 42-84.

유영성, 김현중, 이상대 등. (2014). 초연결사회의 도래와 우리의 미래. 경기개발연구원.

이금노. (2018). 인공지능 알고리즘 기반 경제에서의 소비자문제 연구. 한국소비자원.

이기호. (2019). 지능정보사회에서의 디지털 정보격차와 과제. 보건복지포럼. 2019. 8.

전지현, 이영선. (2010). 양면적 의복소비행동과 관련변수의 관계 분석-가치와 가치소비를
중심으로. 한국의류학회 학술발표논문집, 2010, 102-102.

정윤희, 이종호. (2009). 경험적 소비에서 경험특성, 즐거움과 죄책감, 재경험 의도의 관계.
경영학연구, 38(2), 523-553.

차두원, 진영현. (2015). 초연결시대, 공유경제와 사물인터넷의 미래. 한스미디어.

한준오, 이욱, 황혜선. (2021). 불매운동 참여 경험에 관한 현상학적 접근과 텍스트마이닝
의 혼합연구. 2021년 대한가정학회 춘계학술대회, 2021.

Alshikhi, O. A., & Abdullah, B. M. (2018). Information quality: definitions, measurement,
dimensions, and relationship with decision making. *European Journal of Business and
Innovation Research, 6*, 36-42.

Baudrillard, J. (2004). 소비의 사회 (이상률 역). 문예출판사. (원서출판 1996).

Bennett, W. L. (1998). The uncivic culture: Communication, identity, and the rise of
lifestyle politics. *PS: Political Science & Politics, 31*, 741-761.

Bozdag, E., & Van Den Hoven, J. (2015). Breaking the filter bubble: Democracy and
design. *Ethics and Information Technology, 17*, 249-265.

Caruana, R., & Crane, A. (2008). Constructing consumer responsibility: Exploring the role
of corporate communications. *Organization Studies, 29*, 1495-1519.

Copeland, L., & Boulianne, S. (2020). Political consumerism: A meta-analysis. *International
Political Science Review, 43*, 3-18.

Cotter, K., & Reisdorf, B. C. (2020). Algorithmic knowledge gaps: A new dimension of (digital) inequality. *International Journal of Communication (19328036), 14.*

Covey, S. (1992). *Principle-centered leadership.* Simon and Schuster.

da Costa Fernandes, S., Pigosso, D. C., McAloone, T.C., & Rozenfeld, H. (2020). Towards product-service system oriented to circular economy: A systematic review of value proposition design approaches. *Journal of Cleaner Production, 257,* 120507.

Deighton, J., & Kornfeld, L. (2009). Interactivity's unanticipated consequences for marketers and marketing. *Journal of Interactive Marketing, 23,* 4-10.

Dey, B. L., Yen, D., & Samuel, L. (2020). Digital consumer culture and digital acculturation. *International Journal of Information Management, 51,* 102057.

Dugain, M., & Labbé, C. (2019). 빅데이터 소사이어티 (김성희 역). 부키.

Dunn, R. G. (2008). *Identifying consumption: Subjects and objects in consumer society.* Temple University Press.

Ellul, J. (1996). 기술의 역사 (박광덕 역). 한울.

Ertz, M., Lecompte, A., & Durif, F. (2017). Dual roles of consumers: Towards an insight into collaborative consumption motives. *International Journal of Market Research, 59,* 725-748.

Fellesson, M., & Salomonson, N. (2016). The expected retail customer: Value co-creator, co-producer or disturbance? *Journal of Retailing and Consumer Services, 30,* 204-211.

Fieldhouse, M., & Nicholas, D. (2008). Digital literacy as information savvy: The road to information literacy. In M. Knobel & C. Lankshear (Eds.). *Digital Literacies: Concepts, Policies and Practices,* (pp. 43-72).

Fitzsimmons, C. (1965). *Consumer buying for better living.* Wiley.

Gaiardelli, P., Pezzotta, G., Rondini, A., Romero, D., Jarrahi, F., Bertoni, M., ⋯ & Cavalieri, S. (2021). Product-service systems evolution in the era of Industry 4.0. *Service Business, 15,* 177-207.

Galbraith, J. K. (1975). *The affluent society.* Penguin.

Goffman, E. (1959). *The presentation of self in everyday life.* Doubleday.

Goodwin, N., Nelson, J. A., Ackerman, F., & Weisskopf, T. (2008). *Consumption and the consumer society.* Global Development and Environment Institute.

Gran, A. B., Booth, P., & Bucher, T. (2021). To be or not to be algorithm aware: a question of a new digital divide?. *Information, Communication & Society, 24,* 1779-1796.

Hamari, J., Sjöklint, M., & Ukkonen, A. (2016). The sharing economy: Why people participate in collaborative consumption. *Journal of the Association for Information Science and Technology, 67,* 2047-2059.

Hampton, K., & Wellman, B. (2003). Neighboring in Netville: How the Internet supports community and social capital in a wired suburb. *City & Community, 2*, 277-311.

Herrmann, R. O., & Mayer, R. N. (1997). US consumer movement: History and dynamics. *Encyclopedia of the Consumer Movement*, 584-601.

Herrera, N. R. (2017). The Emergence of Living Lab Methods. In D. Keyson, O. Guerra-Santin, Lockton D. (Eds.) *Living Labs*. Springer, Cham.

Hersey, P., Blanchard, K. H., & Johnson, D.E. (1996). *Management of organizational behavior: Utilizing human resources*. Prentice Hall.

Hinz, O., & Eckert, J. (2010). The impact of search and recommendation systems on sales in electronic commerce. *Business & Information Systems Engineering, 2*, 67-77.

Hirschle, J. (2014). Consumption as a source of social change. *Social Forces, 92*, 1405-1433.

Hirschman, E. C., & Holbrook, M. B. (1982). Hedonic consumption: Emerging concepts, methods and propositions. *Journal of Marketing, 46*, 92-101.

Hossain, M., Leminen, S., & Westerlund, M. (2019). A systematic review of living lab literature. *Journal of Cleaner Production, 213*, 976-988.

Hutt, W. H. (1936). *Economists and the public: A study of competition and opinion*. Cape.

Hwang, H., & Kim, K. O. (2015). Social media as a tool for social movements: The effect of social media use and social capital on intention to participate in social movements. *International Journal of Consumer Studies, 39*, 478-488.

Hwang, H., Kim, J. H., & Kim, K. O. (2018). Intention to participate in collaborative consumption as providers and users. *The Journal of the Korea Contents Association, 18*, 19-33.

Jacoby, J. (1978). Consumer Research: How valid and useful are all our consumer behavior research findings? A state of the art review. *Journal of Marketing, 42*, 87-96.

Johnston, J. (2008). The citizen-consumer hybrid: ideological tensions and the case of Whole Foods Market. *Theory and Society, 37*, 229-270.

Kallhoff, A. (2016). The normative limits of consumer citizenship. *Journal of Agricultural and Environmental Ethics, 29*, 23-34.

Keltner, D., Gruenfeld, D. H., & Anderson, C. (2003). Power, approach, and inhibition. *Psychological Review, 110*, 265.

Kim, K. O., & Hwang, H. (2021). Consumer acceptance of product–service systems as alternative satisfiers of consumer needs for sustainable development. *Sustainable Development, 29*, 847-859.

Kimita, K., Shimomura, Y., & Arai, T. (2009). Evaluation of customer satisfaction for PSS design. *Journal of Manufacturing Technology Management, 20*, 654-673.

Klopčič, A. L., Hojnik, J., Bojnec, Š., & Papler, D. (2020). Global transition to the subscription economy: Literature review on business model Changes in the media landscape. *International Research Journal, 18*, 323-348.

Kotler, P. (2010). The prosumer movement. In *Prosumer revisited* (pp. 51-60). VS Verlag für Sozialwissenschaften.

Kozinet, R. (2004). Adversaries of consumption: Consumer movements, activism, and ideology. *Journal of Consumer Research, 31*, 691–704.

Labrecque, L. I., vor dem Esche, J., Mathwick, C., Novak, T. P., & Hofacker, C. F. (2013). Consumer power: Evolution in the digital age. *Journal of Interactive Marketing, 27*, 257-269.

Levine, R., Locke, C., Searls, D., & Weinberger, D. (2000). *The Cluetrain manifesto*. Basic Books.

Matt, C., Benlian, A., Hess, T., & Weiß, C. (2014). *Escaping from the filter bubble? The effects of novelty and serendipity on users' evaluations of online recommendations.* 35th International Conference on Information Systems, Auckland, 2014.

McClelland, D. C., & Boyatzis, R. E. (1982). Leadership motive pattern and long-term success in management. *Journal of Applied Psychology, 67*, 737.

McGregor, S. L. (2007). Consumerism, the common good, and the human condition. *Journal of Family and Consumer Sciences, 99*, 15.

McGregor, S. L. (2010). *Consumer moral leadership* (pp. 3-14). Brill Sense.

McGregor, S. L. (2017). Consumer perceptions of responsibility. In *Consumer perception of product risks and benefits* (pp. 567-596). Springer, Cham.

Meek, D. (2011). YouTube and social movements: a phenomenological analysis of participation, events and cyberplace. *Antipode, 44*, 1429– 1448.

Mulder, I., & Stappers, P. J. (2009). *Co-creating in practice: Results and challenges.* In 2009 IEEE International Technology Management Conference (ICE) (pp. 1-8). IEEE.

Mulder, I., Van Doorn, F., & Stappers, P. J. (2015). *Co-creation in context: the user as co-creator approach.* In International Conference on Distributed, Ambient, and Pervasive Interactions (pp. 74-84). Springer, Cham.

Negroponte, N. (1995). *Being digital*. Alfred A. Knopf.

Niinimäki, K. (2009). Consumer values and eco-fashion in the future. *Proceedings of the Conference "Future of the Consumer Society"* (pp. 125-134).

Noble, S. U. (2018). *Algorithms of oppression*. New York University Press.

Nussbaum, M., & Sen, A. (1993). *The quality of life*. Clarendon Press.

Pallot, M., Trousse, B., Senach, B., & Scapin, D. (2010, August). *Living lab research landscape: From user centred design and user experience towards user cocreation.* In Proceedings of the Living Lab Summer School, Paris, August 2010.

Pariser, E. (2011a). *The filter bubble: What the Internet is hiding from you.* Penguin UK.

Pariser, E. (2011b). *The filter bubble: How the new personalized web is changing what we read and how we think.* Penguin.

Parker, G. (1999). The role of the consumer-citizen in environmental protest in the 1990s. *Space and Polity, 3,* 67-83.

Pridmore, J., & Lyon, D. (2011). Marketing as surveillance: Assembling consumers as brands. In D. Zwick & J. Cayla (eds). *Inside marketing: Practices, ideologies, Devices* (pp.115-136). Oxford.

Rader, E., Cotter, K., & Cho, J. (2018, April). Explanations as mechanisms for supporting algorithmic transparency. In *Proceedings of the 2018 CHI conference on human factors in computing systems* (pp. 1-13).

Rifkin, J. (2014). *The zero marginal cost society: The internet of things, the collaborative commons, and the eclipse of capitalism.* St. Martin's Press.

Ritter, M., & Schanz, H. (2019). The sharing economy: A comprehensive business model framework. *Journal of Cleaner Production, 213,* 320-331.

Roach, B., Goodwin, N., & Nelson, J. (2019). *Consumption and the consumer society.* Global Development and Environment Institute.

Romero-Rodríguez, L. M., de-Casas-Moreno, P., & Torres-Toukoumidis, Á. (2016). Dimensions and indicators of the information quality in digital media. *Comunicar. Media Education Research Journal, 24,* 91-100.

Rucker, D. D., Galinsky, A. D., & Dubois, D. (2012). Power and consumer behavior: How power shapes who and what consumers value. *Journal of Consumer Psychology, 22,* 352-368.

Sanders, E. B. N., & William, C. T. (2001). Harnessing people's creativity: ideation and expression through visual communication. In J. Langford & D. McDonagh (eds). *Focus groups: Supportive effective product development.* Taylor and Francis.

Scholz, B.,Gordon, S., & Happell, B. (2017). Consumers in mental health service leadership: a systematic review. *International Journal of Mental Health Nursing, 26,* 20-31.

Schubert, C., & Chai, A. (2012). Sustainable consumption and consumer sovereignty. *Papers on Economics and Evolution, 1214.*

Schultz-Kleine, S., & Kernan, J. B. (1992). Mundane everyday consumption and the self: A conceptual orientation and prospects for consumer research. *Advances in Consumer Research, 19,* 411-415.

Schumacher, J., & Feurstein, K. (2007). *Living Labs-the user as co-creator.* In 2007 IEEE International Technology Management Conference (ICE)(pp. 1-6). IEEE.

Sen, A. (1980). *Equality of what?.* The Tanner lecture on human values, *1,* 197-220.

Shah, D. V., McLeod, D. M., Kim, E., Lee, S. Y., Gotlieb, M. R., Ho, S. S., & Breivik, H. (2007). Political consumerism: How communication and consumption orientations drive "lifestyle politics". *The ANNALS of the American Academy of Political and Social*

Science, 611, 217-235.

Smith, R. A. (1996). Special session summary consuming experiences and experiencing consumption: It's not what you consume but how you consume it. *Advances in Consumer Research, 23*, 311.

Stål, H. I., & Jansson, J. (2017). Sustainable consumption and value propositions: Exploring product–service system practices among Swedish fashion firms. *Sustainable Development, 25*, 546-558.

Stewart, G. L., Courtright, S. H., & Manz, C. C. (2019). Self-leadership: A paradoxical core of organizational behavior. *Annual Review of Organizational Psychology and Organizational Behavior, 6*, 47-67.

Stolle, D., & Micheletti, M. (2013). *Political consumerism: Global responsibility in action*. Cambridge University Press.

Trentmann, F. (2009). The long history of contemporary consumer society. chronologies, practices, and politics in modern Europe. *Archiv für Sozialgeschichte, 49*, 107-668.

Van Boven, L. (2002). Living "The good life": The hedonic superiority of experiential over material purchases. *Advances in Consumer Research, 29*, 444-445.

Visnjic, I., & Van Looy, B. (2013). *Successfully implementing a service business model in a manufacturing firm*. Cambridge Service Alliance.

Vitell, S. J. (2015). A case for consumer social responsibility (CnSR): Including a selected review of consumer ethics/social responsibility research. *Journal of Business Ethics, 130*, 767-774.

Wikström, S. (1996a). The customer as co-producer. *European Journal of Marketing, 30*, 6-19.

Wikström, S. (1996b). Value creation by company-consumer interaction. *Journal of Marketing Management, 12*, 359-374.

Zorell, C. V. (2018). *Varieties of political consumerism: From boycotting to buycotting*. Springer.

제6장

집단주의 가치와
독립적 자기의 결합을 통한
한국사회 문화변동의
방향성 모색

최훈석 심리학과 교수

인간은 문화적 존재이다. 이 명제는 하나의 고정된 삶의 양식이 오히려 어색하게 느껴지는 현대를 사는 우리에게, 그리고 특히 세계화와 동서문화의 융합이라는 문화변동의 맥락에서 적실성을 담보한 실천학문으로써 심리학의 방향성을 가늠해보는 데 시사하는 바가 크다. 문화를 어떤 수준에서 정의하든, 문화의 틀 안에서 삶을 영위하면서 그로부터 영향을 받지 않는 개인은 존재하지 않는다. 인간에게 문화는 공기와 같은 것이어서, 사람들은 평소 문화가 자신의 심리와 행동에 근본적인 영향을 미치고 있음을 알지 못한다. 이는 마치 물고기가 물 밖으로 나와야만 자신이 물속에 살고 있었음을 알아차리는 것과 같은 이치이다(Kluckhohn, 1949). 현대 심리학의 창시자로 인식되는 Wundt가 문화심리(volkerpsychologie)라는 개념을 통해 강조하고자 했던 바는, 인간은 사회적 맥락에 구현된 존재이므로 인간 행동의 사회적 구현성을 이해하는 것이 과학적 심리학의 중요한 과제라는 점이다.

한국사회는 개인의 행복과 번영을 강조하는 방향으로 급격히 전개되고 있는 사회문화적 변동을 감당해내면서, 공동체의 번영과 공동선(共同善)의 실현을 통해 삶의 공동성을 신장해야 한다는 과제에 직면해 있다. 이러한 사회문화적 환경에서 인간의 번영과 기능 증진에 관한 학문은 개인의 성취와 안전, 자아실현과 심리적 안녕에 국한된 관점에서 탈피하여 개인과 공동체를 변증법적으로 상호 발전시켜 공번영(共繁榮)을 실현하는 방향으로 확장되어야 한다. 이러한 맥락에서 필자는 문화를 이해하는 전통적인, 그리고 가장 광범위하게 연구된 개념틀인 개인주의-집단주의에 초점을 두고 현재 및 가까운 미래에 한국사회가 정립해야 할 문화변동의 방향성을 모색해보고자 한다. 이 과정에서 문화를 구분하는 차원으로서의 개인주의-집단주의에 관한 심리학 연구의 특징과 한계를 논의하고, 개인주의-집단주의 개념의 정교화와 확장을 통해서 개인과 공동체가 함께 번영할 수 있는 심리적 조건을 규명하는 새로운 관점을 제안하고자 한다.

I
문화에 관한 심리학적 접근

1970년대를 기점으로 본격적으로 전개된 문화와 심리 및 행동 간의 관계에 관한 학술연구는 북미와 유럽에서 태동하고 발전한 서구 심리학이 범문화적 타당성을 지닌 보편원리가 될 수 있는지에 대한 물음에서 시작되었다. [1] 심리학이 문화보편성을 담보한 일반이론을 발굴하고 발전시켜야 한다는 관점에서는 보편적 일반이론의 정립을 위해서 문화에 따른 차이나 유사성을 연구하는 것이 중요한 과제가 된다. 이 관점에 토대를 둔 문화비교 심리학(cross-cultural psychology)은 특정 심리학 이론이나 개념의 타당성을 확인하기 위해 여러 국가나 지역 간 비교를 실시한다. 문화비교 심리학은 인간 심리의 보편성 가정에서 출발하기 때문에, 문화 간에 발견되는 심리나 행동의 변산은 '정도의 차이'로 해석한다. 그리고 이러한 심리와 행동에서의 문화 간 차이는 각기 서로 다른 문화사회화 과정을 반영하는 것

---

1) 문화에 관한 심리학 연구의 역사와 다양한 접근법들은 Kashima(2019)와 Smith 등(2013)의 개관을 참조하기 바란다.

으로 이해한다. 따라서 환경맥락으로서의 문화는 선행조건으로, 그리고 사람들의 신념과 태도, 행동 등은 그에 따른 결과변수로 취급한다(Berry et al., 2011). 현대 심리학 이론들이 북미와 유럽을 중심으로 발전해왔음을 감안하면, 문화비교 심리학은 사실상 서구 이론의 타당성을 확인하는 과정에서 다른 문화권에서 관찰되는 차이를 분석하고 이를 통해 보편 심리학을 구성해가는 과정으로 볼 수 있다.

문화비교 심리학의 궁극적 목적이 보편 심리학의 구성에 있다면, 문화심리학(cultural psychology)은 인간의 심리과정은 일상적 생활경험을 통해 조형되며 문화마다 일상적으로 사람들에게 제공하는 삶의 경험, 즉 문화적 공여특성(cultural affordances)이 다르기 때문에 심리적 기능과 과정은 문화적 특수성을 지닐 수밖에 없다고 전제한다. 이러한 주장은 학습에서 사회문화적 맥락의 중요성을 강조한 Vygotsky(1934/1962)의 이론을 필두로 '문화와 심리는 서로를 만들어 간다'는 관점(Shweder, 1990)에 토대를 둔다. 인간의 외현적 행동은 심리기능 및 과정의 함수이며 문화와 심리는 불가분의 관계에 있다는 관점에서 보면, 문화는 인간 행동을 결정하는 외부 환경변수가 아니라 지각, 인지, 동기와 정서 등 기본적인 심리기능에서의 차이에 반영된 내부 심리현상으로 이해할 수 있다.

문화심리학에서는 문화와 인간의 심리 및 행동이 불가분의 관계에 있다고 가정하기 때문에, 사람들의 심리와 행동에서 관찰되는 문화 간 차이는 보편심리의 '정도 차이'가 아니라 심리적 기능에서의 본원적인 차이로 해석된다. 예를 들어, 성공과 실패 경험은 어느 사회에서나 관찰할 수 있는 현상이다. 그러나 서구에서 성공 경험은 실패 경험에 비해 개인에게 강한 동기적 힘을 발휘하는 반면, 동아시아에서는 실패 경험이 성공 경험 못지않게 또는 그보다 더 강한 동기적 힘을 지닐 수도 있다(Heine et al., 2001). 문화심리학 연구에서는 주로 동아시아인과 미국인의 심리와 행동을 비교하여 대인지각, 사고처리 양상, 동기체계와 정서 경험 등에서 나타나는 동서양 차이를 분석하였다(문화심리학의 주요 연구성과에 관한 개관은 Cohen & Kitayama, 2019 참조). 이처럼 문화심리학 역시 문화 간 비교 방법을 적용하기는 하지만 외부 환경조건으로서의 문화에 초점을 두기보다는 내부 심리기능에서의 문화 간 차이를 강조한다는 점에서 문화비교 심리학과 구별된다.[2]

문화에 관한 심리학 연구가 시작된 지 적게 잡아도 50여 년이 지난 현 시점에서 문화보편성과 특수성에 관한 기계론적 논쟁은 생산적인 담론이라고 보기 어렵다. 문화에 관한 심리학 연구에서는 범문화적 일반이론과 문화적 특수성을 정교하게 포착하는 이론이 모두 필요하며, 문화와 심리 및 행동 간의 관련성을 기술하는 것뿐만 아니라 문화의 '무엇'이 '어떤 심리적 기제'를 통해 행동에서 차이를 유발하는지를 구체적으로 규명하는 방향으로 연구의 보완과 확장이 필요하다. 이와 관련하여, 문화심리학의 성장과 더불어 최근 문화에 관한 심리학 연구는 한 사회의 구성원들이 세상을 이해하고

---

2) '문화심리학'은 연구의 기본 가정과 접근법에서 문화비교 심리학과 차별화하기 위해서 다분히 의도적으로 만들어진 용어이다. 최근에는 방법론적 융합을 통해 이 두 가지 접근법을 수렴하려는 시도가 증가하는 추세이다(Markus & Hamedani, 2007).

해석하는 방식과 사회적 행동을 인도하는 의미체계로서의 문화에 초점을 둔다. 즉, 삶의 외적 조건으로서의 문화가 아니라 주관적 문화(Triandis, 1972)가 주된 연구대상이다. [3]

---

3) 문화를 내부 심리상태로 환원하여 연구하는 접근법을 보완하기 위한 시도로서 Gelfand 등(2006)이 제안한 문화적 견고함−느슨함(cultural tightness-looseness)에 관한 연구도 점증하고 있다. 이 관점은 가치나 자기관, 태도 등과 같은 심리변수들에만 초점을 두고 문화를 연구하는 데서 벗어나, 개인 외부에 존재하는 사회구조 변수로서 각 사회의 규범이 사람들의 행동을 조형하는 데 얼마나 강력한 영향을 발휘하는지 분석한다. 예를 들어 견고한 문화(예: 한국)에서는 규칙과 규범의 영향력이 크고 규범 이탈자에 대한 제재와 처벌이 강하다. 반면에, 느슨한 문화(예: 미국)에서는 규범 이탈에 대해 사회가 허용적이고 제재와 처벌의 강도도 상대적으로 약하다.

Ⅱ
개인주의-집단주의: 국가 수준의 문화 차원

문화에 관한 심리학 연구를 주도한 문화비교 접근법이 주로 취한 방식은 문화를 다양한 차원으로 구분하여(예: 개인주의-집단주의, 분석적-통합적, 남성성-여성성) 해당 차원에서 여러 국가들을 변별하는 핵심 특징을 상세화하는 것이다(문화의 차원 구분에 관해서는 Cohen, 2014; Gelfand et al., 2006 참조). 이처럼 문화를 국가 수준에서 차원화하여 연구하는 대표적인 접근법은 Hofstede(1980, 2001)의 문화가치 이론에서 찾을 수 있다. 이 이론에 따르면 모든 사회에서 사람들은 개인과 집단의 관계를 어떻게 설정할지, 위계 관계에서 어느 정도의 권력거리를 자연스럽게 받아들일지, 남성과 여성의 역할을 어떻게 설정할지, 예측 불가능하고 모호한 사건들에 어떻게 대처할지 등의 본원적인 문제에 직면한다. 그리고 문화는 사회 구성원들이 생존을 도모하면서 마주하는 이 원초적인 문제들에 대한 답을 찾아내는 과정에서 형성된 것으로 가정하고, 어떤 사회든 이러한 문제들에 대한 답은 그 사회에서 지배적으로 수용되고 실현되는 가치체계에 내포되어 있다고 전제한다. 따라서 한 사회의 지배적인 가치가 어떤 특징을 지니는지를 분석하는 것이 문화에 관한 연구의 중요한 과제가 된다.

 Hofstede(1980, 2001)는 1960~1970년대에 60여 개 국가 IBM 종업원들을 대상으로 시작된 조사들을 분석하여 국가들을 변별하는 가치 차원으로 개인주의–집단주의, 불확실성을 회피하거나 수용하는 정도(불확실성 회피), 서로 다른 지위에 있는 사람들 사이에서 자연스럽게 받아들여지는 사회적 거리의 크기(권력거리), 남성성–여성성 등의 네 가지를 확인하였고, 일련의 후속 연구에서 수집된 자료를 통해 단기적–장기적 시간지향과 쾌락–절제 차원을 추가하여 총 6가지로 국가의 문화가치 차원을 규정하였다(각 차원의 세부 특징은 Hofstede et al., 2010 참조). 이 가운데 가장 많은 연구가 이루어진 차원이 개인주의–집단주의이며, 이 차원은 한 사회에서 개인들이 집단에 통합된 정도를 지칭한다.

 개인주의 사회는 전반적으로 개인이 집단에 통합된 정도가 약하고 개인의 자율성과 개체성이 강조된다. 즉, 스스로 자신과 직계가족을 책임질 것을 강조하고 '나'에 대한 인식이 우세하며 개인적 삶을 중요시하고, 타인 역시 자기와 마찬가지로 한 사람의 개인이라는 인식이 강하다. 또한, 자신의 의견을 솔직하게 표현하는 것을 바람직하다고 여기고 관계보다는 과업을 중시하며, 교육의 궁극적 목표는 어떻게 배울 것인가를 가르치는 데 있다. 이와 대조적으로, 집단주의 사회에서는 대가족이나 집단에 개인이 충성하는 것이 중요하고, '우리'에 대한 인식이 우세하며, 소속과 조화를 강조하고 타인들을 내집단 또는 외집단으로 구별하여 인식하는 경향이 강하다.

또한, 개인의 의견보다는 내집단의 결정이 중시되고 과업보다는 관계를 중시하며, 교육의 궁극적 목표는 무엇을 어떻게 할지를 가르치는 데 있다.

Hofstede의 개념틀을 적용하여 실시된 일련의 조사에서 극동 3개 국은 집단주의 점수가 높고, 북미와 서유럽 국가들은 개인주의 점수가 높다. 개인주의-집단주의 차원은 권력거리와 정상관을 보여서, 전통적으로 대인 간 위계를 강조하는 동아시아 국가들은 북미와 서유럽 국가들에 비해서 집단주의 성향이 강하고 권력거리도 크다(Hofstede et al., 2010). 그리고 개인주의-집단주의 문화차원은 국가의 부와 상관이 있어서, 개인주의는 부유한 국가들에서 그리고 집단주의는 상대적으로 빈곤한 국가들에서 우세하게 관찰된다. 따라서 개인주의-집단주의 문화차원은 최소한 부유한 나라들과 빈곤한 나라들에서 지배적으로 나타나는 가치체계의 차이를 규명하는 데 특히 유용하다(Smith et al., 2013).

Hofstede와 동시대에 심리학에서 문화연구를 주도한 Triandis(1972, 1995)는 네 가지 정의적 속성을 포괄하는 개인주의-집단주의 다차원 이론을 정립했다. 이 이론에 따르면 개인주의 사회와 집단주의 사회는 개인목표와 공동목표 중 무엇에 우선순위를 두는지, 타인으로부터 분리된 하나의 개체로서의 자기관이 우세한지 아니면 타인과 상호연결된 연결체로서의 자기관이 우세한지, 행위를 실행하는 데 있어서 개인의 내적 태도가 중요한지 아니면 규범의 영향이 큰지, 그리고 대인관계나 집단소속이 교환의 원리를 따르는지 아니면 공동관계를 추구하는 경향이 강한지에 있어서 분명한 차이를 보인다.

국가 수준에서 이 네 가지 정의적 속성들 간에는 체계적인 상관 관계가 있어서 네 가지 속성들이 일관된 방향으로 나타나는 일종의 징후를 형성한다. 예를 들어 한국을 위시한 동아시아 국가들에서는 집단의 공동목표를 중시하고 상호연결체로서의 자기관이 우세하며 규범이 개인의 행동에 미치는 영향이 크고 관계형성 및 유지와 집 단소속은 이해관계보다는 공동관계의 원리를 따른다. 반면에 북미 와 서유럽 국가들로 대표되는 개인주의 사회에서는 개인의 목표달 성을 상대적으로 중시하고 타인과 분리된 독립된 개체로서의 자기 관이 우세하며 개인의 신념과 태도가 행동에 큰 영향을 미치고 대 인관계와 집단소속은 보상과 부담의 비율에 따른 이해관계를 중시 하는 교환원리가 강하게 작동한다(Triandis & Gelfand, 2012).

Hofstde가 정립한 문화가치 이론은 한 사회의 지배적인 가치를 사회문화 변수로 취급한다. 이 점에서 그는 자신의 이론을 생태적 분석이라고 규정하고 국가별 자료에서 개인차를 통계적으로 제거 하고 6개 가치 차원에서 국가 간 비교를 수행한다(Hofstede, 2001). 이 접근법에서 개인주의−집단주의는 하나의 가치 차원으로 국가 수준에서 표준화된 점수이므로, 국가별로 개인주의(집단주의) 순위 를 정해 비교가 가능하다. Triandis의 이론은 개인주의−집단주의를 가치 차원에 국한하여 점수화하기보다는 가치관, 자기관, 규범의 행동 결정성, 그리고 사회관계의 특징을 포괄하는 다차원 구성개념 으로 정의하고, 사람들이 개인과 집단의 관계를 어떻게 설정하고 삶을 영위하는지가 이 네 가지 정의적 속성을 아우르는 핵심 특징 이라고 주장한다. 이 관점에서 Triandis와 동료들은 서양인과 아시아인의 문화 차이의 근원을 이해하기 위해 생태환경과 역사적 사건들, 생활방식, 사회구조, 가족제도, 언어와 종교, 철학 등의 차원에서 고대 그리스 사회와 고대 중국 사회를 대비시켜 각각을 개인주의와 집단주의의 원형(prototype)으로 규정한다. 그리고 개인주의와 집단주의의 핵심 속성들이 각 문화에서 사람들의 인지와 행동에서 초래하는 결과를 분석한다. [4]

이처럼 접근법에서의 차이가 있기는 하지만, Hofstede와 Triandis의 이론은 공통적으로 개인과 집단의 관계에서 어느 한쪽의 우선성이 개인주의와 집단주의 사회를 변별하는 핵심 특징이라고 규정한다. 이 관점에서 보면 개인주의-집단주의 구성개념은 개인과 집단의 관계적 본질에 관해 특정 국가나 지역에서 공유된 신념을 반영하는 하나의 문화적 세계관에 해당한다(Oyserman et al., 2002). 국가 수준의 문화를 다양한 차원으로 분류하고 국가 간 차이를 비교하는 접근법은 문화에 관한 심리학 연구를 주도하면서 인간의 심리와 행동에서 문화의 영향을 이해하는 데 크게 기여했다(문화비교 연구 개관은 Gelfand et al., 2017 참조). 이러한 기여점에도 불구하고, 국가 수준의 문화비교 연구가 지니는 방법론적 한계에 대한 비판도 다수 제기되었다(이에 대한 개관은 Cohen, 2007; Uskul & Oyserman, 2006 참조).

중요한 논점 가운데 하나는 대다수 국가비교 연구들이 국가와 개인주의-집단주의 문화를 동치시켜 연구하기 때문에 문화가 사람

---

4) 개인주의-집단주의의 형성배경에 관한 이와 유사한 주장은 Nisbett(2003)에서도 찾아볼 수 있다.

들의 인지와 행동에 미치는 인과적 영향을 규명하기 어려운 일종의 준실험(quasi-experiment) 방법으로서의 한계를 지닌다는 점이다. 예를 들면, 한국과 미국의 대학생들이 도움주기와 같은 특정 행동에서 서로 다른 특징을 보인다고 하더라도 그 차이가 집단주의−개인주의 문화에 기인한 것으로 결론을 내리는 것은 부적절하다. 즉, 이 접근법은 원인이 결과에 선행해야 하고 해당 결과는 해당 원인이 있을 때만 관찰되며 해당 원인이 해당 결과를 유발한 유일한 원인이라는 인과관계 성립기준을 충족시키지 못한다.

다른 한 편으로, 개인주의−집단주의 문화비교 연구의 충분성에 관한 의문도 지속적으로 제기되었다. 비록 최근 들어 상황이 다소 개선되기는 하였으나, 국가 수준 문화비교 연구는 여전히 서양(특히 북미)과 동양(특히 일본과 중국)을 비교하는 연구가 절대 다수를 이룬다. 따라서 매우 많은 국가와 지역들이 개인주의−집단주의 차원을 적용하는 비교연구에서 배제되어 국가 표집의 대표성에 한계가 있다. 이러한 조사대상의 대표성 문제와 더불어, 국가 수준에서 이루어지는 개인주의−집단주의 비교연구는 한 국가 내에 존재하는 다양한 하위문화를 확인하고 그 특징을 규명하기 어렵다는 점에서도 한계를 지닌다.

국가비교 연구에서 사용하는 조사방법론과 관련해서도 다양한 비판이 제기되었다. 국가 간 문화비교는 통상 자기보고식 질문지를 활용하여 이루어지는데, 이 연구들은 전형적으로 서구 심리학에서 정립된 구성개념을 측정하는 영어 문항들을 다른 국가나 지역의 언어로 번역하여 국가 간 차이를 비교한다. 그러나 국가 간 비교를 위해 서로 다른 언어로 구성개념을 측정할 때 해당 문항이 의미상 완전히 동일하게 전달되기 어렵고, 서구 심리학에서 정립된 구성개념에 상응하는 토착언어가 없는 경우도 흔하다. 그리고 이 문제는 특정 국가의 토착언어로 표현된 심리나 행동을 영어로 번역하여 비교 연구를 수행하는 경우에도 마찬가지로 발생한다. 뿐만 아니라, 질문지 문항에 응답하는 방식 자체에도 문화에 따른 차이가 반복적으로 관찰되었다. 예를 들어 동아시아에서는 북미에 비해서 응답자들이 해당 문항에 동의하는 경향이 강하고(Ross & Mirowsky, 1984), 척도에서 극단값에는 응답하지 않는 경향도 강하게 나타난다(Chen et al., 1995). 따라서 이러한 질문지 응답 경향성에서의 차이가 결과에 체계적인 영향을 미치는지를 평가하기 위해서 추가적인 분석이 필요하다(Cheung & Rensvold, 2000 참조).

전반적으로 이러한 한계를 감안하면, 조사를 활용한 양적 연구만으로 문화 간 차이나 유사성에 관해 타당한 결론을 내릴 수 있는지에 대해서 심각한 고민이 필요하다. 이러한 방법론적 한계에 더해서, 국가 수준에서 개인주의-집단주의를 비교하는 접근법은 다음 절에서 논의하는 바와 같이 세계화와 미래 문화설계의 맥락에서 또 다른 한계를 노정하고 있다.

III
개인주의-집단주의: 비교의 유혹과 한계

    국가 수준에서 문화를 구분하는 차원으로서 개인주의-집단주의의 핵심은 개인과 집단의 관계에서 삶의 개별성(個別性)과 개인을 강조하는 방향으로 사고하고 행동하는지 아니면 공동성(共同性)과 집단을 강조하는 방향으로 생각과 행동이 발현되는지의 문제이다. 개인주의-집단주의 문화 구분은 방대한 비교연구를 통해 동양과 서양을 각각 집단 중심성과 개인 중심성으로 대비시키는 접근법을 정착시켰다. 이 접근법이 동양과 서양의 문화 차이를 이해하는 데 유용하다는 점에는 이견이 없다. 그러나 국가 수준의 이분법적 접근은 의도했건 의도하지 않았건 간에 자유와 인권, 부, 행복과 정신 건강, 대인관계, 공동체의 기능 등 삶의 실질적 조건으로서 두 가지 문화 중 어느 쪽이 더 바람직한가라는 물음으로 이어져 다분히 기계적으로 양분된 소모적 논쟁을 촉발한다.

    서양의 개인주의 관점에서 보면 집단주의는 개성을 말살하고 삶의 자율성을 저해하는 병든 문화로 느껴지겠지만, 동양의 집단주의 관점에서 보면 개인주의는 삶의 공동체적 기반을 위협하는 기도주문 같은 것이다. 물론 개인주의와 집단주의를 대비시켜 전 지구화 시대에 걸맞는 문화 변동의 방향성을 모색하는 것은 동양과 서양의 문화적 차이를 단순히 기술하는 데서 벗어나 문화적 처방지식을 모색한다는 의미에서 학술적으로나 실용적으로 중요한 시도이다. 그러나 개인주의 문화와 집단주의 문화를 피상적으로 대비시켜 서로를 희화화하는 것은 문화적 양극화를 초래할 뿐 결코 적절한 대안을 제시하지 못한다. 왜냐하면 지금까지 보고된 심리학 분야의 실증연구를 종합해볼 때 개인주의나 집단주의 어느 쪽도 한국사회가 추구해야 할 문화적 이상을 제공하지 못하기 때문이다. 결론부터 말하자면, 하나의 문화적 세계관으로서의 개인주의-집단주의를 승자-패자 식으로 이해하려는 접근은 매우 비생산적이다.

먼저, 동양과 서양을 집단주의-개인주의로 구분하여 둘 중 어떤 문화가 더 바람직한지를 따지는 것은 비교의 기준이 동등하지 않으면 과단순화의 오류에 빠질 위험이 크다. 예를 들어 창의성의 발현을 위해서는 개성과 다양성이 존중되고, 조화와 획일성을 향한 압력을 제거해야 한다는 서구의 창의성 이론을 적용하면 왜 서구 국가들이 아시아 국가들보다 창의성이 높고(Gorodnichenko & Roland, 2012) 개인주의를 강조하는 팀이 집단주의를 강조하는 팀보다 창의적인 아이디어를 많이 생산하는지(예: Goncalo & Staw, 2006) 이해할 수 있을 듯하다. 그러나 사람들이 아무 아이디어나 마음껏 내뱉는 것만으로 창의성이 담보되는 것은 아니며 팀의 창의성은 협응과 공동과업에 대한 가치몰입이 전제되어야 한다는 관점(Choi et al., 2018)에서 보면, 서양이 동양보다 창의적이고 따라서 개인주의 문화가 집단주의 문화보다 팀 창의성의 발현에 효과적이라는 식의 결론은 이해하기 어려울 뿐만 아니라 현실에 부합하지도 않는 주장이다. 개인주의 문화와 국가의 부(富) 간에 강한 상관이 있다는 점, 그리고 전통적으로 개인주의가 강한 미국과 서유럽이 세계 경제를 주도하고 있음에 착안하여 개인주의 문화가 집단주의 문화보다 인간의 삶에 우호적인 환경을 제공한다는 생각도 매우 위험한 결론이다. 소위 Asian Tigers라고 불리는 몇몇 부강한 동아시아 국가들(싱가포르, 일본, 홍콩, 한국, 대만)은 전통적으로 집단주의 문화권을 형성했고 여전히 집단주의적 문화요소들이 굳건히 자리 잡고 있음에도 불구하고 첨단기술산업, 제조, 금융, 문화산업 등에서 막강한 영향력을 발휘하고 있다.

　개인주의–집단주의의 상대적 유효성 비교에서 흔히 다루어지는 또 다른 주제인 개인의 정신 건강과 삶의 질에서도 유사한 문제가 발견된다. 국가 수준에서 개인주의–집단주의가 사람들의 심리적 번영 및 정신 건강과 어떤 관계에 있는지를 분석한 일련의 연구 결과를 한마디로 요약하면 혼란과 모순 그 자체이다. 좋은 예로, 삶에 대한 만족과 행복, 인간발달지수 등에서 집단주의 국가들은 서구 개인주의 국가들에 한참 뒤떨어져 있다(Diener, 1995; Gelfand et al., 2004). 그러나 이혼율, 비행, 약물남용, 자살률, 불안, 우울, 공황장애와 같은 정신 건강 문제, 심혈관계 질환을 위시한 신체 건강 그리고 평균 수명 등에서 개인주의 사회는 집단주의 사회에 비해 지표가 열악하며, 오늘날 개인주의 사회의 전형으로 불리는 미국만 놓고 보면 상황은 계속 악화일로이다(Eckersley & Dear, 2002; Torrey

& Miller, 2001; Triandis & Gelfand, 2012).

필자가 보기에 가장 심각한 문제는 개인주의-집단주의를 승자-패자 식으로 이해하고 적용해서는 현재 진행되고 있고 또 앞으로 더 가속화되리라고 예견되는 한국사회의 문화변동의 방향성과 관련하여 뚜렷한 결론을 도출하기 어렵다는 점이다. 세계화를 국제관계의 증진, 근대화, 서구화, 경험의 보편화, 탈영토화 등 어떤 측면에서 정의하더라도 그것은 결국 동아시아의 문화적 전통과 정체성에 대한 위협을 내포하고 있어서 문화연구와 세계화의 문제는 불가분의 관계에 있다(조긍호, 2007). 한편으로, 20세기 중반 무렵부터 동력을 얻기 시작하여 갈수록 맹위를 떨치고 있는 소위 '세계화'라는 시대적 화두는 기실 서양의 부유한 국가들이 엄청난 자본과 기술력을 바탕으로 자신들의 관점과 삶의 양식을 전 세계적으로 부과하려는 시도와 다름 없다. 다른 한편으로, 1990년대 등장한 아시아적 가치론이 몇몇 부강한 아시아 국가들의 개발독재를 정당화하는 데 그친 정치적 개념이라는 비판, 그리고 아시아적 가치라는 개념 자체의 모호성 문제(이승환, 1999; 전재국, 1999)를 상기하면, 동아시아 집단주의 문화가 서양의 개인주의 사회가 안고 있는 병폐들에 대한 처방약이 되리라는 주장도 그리 설득적이지 않다.

한국사회 문화변동의 방향성을 모색하는 것과 관련하여 한 가지 중요한 고려 사항은 이미 한국사회에서 개인의 성취와 행복을 중시하고 자신의 독특성을 추구하는 개인주의적 삶의 양식이 지속적으로 증가하고 있다는 점이다. 한국이 더 이상 집단주의 사회가 아니고 개인주의 사회의 특징을 보이고 있음은 21세기에 진입하기 이전부터 이미 제기되었다. 일례로, 임희섭(1997)은 산업화가 본격적으로 진행된 1970년대부터 한국사회에 개인주의적 가치관이 광범위하게 확산되었고 1990년에 이르러 공익보다 사적 이익을 중시하는 이기적 개인주의와 집단이기주의가 함께 자리 잡았다고 진단하였다. 이러한 진단은 한국에서 개인주의의 심화를 보여주는 다양한 자료들과 일관된다.

Rokeach(1973)의 가치척도를 활용하여 1982년부터 2002년까지 10년 간격으로 세 시점에서 한국의 대학생들을 조사한 결과(한덕웅, 이경성, 2003)를 보면 궁극적 가치 중에서 '나라의 안전'은 지속적으로 순위가 하락하였다. 이러한 추세는 1979년과 1998년, 그리고 2010년 세 시점에서 한국인들의 가치관 변화를 분석한 연구(나은영, 차유리, 2010)에서도 일관되게 관찰되었다. 즉, 1970년대 말부터 1990년대 말까지 '자신과 가족중심 개인주의'로 정의된 개인주의 성향이 증가하였고, 이후 2010년까지의 기간 동안 이러한 추세는 더욱 심화되었다. 전체 자료로 볼 때, 1998년부터 2010년에 이르는 기간 동안 '충효사상이 중요하지 않다'는 응답은 응답자의 20%에서 39%로, '나라'와 '자신과 가족' 중 '자신과 가족을 떠받들어야 한다'는 응답은 41%에서 89%로, 그리고 '부모봉양'보다 '출세'가 효도라는 응답은 47%에서 64%로 크게 증가하였다. Triandis(1995)의 개인주의-집단주의 측정도구를 활용하여 수행된 전국의 성인 대상 연구(한규석, 신수진, 1999)에서는 전체 응답자에서 개인주의자와 집단주의자로 분류된 비율이 각각 51%와 49%로 나타나서 한국을 전통적인 집단주의 사회로 규정하기 어려움을 추론할 수 있다.

2012년에 한국 대학생 자료를 분석한 또 다른 연구(한민 등, 2012)에서도 경쟁을 통해 타인보다 우월한 위치에 오르는 것을 추구하는 수직적 개인주의 점수가 개인이 집단에 종속되어 집단의 가치가 개인에 우선하는 수직적 집단주의 점수보다 유의미하게 높았다.

물론 한국사회에서 서구화가 심화되고 전통적인 가치가 쇠퇴할수록 동양의 도(道)를 복구해야 할 필요성이 크다고 주장할 수도 있다. 그러나 19세기 말 등장했던 동도서기론(東道西器論)처럼 서양의 기술문명은 받아들이고 동양의 도를 삶의 나침반으로 삼아야 한다는 식의 주장이 전지구화 시대를 사는 한국인들에게 과연 얼마나 설득력이 있을지는 의문이다. 물론 한국인에게는 마음의 유교적 습성이 여전히 존재해서 유교적 가치와 인륜은 정치적인 허구 개념이 아니라 심리적 현실일 수 있다(조긍호, 2007). 그렇다면 한국인들에 잠재해 있는 마음의 유교적 습관이 현재 및 미래 한국사회의 문화변동을 주도하는 동력으로서 힘을 발휘할 수 있도록 하기 위해서는 무엇을 어떻게 해야 할까? 안타깝게도 한국의 유교적 전통이나 인륜사상에서 문화변동의 동인을 발굴하여 적실성 있는 처방지식을 구축하려는 시도는, 그러한 노력이 지니는 가치에도 불구하고 학계나 일반인들의 시야에서 너무 멀리 떨어져 있다.

주관적 행복 수준이나 삶에 대한 만족, 정신 건강 지표 등에서 동서양 간에 발견되는 복잡한 결과를 고려하여, 개인주의자들은 개인주의 문화에서 그리고 집단주의자들은 집단주의 문화에서 행복을 느끼고 삶에 만족을 느낀다는 일종의 부합론을 주창할 수도 있다. 그러나 이 관점 역시 개인주의-집단주의를 서로 배치되는 개념으로 이해하고 두 가지 문화에 관한 서술에 머무르고 있어서 문화적 양극화를 심화시킬 뿐 동서양 문화 간 조화로운 균형을 추구하는 지침으로 삼기에는 한계가 있다. 정보통신기술의 발달로 세계가 하나로 연결되고 있는 이 시점에, 동양과 서양문화 어느 한 방향으로의 일방적인 동질화나 두 문화 간 차이를 확대하여 문화적 양극화를 추구하는 것은 그 어느 쪽도 바람직하지 않고 실효성이 큰 대안이라고 보기도 어렵다.

결국 동양과 서양의 문화가 서로 영향을 주고받아 사회구조와 가치관에서 문화적 혼융(blending)을 추구하는 것이 더 나은 대안이라는 관점(강정인, 2003)에서 보면, 사람들의 생각과 행동을 인도하는 문화적 세계관으로서의 개인주의-집단주의를 조화롭게 추구하면서 개인과 공동체가 함께 번영할 수 있는 심리적 조건을 발굴하는 것이 매우 중요한 과제이다. 따라서 개인주의-집단주의에 관한 기존의 접근은 한국사회에서 문화변동의 방향성을 논의하는 데 있어서 유용한 대안이 아니며, 개인주의-집단주의에 관한 기존의 생각을 뛰어넘는 새로운 접근법이 필요하다.

IV
개인주의−집단주의 이론의 정교화와 확장

개인주의−집단주의 차원에서 국가 간 비교를 수행할 때 발생하는 다양한 방법론적 쟁점들에 더해서, 개인주의−집단주의라는 개념 자체에 대한 이론적 비판도 지속적으로 제기되었다. 이러한 비판의 핵심은 기존의 '서양 대 동양'이라는 기계론적 구분법에서 벗어나 문화와 사회적 행동의 관계를 충실히 이해하고 예측할 수 있는 정교한 개념틀이 필요하다는 점이다(Kim et al., 1994; Fiske, 2002; Oyserman, 2011).

1. 동−서양 구분의 한계와 개인주의−집단주의의 역동성

개인주의−집단주의에 관한 최근 연구들은 기존 방식대로 국가들을 개인주의 또는 집단주의 사회로 이분화하는 것이 과일반화 오류를 범할 수 있음을 경고한다. 실제로 '서양=개인주의, 동양=집단주의'라는 구분에 부합하지 않는 실증연구 결과들이 다수 존재하며, 동양과 서양 모두에서 개인주의와 집단주의 각각의 정의적 속성에 해당하는 특징들이 혼재한다(Oyserman et al., 2002; Vignoles et al., 2016). 이는 다음 몇 가지 점에서 개인주의-집단주의에 관한 새로운 개념화와 관련하여 중요한 시사점을 제공한다.

먼저 동기적 관점에서 보면, 사람들은 자신이 처한 사회적 환경에서 생존에 중요한 자원을 획득하는 데 어떤 방식이 더 적응적인지에 따라서 개인주의적으로 행동할 수도 있고 집단주의적으로 행동할 수도 있다. 이 관점에서 보면 동서양의 비교에서 나타나는 사회 행동에서 차이는 동양과 서양이 자기관이나 인지처리 양식, 동기체계 등의 내부 심리과정에서 본원적인 차이가 있기 때문이라기보다는, 개인이 처한 사회적 상황에서 어떤 적응전략이 생존에 유리한지의 상대적 차이라고 볼 수 있다. 즉, 어느 사회에서나 사람들은 개인의 욕구를 충족시키는 데 유효성이 큰 해결책과 집단의 공동 욕구를 충족시키는 데 효과성이 큰 해결책을 각각 필요로 하는 다양한 생활경험에 반복적으로 노출되기 마련이다. 따라서 기존 연구들처럼 개인주의-집단주의를 국가나 지역에 따른 고정된 특징으로 구분하기보다는 동기와 적응가치의 관점에서 개인주의-집단주의를 개념화할 필요가 있다(Brewer, 2006; Yamagishi, 2011).

최근 문화심리학 연구의 주요 접근법으로 자리 잡은 사회인지 접근은 개인주의-집단주의를 고정된 것이 아니라 유연하고 상황의 함수에 따라서 상대적 우세성이 결정된다고 주장한다. 문화에 관한 사회인지 접근은 개인주의와 집단주의 각각을 개인이 습득하는 지식구조로 간주하고, 조사연구와 전통적인 실험방법론을 접목시켜 문화 간 차이와 문화 내 차이를 모두 분석의 대상으로 삼는다. 앞의 동기적 관점과 유사하게 사회인지 접근은 어떤 사회에서든 사람들은 생의 경험을 통해서 개인주의적 지식구조와 집단주의적 지식구조를 모두 습득한다고 전제한다. 따라서 접근 가능성, 가용성 그리고 적용 가능성이라는 사회인지의 세 가지 기본원리에 따라서 개인주의 또는 집단주의 지식구조 중 하나가 상대적으로 우세하게 발현되어 사람들의 사고와 행동에 영향을 미친다고 가정한다(Hong et al., 2007).

이 가정에 따르면, 특정 상황에서 개인의 지식구조 중 어느 쪽이 활성화되는지에 따라서 개인주의 또는 집단주의에 상응하는 심리 및 행동이 발현될 수 있다. 특히 주목할 점은 사람들의 지식 구조에서 개인주의와 집단주의 중 어느 한쪽을 점화(priming)시킴으로써 국가 수준에서 관찰되는 효과와 반대되는 방향으로 심리와 행동을 조형할 수 있다는 점이다. 즉, 한국인들에게 개인주의 지식 구조를 점화시키면 개인주의적 사고와 행동이 우세하게 발현되고, 미국인들에게 집단주의 지식 구조를 점화시키면 집단주의적 사고와 행동이 우세하게 나타날 수 있다. 이러한 사회인지 접근의 기본 가정은 엄격히 통제된 다수의 실험실 연구에서 지지증거가 축적되었다(이에 대한 개관은 Oyserman & Lee, 2007 참조). 이를 토대로, Oyserman(2011)은 개인주의−집단주의는 고정적이고 서로 배타적인 문화적 특질이라기보다는 유연하고 상황에 따라서 상대적 우세성이 결정되는 상황인지(situated cognition)로 개념화하는 것이 더 적절하다고 주장한다. 이 관점에서 보면 사람들의 심리와 행동에서 관찰되는 문화효과의 근접 원인은 특정 상황에서 접근 가능성이 높은 일반적인 마음갖춤(mindset)이다. 여기서 의문은 심리 및 행동에서의 문화 차이가 특정 상황에서 우세한 마음갖춤의 효과라면 기존 동서양 비교에서 일견 고정적인 것처럼 보이는 심리와 행동의 차이를 어떻게 이해할 것인가이다. 이에 대한 한 가지 답은 동아시아와 서구사회의 차이는 각 사회에서 개인주의와 집단주의 중 어느 쪽의 마음갖춤이 평균적으로 더 우세한지를 반영하는 것으로 이해하는 것이다.

2. 개인주의-집단주의의 다층성과 수준 간 수렴/비수렴의 문제

서로 다른 생태환경과 역사적 사건들, 정치제도와 경제체제, 철학과 종교 등 매우 다양한 원격변수들의 영향으로 한 국가나 지역에서 오랜 시간에 걸쳐 특정 문화가 형성되었다는 점 그리고 바로 그 이유로 국가 수준의 전반적 문화는 강력한 변화의 동인이 없이는 쉽게 바뀌지 않음을 상기하면, 현 시점에서 관찰되는 국가 수준의 문화특질로 개인주의-집단주의를 이해하는 접근법은 문화적 혼융의 방향성을 모색하는 데 한계를 지닐 수밖에 없다. 이러한 한계를 극복하는 한 가지 유용한 방법은 개인주의-집단주의의 다층성 및 분석 수준 간 수렴성과 비수렴성의 문제에 주목하는 것이다.

비록 대다수 문화비교 연구가 국가 수준의 비교에 초점을 두고는 있지만, 하나의 문화적 세계관 또는 지식구조로서 개인주의-집단주의는 국가뿐만 아니라 개인, 집단, 조직, 지역공동체 등 다양한 수준에서 개념화할 수 있다(Chiu & Hong, 2007; Triandis, 1995). 이처럼 개인주의-집단주의를 다수준 구성개념으로 이해하면, 수준 간 수렴성과 비수렴성이 모두 중요한 고려사항이 된다. 이 문제를 이해하기 위해서, 국가 수준에서 규정된 개인주의-집단주의가 조직에서 구성원들의 사고 및 행동과 어떤 관련성을 지니는지를 예로 들어보자.

Erez(2018)의 다수준 모형은 Markus와 Kitayama(1991)가 제안한 문화적 자기개념을 토대로 국가(문화) 수준의 개인주의-집단주의는 개인 수준에서 서로 대비되는 자기개념에 구현되어 있다고 가정한다(예: 서양=독립적 자기, 동아시아=상호의존적 자기). 그리고 이 두 수준 사이에 팀과 조직 수준의 개인주의-집단주의가 존재하는데, 전자는 팀 구성원들이 공유하고 있는 가치와 규범들에 그리고 후자는 조직의 전반적 문화특징에 구현되어 있다고 가정한다. 이러한 가정을 토대로 Erez의 모형은 국가 수준의 문화와 조직의 운영방식 및 실무절차들의 효과성 간 수렴성을 강조한다. 즉, 개인주의 사회에서는 개인주의를 강조하는 운영방식과 실무절차들(예: 개인성과에 따른 차등보상)이 사람들의 자기 가치감과 심리적 안녕에 중요하기 때문에 종업원들을 동기화시키는 데 효과적이다. 반면에, 집단주의 사회에서는 특정 집단에 소속되어 있다는 인식이 개인의 자기 가치감과 심리적 안녕에 중요한 영향을 미치므로 집단주의적 운영방식과 절차들(예: 팀 단위 보상)이 효과적이다. 이 모형은 국가-조직 수준 수렴성과 마찬가지로 조직-개인 수준 간에도 수렴성이 존재한다고 가정한다. 즉, 개인주의적 조직운영 방식과 절차들은 독립적 자기개념이 우세한 구성원들에게 높은 수준의 과업동기를 유발하는 반면, 집단주의적 방식들은 상호의존적 자기개념이 우세한 구성원들에게 동기적 효과가 크다는 주장이다.

Erez가 체계화한 다수준 수렴모형 및 이와 맥을 같이하는 대다수 기존 연구들은 문화가 사람들의 심리와 행동에서 차이를 줄이는 방향으로 작동한다는 전제에 고착되어 개인주의-집단주의가 발현되는 수준 간의 수렴성만을 배타적으로 분석한다. 이러한 접근법은 개인주의-집단주의 수준 간 비수렴성 문제를 천착해보면 그 한계가 뚜렷이 드러난다. 간단히 말해, 현대 개인주의 사회의 전형으로 간주되는 미국과 흔히 집단주의 사회로 분류되는 한국에서 국가 수준의 문화와 일관되지 않은 조직문화나 팀 문화를 얼마든지 관찰할 수 있다. 이러한 비일관성이 형성된 배경이 애초부터 해당 조직이나 팀이 국가 수준 문화와 상반된 문화를 조형하고 신장시키는 것이 효과적이었기 때문이라고 추론해보면, 개인주의-집단주의에서 국가-조직(또는 팀) 간 비수렴성은 팀이나 조직에 역기능적이라기보다 오히려 기능적인 현상이라고 보아야 한다. 그리고 이러한 개인주의-집단주의 수준 간 수렴과 비수렴성은 국가의 문화와 개인의 문화적 지향성 간의 관계에서도 발생할 수 있어서 이에 대한 면밀한 고찰이 필요하다. 보다 중요하게, 개인주의-집단주의를 개인 수준에서 정의하면, 그동안 문화에 관한 심리학 연구들이 간과해온 새로운 통찰을 발견할 수 있다. 다음 절에서는 개인주의-집단주의를 국가 수준의 문화가 아닌 개인의 문화적 지향성으로 정의할 때 고려해야 할 주요 쟁점들을 논의한다.

V
개인의 문화적 지향성

    개인주의-집단주의 문화와 관련하여 개인 수준에서는 두 가지의 수렴-비수렴 관계를 상정할 수 있다. 첫째, 한 국가가 전반적으로 개인주의 또는 집단주의적 특징을 보인다고 하더라도, 사람들이 사회의 전반적 문화를 얼마나 내면화하고 그와 일관된 사고와 행동을 보이는지에 있어서는 다양한 개인차가 존재한다. 따라서 개인의 문화적 지향성은 국가 수준의 문화와 수렴할 수도 있고 수렴하지 않을 수도 있다(예: 한국의 개인주의자들, 미국의 집단주의자들). 둘째, 개인주의-집단주의는 여러 가지 구성 요소들을 포괄하는 다차원적 개념이며, 이론적으로 한 개인 내에서 핵심 요소들 간 조합은 수렴성과 비수렴성을 모두 지닐 수 있다. 특히 개인주의-집단주의 핵심 요소들 간의 개인 내 비수렴성을 분석하는 것은 아래에서 논의하듯이 개인주의-집단주의의 혼용을 통해 한국사회 문화변동의 방향성을 모색하는 데 있어서 중요한 시사점을 제공한다.

1. 국가의 문화적 가치 대 개인의 가치지향성

개인의 가치 지향성으로서의 개인주의-집단주의를 국가 수준의 문화적 가치와 구별해야 할 필요성은 여러 학자들이 제기한 문제이다. Triands(1995)는 문화적 가치에서 국가 수준과 개인 수준을 구별하기 위해서 국가의 문화를 분석할 때는 개인주의-집단주의라는 용어를 사용하고, 개인의 문화적 지향성을 분석의 단위로 하여 연구를 수행할 때는 개인중심성향(idiocentric)-전체중심성향(allocentric)이라는 용어를 사용할 것을 권장했다. 왜냐하면 사람들마다 국가의 전반적 문화를 자신의 사고와 행동의 지침으로 삼는 정도에 차이가 있으며, 개인이 처한 상황과 내집단의 성질에 따라서 개인의 목표와 집합적 목표 간에 높은 상관이 있을 수도 있고 그렇지 않을 수도 있기 때문이다. 예를 들어 한국이 전반적으로 집단주의 사회라고 하더라도 특정 개인의 사고와 행위가 발생하는 상황 및 그 상황에서 규정된 내집단이 그 사람의 집과 가족인지 아니면 직장과 동료 직원인지에 따라서 개인이 추구하는 목표는 집단의 목표와 조화될 수도 있고 상충할 수도 있다.

Hofstede(2001) 역시 개인주의-집단주의를 여러 분석 수준에 걸쳐 무분별하게 혼용하지 않도록 권고하고, 국가 수준에서 관찰된 개인주의-집단주의의 차이가 개인 수준에서도 그대로 관찰되리라고 가정하는 것은 생태적 오류(ecological fallacy)이며 개인 수준에서 관찰된 차이가 국가 수준에서도 그대로 관찰되리라고 가정하는 것은 역생태적 오류(reverse ecological fallacy)라고 규정한다. Schwartz와 동료들이 수행한 일련의 연구에서도 개인 수준의 가치는 문화 수준과는 분명히 구별되는 개념구조를 보인다. Schwartz(1994, 2006)는 지적 및 감정적 자유를 중시하는 자율성(autonomy) 차원과 사회적 질서와 전통을 강조하는 구현성(embeddedness) 차원을 각각 개인주의-집단주의에 상응하는 국가 수준 문화로 규정한다. 반면에, 개인 수준에서는 세력과 성취를 중시하는 자기-고양(self-enhancement)과 내집단에 대한 애정 및 보편주의를 중시하는 자기-초월(self-transcendence)을 각각 개인주의와 집단주의에 상응하는 가치로 규정한다. 이 접근법과 일관되게, 국가 수준에서 정의된 문화적 가치는 개인의 문화적 지향성을 단지 불완전하게 반영한다는 증거도 축적되었으며(Schwartz, 2011; Schwartz et al, 2012), 최근에는 가치와 행동의 관계를 연구할 때 문화 수준보다는 개인 수준의 가치구조를 적용하는 것이 적절하다는 주장(Fischer, 2014)도 제기되었다

이러한 일련의 주장들과 궤를 같이하여, 최근 심리학에서는 인간의 사회적 행동을 예측하는 데 있어서 개인 수준에서 정의된 가치의 개념적 유용성이 강조되고 있다. 이 방면의 최근 연구들은 다양한 가치들이 사람들의 마음에 이상들(ideals)로 표상되어 있으며, 특정 가치표상을 활성화시킴으로써(예: 보편주의) 그 가치와 일관된 사회적 행동(예: 환경보호행동)을 예측할 수 있음을 보여준다(이에 대한 개관은 Bardi et al., 2008; Maio, 2010; Roccas et al., 2017 참조). 과업집단에서 문화가 구성원들의 사고와 행동에 미치는 영향을 연구할 때도, 거시적 문화의 영향에만 초점을 둘 것이 아니라 구성원 개개인의 일상적 신념과 목표, 행동경향성 등을 분석함으로써 중요한

통찰을 얻을 수 있다. 이러한 관점은 구성원 개인의 문화적 지향성이 조직에서 그들의 수행과 어떤 관련성이 있는지를 분석한 많은 연구들의 개념적 토대이기도 하다(예: Chatman et al., 1998; Eby & Dobbins, 1997; Wagner et al., 2012).

2. 개인주의-집단주의 핵심 요소들의 개념적 독립성과 요소간 수렴성/비수렴성

하나의 문화적 세계관으로서 개인주의-집단주의가 다양한 요소들을 포괄하는 다차원적 구성개념이라는 점을 상기하면, 해당 요소들을 정교하게 규정하고 사람들의 사회적 행동에서 각 요소가 어떤 역할을 하는지를 상세화할 필요가 있다(Fiske, 2002; Owe et al., 2013 참조). 뿐만 아니라, 개인 수준의 분석에서는 개인주의-집단주의의 핵심 구성요소들 간에 어떤 관계가 있는지를 알아보는 것 또한 중요한 문제이다. 그럼에도 불구하고, 대다수 기존 연구들은 앞에서 논의했던 분석 수준 간 수렴성 가정(Erez, 2018)과 마찬가지로 한 개인 내에서도 개인주의-집단주의 핵심요소들이 서로 수렴할 것이라는 다분히 기계적인 가정에 머무르고 있다. 이러한 접근법은 개인 내에 서로 다른 문화적 심리상태가 공존할 수 있음을 가정하는 몇 가지 대안적 관점들에 주목하면 그 한계가 분명해진다.

Kağitçibaşi(2005)는 개인주의-집단주의의 핵심 성분들은 서로 모순관계에 있지 않다고 전제한다. 즉, 개인주의 문화의 핵심 성분인 자율가치(autonomy)와 집단주의 문화의 핵심 성분인 관계가치(relatedness)는 서로 독립적이므로, 사람들은 이 둘을 동시에 추구할 수 있다고 주장한다. Wagner(2002)는 개인주의-집단주의를 개인 수준에서 효용론적 차원(개인목표 성취 대 집단목표 성취)과 존재론적 차원(개체적 자기관 대 집합적 자기관)이라는 두 가지 독립적인 성분으로 구별하고, 이 변수들은 서로 수렴(예: 개체적 자기-개인목표 추구) 또는 비수렴의 방향(예: 개체적 자기-집단목표 추구)으로 조합되어 사람들의 행동에 영향을 미칠 수 있다고 주장한다. 이와 유사한 맥락에서, Brewer와 Chen(2007)은 개인의 문화적 지향성을 측정한 기존 도구들이 자기표상, 가치지향성 그리고 주체성신념(특정 효과를 일으키는 주체가 자기 자신이라고 믿는지 아니면 집단이라고 믿는지)이라는 세 가지 요소들을 중심으로 구조화되어 있음을 확인하였다. 그리고 이 세 가지는 각각 자기, 동기 그리고 인지(신념)라는 인간 심리의 세 가지 기본 축에 해당하는 서로 독립적인 구성개념으로 규정한다.

만약 일군의 학자들이 주장한 대로 개인주의-집단주의를 구성하는 핵심 요소들이 개념적으로 서로 독립적이라면, 하위 요소들 간에 수렴성과 비수렴성이 모두 발현될 수 있다고 추론할 수 있다. 즉, 개인주의-집단주의 핵심 요소들은 개인 내에서 서로 일관된 방향으로 발현될 수도 있고 일관되지 않은 방향으로 발현될 수도 있다. 그리고 개인주의-집단주의 핵심 요소들의 개인 내 비수렴성이 역기능적이고 부적응을 초래하는 문제적 상태가 아님을 하나의 가능성으로 열어두어야 한다. 이러한 문제의식은 다음 절에서 논의할 개인주의-집단주의 대안모형에 구현되어 있다. 본 장의 나머지 부분에서는, 개인주의-집단주의에 관한 대안 이론으로서 개인주의－집단주의의 상승적 결합을 조명하는 새로운 이론모형을 개관하고, 이를 통해 한국사회가 문화혼융의 시대를 준비하는 과정에서 모색해야 할 방향성에 관해서 논의하기로 한다.

VI
개인주의−집단주의에 관한 대안 이론으로서의 시너지 모형 개관

개인주의−집단주의 시너지 모형(Choi, in press; Choi et al., 2018, 2019)은 국가 수준의 문화와는 독립적으로 개인의 문화적 지향성이 사회적 행동에 미치는 영향에 초점을 두고 개인주의−집단주의를 개인 수준에서 개념화한다. 이 과정에서 문화에 관한 심리학 연구의 가정들을 토대로 개인주의−집단주의는 다양한 핵심 요소들을 포괄하는 다차원적 구성개념이며, 각 요소들은 개념적으로 독립적이라고 전제한다. 이러한 전제 하에, 다양한 집단 내 및 집단 간 상황에서 개인주의−집단주의 하위 요소들의 조합이 창출하는 심리 상태의 효과를 조명함으로써 개인의 독립성과 자율성을 신장하는 동시에 삶의 공동체적 기반을 확충하고 개인과 집단이 공번영할 수 있는 건강한 문화를 구축하는 방향성을 모색하는 것을 목적으로 한다.

개인주의−집단주의에 관한 기존 문헌은 가치에 초점을 둔 연구와 문화적 자기에 초점을 둔 연구로 대분할 수 있다(Kağitçibaşi, 2005; Wagner, 2002). 개인 수준에서 가치는 한 개인이 우세하게 보유하고 있는 가치관 또는 가치지향성을 지칭하며, 개인의 이익과 집단의 이익이 상충하는 가치갈등 상황에서 개인의 이익과 집단의 이익 중 어느 쪽으로 동기적 지향성이 강하게 발현되는지를 지칭한다(Brewer & Chen, 2007). 이와 대조적으로, 문화 간에 발견되는 자기개념에서의 차이 (Markus & Kitayama, 1991)에 초점을 둔 심리학 연구들은 자기를 타인과 분리된 독립적 개체로 지각하는지(개인주의) 아니면 사회관계에 내포된 연결체로 지각하는지(집단주의)를 대비시켜 동서양 문화 간 및 문화 내 차이를 연구한다.

이처럼 개인주의-집단주의를 구성하는 두 가지 핵심 요소들이 서로 독립적인 구성개념임에도 불구하고, 기존 연구들은 이 두 변수를 구분하지 않고 국가, 조직, 집단, 개인 등 다양한 분석 수준에서 한 변수를 다른 변수의 그림자처럼 취급함으로써 적지 않은 개념적 혼란을 초래했다(Cross et al., 2011). 아래에서는 먼저 개인주의-집단주의 맥락에서 개인의 가치지향성과 문화적 자기의 구성개념적 속성을 논의하고, 개인주의-집단주의 시너지 모형을 통해 개인의 문화적 지향성을 구성하는 두 가지 핵심 성분의 조합에 따른 효과를 논의한다.

1. 가치지향성

개인주의-집단주의 문화 맥락에서 개인의 가치지향성은 개인 목표와 집단 목표 중 어느 쪽에 몰입하는 것이 더 바람직한가에 관한 신념에 뿌리를 두고 특정 방향으로 목표지향 행동을 발현시킨다는 점에서 하나의 동기적 구성개념이다(Schwartz, 2011; Triandis, 1995).

모든 가치는 저마다 바람직성을 내포하기 때문에, 개인 내에서 특정 가치를 활성화시켜 접근가능성을 높이면 그러한 가치와 일관된 방향의 인지와 행동이 유발된다(Roccas et al., 2017).

가치의 행동 유도성에 관한 이러한 관점과 일관되게, 연구자들은 한 개인 내에서 개인주의 또는 집단주의 가치지향성을 유도해내는 다양한 실험절차들을 고안해냈다. 이 절차들은 연구 문제 및 상황에 따라 과업 집단에서 개인 단위 또는 팀 단위 보상을 제공하는지, 실험지시를 통해 경쟁을 강조하는지 아니면 협동을 강조하는지, 도식을 활성화시켜 개인주의 지식구조를 점화하는지 아니면 집단주의 지식구조를 점화하는지 등을 포함한다. 또한 자기이익 추구동기(pro-self motivation) 대 친사회적 동기(pro-social motivation), 성격 5요인 가운데 동의성(agreeableness) 점수, 그리고 자기-고양 가치 대 자기-초월 가치 등과 같은 다양한 근접변수를 통해 개인주의-집단주의 가치지향성을 측정하여 연구가 수행되었다. 이 방면의 연구들에 따르면 집단에서 구성원들의 가치지향성은 크게 목표 우선성 및 그에 따른 경쟁 또는 협동 양상, 그리고 집단의 상호작용 과정에 영향을 미치며, 이 두 측면에서 집단주의 가치지향성은 개인주의 가치지향성에 비해 집단에서 다음과 같은 긍정적 효과를 유발한다.

첫째, 구성원들의 집단주의 가치지향성이 우세할 때 공동목표에 대한 몰입이 촉진되고 그에 따라서 집단의 목표달성을 위한 구성원 간 협동이 증진되며, 팀웍의 중요성을 인식하고 팀의 노력을 통해 공동목표를 달성할 수 있는 팀웍 효능감도 높으며, 타인의 노력에 무임승차하려는 경향성도 낮다. 반면에 개인주의 가치지향성이 우세할 때는 구성원들이 개인의 성취를 중시하고 구성원 간 경쟁이 유발되며 타인의 노력을 보상하기보다는 그에 편승하여 이익을 얻으려는 경향성도 강하게 나타난다(Earley & Gibson, 1998; Karau & Williams, 1993). 이는 집단주의 가치지향성은 집단의 기능증진에 긍정적 효과를 유발하는 반면, 개인주의 가치지향성은 협업을 통한 공동의 성취를 저해하는 방향으로 작동함을 의미한다. 따라서 공동목표가 존재하는 집단에서는 개인주의가 아닌 집단주의 가치가 공동의 성취에 필요한 강한 동기적 힘을 발휘함을 알 수 있다.

둘째, 집단주의 가치지향성은 집단에서 구성원 간 개방적 의사소통과 공동목표 달성에 지향된 사회적 영향을 촉진한다. 이러한 긍정적 집단과정을 통해 자유로운 의견표출과 타인의 의견에 대한 생산적 비판, 합리적 대안에 대한 탐색과 구성원 간 정보교류가 활성화되는 이른바 생산적 논쟁과 갈등 과정이 촉진되어 집단 수행과 의사결정에서 긍정적인 효과를 지닌다(Tjosvold, 1997, 2010). 뿐만 아니라 구성원들이 높은 수준의 심리적 안전감을 경험함으로써 자신의 수행에 대한 타인의 평가를 덜 염려하고 실수나 실패 경험을 적극적으로 공유하려는 경향성도 강하게 발현된다(Edmondson & Mogelof, 2006). 따라서 집단주의가 개인의 자유를 억압하고 집단의 개방성을 저해하여 집단의 기능에 부정적 효과를 지닐 것이라는 일각의 주장과 달리, 집단에서 개방적 의사소통을 저해하고 공동의 목표에 대한 심리적 철회를 유발하는 것은 오히려 개인주의 가치임을 알 수 있다.

2. 자기개념

사람들은 자기 자신이 어떤 존재인지를 지각하고 '나는 누구인가'라는 질문에 대한 답에 상응하는 구체적인 자기도식을 보유하고 있다. 이러한 자기에 대한 지각과 인식은 개인적 자기(타인과 분리된 고유한 개체로 지각되고 정의된 자기), 관계자기(중요 타인과의 관계에서 정의되는 자기) 그리고 집합적 자기(소속 집단의 일부로 지각되고 정의된 자기)라는 세 가지 형태로 표상된다. 이 세 가지 자기표상은 한 개인 내에 공존하며 자기개념의 토대를 이룬다(Sedikides et al., 2013). 개인주의-집단주의 맥락에서, 연구자들은 주로 개인적 자기표상을 수반하는 독립적 자기개념과 집합적 자기표상을 수반하는 상호의존적 자기개념의 차이를 비교한다. 가치지향성과 마찬가지로 이 두 가지 자기개념 역시 문화 간 및 문화 내 모두에서 차이가 발견된다(Markus & Conner, 2014). 따라서 점화 기법을 활용하여 한 개인 내에서 독립적 자기를 활성화시킬 수도 있고 상호의존적 자기를 활성화시킬 수도 있다.

지금까지 많은 연구들에서 두 가지 자기개념이 개인의 인지와 감정 그리고 행동에서 서로 대비되는 효과를 유발한다는 증거가 축적되었다. 즉, 독립적 자기는 자신이 관여된 사회관계나 환경맥락과는 독립적으로 자기를 지각하고 정의하는 효과를 유발하는 반면, 상호의존적 자기는 사회관계나 환경맥락이 개인의 자기정의 및 이해에 중요한 영향을 미친다(이에 대한 개관은 Cross et al., 2011 참조). 두 가지 자기개념의 차별적 효과를 비교한 일련의 실험실 연구를 종합하면, 독립적 자기개념과 상호의존적 자기개념이 유발하는 대비적 효과는 크게 개인의 자기지각과 사회적 영향에 대한 민감성, 그리고 해당 문제에 관한 사고와 정보처리 양상이라는 범주로 요약할 수 있다.

첫째, 독립적 자기개념이 우세하면 상호의존적 자기개념이 우세할 때에 비해서 타인과 구별되는 자신의 고유한 특징이나 정체성이 자기인식의 초점이 된다. 따라서 개인이 자율성을 추구하며 자신의 가치나 신념을 사고와 행동의 기준으로 삼는 경향성이 강하게 유발된다. 반면에 상호의존적 자기개념이 우세하면 자신이 다른 사람들과 어떤 점에서 유사한지에 초점이 주어지고 타인과의 연결성이 강조된다. 이는 타인과의 조화를 유지하려는 심리 상태를 우세하게 만들고 해당 상황에서 다른 사람의 의견이나 주장에 동조하는 방향으로 태도나 행동이 조형될 가능성을 높인다(Kitayama et al., 2007). 이러한 효과로 인해 상호의존적 자기가 활성화되면 의사결정에서 다수의 영향이 증폭되는 반면, 독립적 자기가 활성화되면 집단에서 다수 구성원들에 대한 동조와 규범에 대한 순응을 억제하는 기능이 유발된다(Torelli, 2006).

둘째, 독립적 자기는 해당 상황 맥락에 고착되지 않고 그로부터 독립적으로 문제를 정의하고 해결책을 모색하는 맥락 독립적 사고(context-independent)를 촉진한다. 이러한 사고 특징은 집단에서 기존 관습이나 절차 그리고 해당 상황에 존재하는 다양한 맥락요인들에 의존하지 않는 독창적 사고를 촉진하는 순기능을 지닌다. 반면에 상호의존적 자기가 활성화되면 기존의 관습이나 해당 상황 맥락이 개인의 사고처리에 중요한 영향을 미치는 맥락 의존적 사고가 촉진되고, 그에 따라서 변화나 혁신에 필요한 사고처리 과정이 저해되는 효과가 관찰된다(Hannover et al., 2005; Kühnen & Hannover, 2000).

3. 집단주의 가치와 독립적 자기의 상승적 결합

개인의 문화적 지향성으로서 개인주의-집단주의의 효과를 이해하기 위해서는 가치관과 자기개념이라는 두 가지 핵심 요소에 대한 정교한 개념화와 실험 및 측정절차가 필요하다. 개인주의-집단주의 시너지 모형은 개인의 가치지향성과 자기개념을 독립적인 구성개념으로 취급하고, 가치지향성은 개인의 목표와 집단의 목표가 상충할 때 어느 쪽에 우선성을 두는지를 결정하는 동기적 구성개념으로, 그리고 개인의 자기개념은 자신을 독립적인 개체로 지각하고 정의하는지 아니면 중요관계에서 타인과 연결된 상호의존적 연결체로 지각하는지를 결정하는 자기 참조점으로 규정한다. 이러한 가치지향성과 자기개념에 관한 개념규정과 더불어, 개인주의-집단주의 시너지 모형은 다음과 같은 전제들을 구성한다.

첫째, 사회적 존재로서 인간은 다양한 집단과 공동체의 일원으로 존재하며, 개인과 집단의 관계적 본질에 관한 신념이 사회적 삶의 토대를 구성한다. 따라서 인간의 사회적 행동에 관한 과학적 연구는 이러한 인간의 존재적 특징에 대한 고찰에서 시작해야 한다.

둘째, 개인주의와 집단주의는 개인 내에 공존하며, 두 가지 지향성을 동시에 지니고 있는 것이 개인에게 혼란과 모순적 심리 상태를 야기하는 것은 아니다. 따라서 집단주의적 가치지향성을 우세하게 지니고 있다는 것이 곧 사회관계와 집단에서 자신의 고유성과 독립성을 포기해야 함을 의미하는 것은 아니다. 마찬가지로, 자기 스스로를 고유하고 독립적인 개체로 지각하고 인식한다고 해서 반드시 개인의 이익을 위해서 공동의 목표를 포기하거나 희생시키는 방향으로 사고와 행동이 조형되는 것도 아니다.

셋째, 개인의 가치지향성과 자기개념 모두 고정된 특질이 아니라 특정 상황에서 상대적 우세성이 결정되는 유연한 심리 상태이다. 따라서 이 두 가지 변수들은 다양한 절차를 통해 특정 방향으로 점화시킬 수 있다. 즉, 개인들이 처한 다양한 집단 맥락들은 해당 상황에서 적절한 문화적 지식을 활성화시키는 상황단서를 제공하므로(Brewer & Yuki, 2014; Zellmer-Bruhn & Gibson, 2014), 이러한 상황단서를 통해 실험실에서 특정 방향으로 두 가지 변수를 조형할 수 있다. 또한, 개인주의-집단주의는 개인 성격의 일부로 그 사람의 기본적인 성향을 내포하므로(Triandis, 2001), 측정을 통해서 비교적 안정적인 개인차 변수로 분석할 수도 있다.

넷째, 개인주의-집단주의 맥락에서 가치지향성과 자기개념 두 요소들의 조합에 따른 개인의 문화적 구성(cultural make-up)이 집단이나 공동체에서 개인의 사회적 행동에 근본적인 영향을 미친다. 즉, 다양한 집단 상황에서 사람들의 사회적 행동은 그들이 지닌 문화적 지향성의 함수이다.

다섯째, 개인주의-집단주의 문화적 지향성은 삶의 조건으로서 그리고 그에 따라 발현되는 사고와 행동의 바람직성 측면에서 각각

장점과 한계를 모두 지닌다. 따라서 개인주의나 집단주의 어느 하나에 대한 배타적인 몰입은 개인과 집단, 공동체의 기능을 증진하는 데 있어서 충분조건이 되지 못한다.

이러한 관점에서 시너지 모형은 개인주의-집단주의 가치지향성과 독립적-상호의존적 자기개념의 조합으로 창출되는 네 가지 가능한 조합 가운데, '집단주의 가치지향성'과 '독립적 자기'의 조합으로 창출되는 심리 상태를 '집단지향 독립성'(Choi et al., 2018)으로 개념화하고, 이러한 심리 상태를 공동체에서 순기능을 발휘하는 상승적 조합으로 규정한다. 이 모형의 요체는 '집단을 위해서 자신의 고유성과 독립성을 유지하고 발휘하는 것'이라는 주장이다. 집단이 번영하기 위해서는 구성원들이 집합적 성취에 심리적으로 몰입하고 협동적 상호작용이 요구된다는 점에 이견을 제시하는 이는 그리 많지 않을 것이다. 그러나 다른 한편으로, 집단에서는 획일성과 응집성을 향한 압력으로 인해 개인의 자율성과 고유성이 억압되고 건강한 집단과정이 발현되기 어렵다. 특히, 다수의 규범이나 기존 관습과 절차가 집단에 바람직하지 않은 결과를 유발하는 상황에서 구성원들이 이러한 문제를 교정하고 집단의 발전과 성장에 기여하기 위해서는, 자신의 고유성과 독립성을 인식하여 다수로부터 자기를 분리하는 것이 선행되어야 한다. 따라서 시너지 모형은 집단지향 행동의 동기적 기초와 인지적 기초의 결합에 해당하는 심리상태를 규정한다.

여기서 한 가지 유념할 것은 상호의존적 자기가 사회적 영향에 대한 민감성 및 다수에 대한 동조와 강한 관련성이 있다고 해서, 그것이 바람직하지 않다거나 그 자체로 개인이나 공동체에 역기능을 초래한다는 주장은 성립하지 않는다는 점이다. 그 이유는 사회적 영향과 동조는 그 대상과 내용이 무엇인지에 따라서 순기능이 발현될 수도 있기 때문이다. 시너지 모형이 강조하는 것은, 특정 상황에서 다수가 보이는 행동이나 집단규범이 공동체에 해악을 끼치는 경우 독립적 자기는 개인이 자신의 고유성과 독립성에 대한 인식을 기반으로 규범에 대한 무조건적 동조를 억제할 수 있다는 점이다. 독립적 자기가 해당 상황이나 기존 관습에서 벗어나 변화와 혁신을 추구하는 방향으로 사고와 행동을 유발한다는 연구 결과도 이와 마찬가지의 논리로 이해해야 한다.

물론, 대다수 구성원들이 공동목표에 몰입하여 집단의 성취를 위해 다 같이 노력하는 이상적인 집단이나 공동체가 존재할 수는 있다. 이러한 상황에서는 굳이 자기 독립성이라는 심리적 조건이 특별히 순기능을 발휘한다고 가정할 필요가 없다. 그러나 과연 그러한 이상적 집단이나 공동체가 한국사회에 얼마나 존재하는가? 그리고 이기적 개인주의, 집단이기주의, 소수에 대한 편견과 차별, 창의성과 혁신을 저해하는 관습적 사고와 행동, 환경파괴 등과 같이 한국사회의 시민적 성숙과 삶의 공동체적 기반을 저해하는 심각한 사회문제들이 해결되지 않고 지속되는 이유는 무엇인가? 이러한 물음들을 주의 깊게 분석해보면, 한국사회에서 시너지 모형이 가정하는 집단주의 가치와 독립적 자기의 상승적 결합이 유발하는 순기능은 어렵지 않게 추론할 수 있다.

다른 한편으로, 만약 개인이 자신은 집합적 성취와 공동체의 번영을 중시하는 존재라는 자기 정체성을 강하게 보유하고 있다면 시너지 모형이 상정하는 효과를 유발하는 데 충분한 것이 아닌지도 물을 수도 있다. 즉, 개인이 자기개념 내에 공동체의 번영에 대한 가치몰입을 하나의 정체성으로 보유하고 있고(예: '나는 사적 이익보다 공동체의 번영을 중시하는 사람이다'), 그러한 자기 정체성에 기반하여 집단이나 공동체의 이익에 지향된 행동을 실행할 가능성도 상정해볼 수 있다. 이처럼 개인의 자기개념이 행위의 동기적 기초라는 생각은 문화적 자기이론(Markus & Kitayama, 1991)이 주장하는 바이기도 하다. 그러나 이 관점은 인간 동기체계에서 쾌락원리(hedonic principle)의 중요성을 간과하고 있다. 인간은 본원적으로 쾌를 추구하고 불쾌를 회피하는 방향으로 동기화되는 존재이다. 이러한 쾌락원리는 개인주의-집단주의 맥락에서 효용론적 구성개념, 즉 가치지향성에 반영되어 있다. 즉, 개인의 이익과 공동의 이익이 상충하는 가치갈등 상황에서 사람들의 동기적 지향성이 개인의 이익을 성취하는 방향으로 조형되는지 아니면 공동의 이익을 위한 방향으로 동기화되는지의 문제이다. 예외적인 경우가 존재할 수는 있으나, 사람들이 특정 집단이나 공동체의 구성원으로서 경험하는 가치갈등은 개인 이익 대 집단 이익이 역으로 연결된 일종의 혼합동기(mixed-motive) 상황이다(Kelley & Thibaut, 1978). 시너지 모형은 바로 이처럼 가치갈등이 존재하는 상황에서 집단주의 가치지향성의 순기능을 논하는 것이다. 즉, 개인의 자기 독립성은 그것 자체만으로는 불충분하고, 이기적 동기가 아니라 타인과 협동하고 공동의 번영을 추구하려는 동기와 결합했을 때 집단에서 순기능을 유발한다고 전제한다.

VII
집단주의 가치—독립적 자기 시너지
모형의 적용 및 함의

집단주의 가치지향성과 독립적 자기관을 상충하는 심리 상태로 규정하는 기존 관점에서 보면, 두 가지 심리 상태가 결합하여 상승효과를 유발할 수 있다는 시너지 모형의 주장은 모순어처럼 들릴 수도 있다. 그러나 시너지 모형의 관점에서 보면 두 요소 간 비수렴성이 개인에게 혼란을 초래하고 심리 및 행동적 기능을 저해한다고 가정하는 것은 기계적인 생각이다. 그러한 생각은 내부 심리 상태들 간에 불일치나 비일관성이 존재할 경우 개인의 기능과 정신 건강에 부정적 영향이 초래된다고 보는 서구심리학의 일관성 관점이 낳은 하나의 이론적 오해일 수 있다.

우리가 자주 목격하듯이, 집단에서 다수의 규범이 바람직하지 않은 결과를 초래하고 있음에도 불구하고 사람들이 그러한 집단의 규범적 압력에 쉽게 굴복해버리는 문제를 생각해보자. 시너지 모형에 따르면 사람들이 이처럼 행동하는 것은 공동목표의 성취와 집단의 번영에 대한 가치몰입이 결여되어 있고 자기 독립성을 유지하고 실현하지 못하는 두 가지 심리 상태가 공존하는 데서 발생하는 문제이다. 역사적으로 다수나 상황의 압력에 굴복하지 않고 공동체의 번영에 크게 기여한 인물들을 한번 떠올려 보라. 그리고 그 사람들이 가치지향성과 자기개념의 측면에서 어떤 특징을 지니고 있었을지 상상해보라. 그 인물들은 사익을 추구하기보다는 공동체의 번영을 지향하면서 바람직하지 않은 사회규범이나 다수집단에 동조하지 않고 자신의 고유성과 독립성을 유지하고 실현한 사람들이었는가? 현장의 공사조직이나 대학에서 창의성이 뛰어난 팀들은 어떤가? 그러한 팀에서는 구성원들이 공동과업에 강하게 몰입하면서도 각자의 고유한 정체성이나 개성을 포기하지 않고 독창적인 아이디어를 자유롭게 개진하는가? 만약 이 물음에 대한 답이 '그렇다'는 쪽이면, 독자는 시너지 모형의 기본 가정에 최소한 일부는 동의하는 것이다.

집단주의 가치지향성과 독립적 자기개념의 조합이 집단 내 및 집단 간 상황에서 바람직한 효과를 창출할 수 있다는 가정은 다양한 실험실 연구와 조사연구를 통해 증거가 축적되고 있다. 지금까지 시너지 모형을 검증하기 위해 수행된 실험 및 조사연구들은 개인 수준에서 가치지향성과 자기개념을 점화 기법으로 유도하거나 두 변수에서의 개인차를 측정하는 척도를 활용하여 과업집단의 구체적인 기능, 집단 간 심리와 행동, 그리고 조직 구성원들의 정신 건강과 심리적 안녕 등을 분석하였다.

1. 과업집단의 기능

다양한 과제를 활용하여 집단창의성을 분석한 일련의 실험연구들에서는 다른 조건들에 비해서 집단주의 가치지향성과 독립적 자기가 동시에 조형되었을 때 창의성의 발현에 필요한 집단과정이 촉진되고 집단이 생산해낸 아이디어의 창의성 수준도 높다는 결과가 일관되게 관찰되었다(예: Bechtoldt et al., 2012; Choi et al., 2018, 2019, Choi & Yoon, 2018). 뿐만 아니라 집단주의가 창의성을 저해한다고 가정하는 서구 학자들의 주장(예: Goncalo & Kim, 2010; Goncalo & Staw, 2006)과 달리, 소위 전형적인 개인주의 조합을 이루는 개인주의 가치지향성과 독립적 자기의 조합은 집단의 창의성에 가장 큰 위협요인임을 시사하는 증거도 관찰되었다(예: Lee & Choi, 2020). 그리고 집단창의성에서 집단주의 가치와 독립적 자기의 조합효과는 자연집단을 대상으로 한 현장실험에서도 반복 검증되었으며(이하연, 최훈석, 2019), 집단목표의 효율적 관리(Choi & Kim, 2020)와 구성원들의 과업동기를 촉진하는 효과(Seo & Choi, 2021)도 관찰되었다. 이 연구들은 시너지 모형의 가정과 일관되게 집단에서 공동목표에 대한 가치몰입과 자기 독립성의 인식이 조합되었을 때 집단의 기능을 증진하는 데 필수적인 심리 및 행동이 발현됨을 보여준다.

2. 집단 간 심리 및 행동

집단 간 심리와 행동에 관한 연구에서는, 집단주의 가치와 독립적 자기의 결합이 집단 간 갈등 해소와 조화, 그리고 공동번영을 지향하는 태도 및 행동의도를 예측한다는 증거가 관찰되었다. 구체적으로, 집단주의 가치지향성이 강하고 자기개념에서 자신의 고유성과 독립성에 대한 인식이 우세한 사람들이 한국 내 이주노동자들에 대한 차별이나 월남전에서 한국군이 저지른 만행을 인정하고 피해 외집단에 대한 보상적 조치를 지지하며, 이 사건들과 관련하여 한국 정부와 한국인들을 대상으로 내집단 교정행동에 참여할 의도도 높았다(Choi & Euh, 2019; Euh & Choi, 2021). 이주노동자 차별문제나 한국군의 월남전 만행 등은 명백히 내집단이 외집단에 피해를 입힌 사례들임에도 불구하고, 한국사회에서 이 문제들은 오랫동안 논의의 주변에만 머무르고 있다. 이러한 내집단의 잘못에 대한 한국인들의 집합적 무관심은, 결함을 지닌 내집단으로부터 자신을 해리(解離)시키려는 동기와 내집단을 정당화하는 다수의 규범에 대한 동조가 중요한 원인 가운데 하나이다. 따라서 이 상황에서 집단 간 정의(intergroup justice)를 확립하고 외집단과의 공동번영을 추구하는 방향으로 태도와 행동이 조형되기 위해서는, 한국이라는 내집단 공동체의 성숙과 도덕성 회복에 대한 가치몰입과 내집단의 잘못에 눈을 감거나 오히려 그것을 정당화하는 규범으로부터의 자기 독립성이 모두 필요함을 알 수 있다.

집단 간 갈등상황에서 내집단의 이미지를 보호하고 내집단의 이익만을 배타적으로 추구하는 내집단 중심주의는 편협한 부족주의(tribalism)를 유발하고, 이는 갈등상황에서 집단 간 화해를 위협하는 가장 큰 요인 중 하나이다. 이 점에서, 독립적 자기는 공동체의 번영에 관한 심리적 몰입을 수반하는 집단주의 가치가 편협한 내집단 중심주의가 아닌 집단 간 화해와 공동번영의 방향으로 발현되도록 하는 촉매 역할을 한다고 볼 수 있다. 그리고 집단주의 가치와 독립적 자기의 조합이 유발하는 정의(正義)의 심리적 기제는 집단 간 갈등상황이 아니더라도 조직이나 팀에서 바람직하지 않은 규범이나 관행이 지속될 때 다수의 압력에 맞서 구성원 개인이 집단규범을 교정하려는 의도도 촉진한다(Choi, 2019; Kwon et. al., 2019).

시너지 모형은 이주노동자 차별이나 월남전 전쟁범죄와 같은 특정 집단 간 상황뿐만 아니라, 사회의 소수집단에 대한 편견을 예측하는 데에도 유용하다. 극빈자, 여성, 난민, 노인, 성소수자, 장애인 등 사회적 소수 또는 저지위 낙인집단에 대한 편견은 소수집단이 차별받아 마땅한 이유가 있다는 왜곡된 불평등 신념을 심리적 공통분모로 지닌다(Zick et al., 2008). 시너지 모형의 관점에서 보면 집단주의 가치를 숭상함으로써 공동체의 통합과 성숙에 몰입하고, 자기개념의 독립성과 고유성을 강하게 지각하여 저지위 집단에 대한 사회의 불평등 신념과 규범으로부터 자신을 심리적으로 분리시키는 과정이 동시에 충족될 때, 소수집단에 대한 편견을 경감시키거나 해소하기 위한 심리적 조건이 형성된다. 이러한 추론과 일관되게, 시너지 모형을 적용하여 한국의 다양한 사회적 소수집단(예: 외국인 노동자, 노숙자, 난민, 노인, 장애인)에 대한 편견을 조사한 연구(Lee et. al., in press)에서 집단주의 가치를 지향하면서 자기 독립성이 강한 사람들은 사회의 소수 집단에 대한 전반적 편견 수준이 낮은 것으로 나타났다. 한국사회의 저지위 소수집단에 대한 편견을 극복하는 것이 사회의 통합과 안녕에 필수불가결하다는 점 그리고 평등과 정의, 통합이 이 시대를 규정하는 시대정신이라는 관점에서 보면 이 연구에서 관찰된 집단주의 가치지향성과 독립적 자기의 조합효과는 중요한 시사점을 제공한다. 즉, 한국사회의 다양한 저지위 낙인집단에 대한 편견을 극복하고 사회통합을 이루기 위해서는 공동체 가치를 고양하면서 개인 각자의 고유성과 독립성을 인식하고 실행하는 양방향적인 교육과 계몽이 필요함을 알 수 있다.

3. 개인의 정신건강과 심리적 안녕

집단의 기능이나 집단 간 정의, 내집단 교정행동 등에 관한 연구들은 모두 공동체의 번영이라는 문제와 관련하여 집단주의 가치지향성과 독립적 자기의 결합이 유발하는 긍정적 효과들을 조명한 것이다. 그렇다면 시너지 모형에서 가정하는 상승적 결합은 개인의 삶에 어떤 기여를 하는가? 공동체적 삶의 공간으로서 집단의 기능성이 담보되고, 바람직하지 않은 규범이나 관습에 영향받지 않고, 집단 내 및 집단 간에 평등과 정의가 수립되는 사회에 사는 것이 개인의 삶에 부정적 영향을 미친다고 주장할 사람은 아마 없을 것이다. 보다 중요하게, 사회관계에서 과도하게 타인의 눈치를 보거나 사회적 영향에 민감하며, 지나치게 위계를 강조하고 집단이나 조직에서 획일성을 향한 규범적 압력이 강한 한국사회의 특징을 감안하면, 개인의 고유성과 독립성을 유지하고 삶의 주체로서 자율적 인생을 추구하는 것은 개인의 삶에도 긍정적 효과를 지닐 것으로 추론할 수 있다.

모든 인간은 공동체적 존재이므로 개인의 안녕은 공동체의 안녕과 불가분의 관계에 있다. 따라서 개인의 이익과 공동의 이익이 상충하는 가치갈등 상황에서 사익을 최대화하기 위해 행동하는 것은 단기적으로는 개인에게 행복 조미료가 될 수는 있어도 그 사람이 공동체의 폐해로부터 자유로울 수는 없는 것이다. 이 관점에서 시너지 모형은 사람들이 사익과 공익이 상충할 때 공동체의 성장과 번영에 가치를 두는 한편, 삶에서 자기 고유성과 독립성을 인식하고 실현하려는 심리가 결합되었을 때 개인의 정신 건강과 심리적 안녕을 위한 충분조건이 마련된다고 가정한다. 이러한 시너지 모형의 기본 가정과 일관되게, 한국의 기업조직 종사자들을 대상으로 수행된 일련의 조사연구(Choi, 2018, 2019)에서는 집단주의 가치지향성과 독립적 자기를 우세하게 지닌 조직원들이 불안, 우울, 직무 소진, 일과 삶의 균형, 심리적 안녕 등의 지표에서 가장 건강하고 삶에 잘 적응하고 있음을 보여주는 결과가 축적되고 있다. 반면에, 전형적인 개인주의 조합에 해당하는 개인주의적 가치와 독립적 자기관의 결합은 위 지표들에서 가장 취약했다.

개인주의-집단주의에 관한 기존 관점에서 보면 개인주의는 개인의 자유와 자율성을 강조하고 신장하는 순기능이 있는 반면 집단주의는 그것을 저해하고 억압하므로, 개인주의적 삶의 양식이 심리적으로 건강하고 행복한 삶을 누리는 데 없어서는 안 될 요인이 된다. 소위 '인플루언서'(infulencer)라고 불리는 신종 직업인들이나 학자들, 대중매체나 일반인 가릴 것 없이 한국은 개인주의가 너무 부족해서 사람들이 불행하다는 약처방을 내놓는 데 거리낌이 없는 듯하다. 그러나 이러한 주장은 서구의 개인주의 문화환경을 바탕으로 인간의 번영을 이해하는 하나의 틀에 불과하다. 개인의 번영 문제를 서구식 행복론으로 제작한 바구니에 우겨넣어 한국인의 집단주의적 습성과 그것을 영속화하는 관습들을 모두 타파해야 한국이 행복한 사회가 된다는 주장이 위험한 이유가 바로 여기에 있다.

VIII
맺음말

이 장은 한국이 집단주의 사회인가 아니면 개인주의 사회인가라는 다분히 단편적인 질문에서 시작하였다. 한국 문화의 다원성과 복잡성을 감안하면, 불과 30~40년 전과만 비교하더라도 이 물음에 답하기가 훨씬 더 어려워졌음에 많은 사람들이 동의하리라고 본다. 한 발 더 나아가, 앞으로 한국사회가 어떤 문화적 틀 안에서 행복과 번영을 추구할 것인가를 생각해보면 문제는 더 복잡해진다. 자신의 욕구를 충족시키고 개인의 성취를 통해 삶의 의미를 찾는 것은 유한한 삶을 사는 생물적 존재로서 인간이 지니는 본원적 특징이다. 그러나 다른 한편으로 사회적 존재로서 인간은 공동체의 흥망성쇠를 결정하는 주체이자 그로부터 직접 영향을 받을 수밖에 없는 존재이기도 하다. 이러한 인간의 존재적 특징은 동서양을 막론하고 고대 철학자나 사상가들이 고민했던 문제이고, 이 고민은 세기가 수십 번 바뀐 지금까지도 계속되고 있다. 소위 자유주의 대 공동체주의 논쟁의 승자가 쉽게 가려지지 않는 데에는 그만한 이유가 있는 것이다.

심리학 분야만 놓고 보더라도 개인주의-집단주의 구분이 인간을 번영으로 인도하는 문화적 조건을 변별하는 데 도움이 되는지 아닌지에 대해서 다양한 논의가 있어 왔다. 비록 문화를 비교하려는 시도들이 여러 가지 방법론적 한계를 노정하고 있기는 하지만, 여전히 개인주의-집단주의는 다양한 사회들을 분류하여 문화적 특징을 이해하는 효과적인 요약지표이다. 특히 불평등, 도덕성의 쇠퇴와 사회정의의 소실, 이기적 개인주의와 집단이기주의의 오묘한 결합, 그리고 획일성의 압력으로 개인의 자율성을 짓밟는 결손적 집합주의에 갇힌 조직문화 등 한국의 심각한 사회문제들은 기실 삶의 개별성과 공동성의 대립이라는 원론적 문제와 분리시켜 생각하기 어렵다. 개인주의-집단주의의 핵심이 개인과 집단의 관계적 본질에 관한 신념이라는 점에서, 삶의 조건으로서 개인주의와 집단주의가 우리에게 제시하는 희망과 절망을 심리학의 관점에서 천착하는 작업은 매우 중요한 의미를 지닌다.

문화에 관한 심리학 연구가 인간에 대한 이해를 크게 증진한 것은 재론할 필요가 없다. 그러나 개인주의-집단주의를 기계적으로 이해하는 오래된 관행으로 인해, 삶의 개별성과 공동성의 변증법적 결합을 통해 개인과 집단이 공번영할 수 있는 문화적 처방지식을 발전시키는 데는 이르지 못했다. 한국이 개인주의가 부족해서 행복하지 않다는 세간의 주장과 달리, 한국은 이미 무한경쟁과 과도한 사익추구, 그리고 그로 인한 일상의 황폐화 등으로 대변되는 위험한 개인주의 사회이기도 하다(Beradi, 2015). OECD가 발표하는 '더 나은 삶지표'(Better Life Index, 2019)의 '공동체' 지수에서 한국은 표준점수 0점으로 최하위라는 사실도 잘 알려져 있지 않다. 필자의 눈에 한국사회의 한 단면은 서구화로 포장된 이기적 개인주의의 바다에 표류하는 배와 같다. 다른 한편으로, 한국사회는 관계와 집단에 대한 과도한 의존성으로 인해 개성과 자율성이 꽃을 피우기 어렵고 타인의 평가와 사회적 압력에 취약한 무척추 인간들을 양산하는 황폐한 밭이기도 하다. 개인주의−집단주의 시너지 관점은 가치의 측면에서 사회 구성원들이 집단주의를 숭상하고 그와 동시에 자기관의 측면에서 자신의 고유성과 독립성을 유지하고 신장하는 것이 건강한 공동체를 구축하는 데 필요하다고 전제한다. 그리고 이 새로운 모형을 통해 현재 및 가까운 미래 한국사회의 문화변동 방향성을 논의하는 데 하나의 유용한 대안을 모색해볼 수 있다.

시너지 모형의 관점에서 보면, 집단의 목표성취와 집합적 번영에 대한 가치몰입을 결여한 채 개인의 자유와 독립성만을 강조하는 것은 화려한 불빛으로 장식된 밤거리 어딘가에 숨겨져 사람들을 어두운 지하로 이끄는 비밀계단 같은 것이다. 이와 마찬가지의 논리로, 개인의 고유성과 독립성이 말살된 채 자신이 속한 집단이나 공동체의 안녕에 가치몰입을 하는 것 또한 구성원 개개인에게 행복과 번영을 위한 조건을 제공하지 못한다. 굳이 한국이 아니더라도 어느 사회이든 멸공봉사(滅公奉私)나 멸사봉공(滅私奉公)을 강조하는 문화가 행복한 삶의 조건이 될 수 있는가? 집단주의 가치와 독립적 자기의 상승효과 모형은 개인의 고유성과 독립성을 유지하고 신장하되 그것이 공동체의 이익과 번영을 위하는 방향으로 발현될 때 건강하고 행복한 삶을 구성할 수 있다고 가정한다. 이는 개인이 자발성과 자율성을 활성화하여 공공의 이익을 열어간다는 안창호 선생의 활사개공(活私開公) 정신과 맞닿아 있는 것이기도 하다.

개인의 독립성과 공동체에 대한 가치몰입의 결합이 한국사회의 문화변동과 관련하여 유용한 방향성을 제시할 수 있다는 이 주장이 굳이 심리학의 전유물일 필요도 없다. McBride(2006)의 표현으로 Dewey와 MacIntyre를 다시 쓰면, 그들은 과도한 사익추구로 누더기가 된 개인주의가 아니라 성찰과 자기-결정성을 지닌 공동체적 개인들의 자발적 연합에 기반한 집합주의적 개인주의(collectivistic individualism)를 주창한 것이다. '좋은 사회'로 나아가기 위해서는 공동체주의로 무장한 개인들이 '통합성 내에서의 다양성'을 추구해야 한다는 Etzioni(1996)의 주장 역시 개인의 자유와 자율성이 공동체적 가치실현에 지향되어야 함을 말하는 것이다. 동양 전통사상의 뿌리를 이루는 인륜사상과 서구 자유주의의 성과물인 자유와 인권사상을 배타적 대립상태로 보지 않고 인권과 인륜의 조화로운 균형을 추구해야 한다는 주장(이상익, 2015)도 뿌리는 다를지언정 같은 곳을 가리키고 있다. 문제는, 그러한 발전적 조합 상태의 심리기제를 규명하여 그것을 가정과 학교, 조직과 지역공동체 그리고 사회에서 문화사회화 및 교육의 틀에 담아내는 것이다. 그래서 사람답게 사는 것과 나답게 사는 것을 조화롭게 추구하는 심리상태가 조형되고 실현되도록 해야 한다. 이것이 이 시대와 미래에 필요한 계몽의 내용물은 아닌지 마음을 챙겨 따져볼 일이다.

끝으로, 문명의 변동과 이에 대한 사회과학의 대응이라는 거대한 논의를 진행하는 과정에 필자가 소위 '첨단심리학'이 아닌 개인주의-집단주의라는 해묵은 개념을 다시 등장시킨 이유에 대해서 설명할 책임을 느낀다. 디지털 혁명과 4차 산업혁명, AI와 Big Data 등을 논하지 않는 학술 담론은 몇 걸음 뒤처진 것이고, 포노사피엔스, 코로나사피엔스라는 신인류가 탄생했다고 연일 목소리를 높이는 미래학자들을 폄하할 의도는 없다. 분명 그들의 통찰에는 문명의 변동과 관련하여 우리가 고민해야 할 중요한 문제들이 담겨 있기 때문이다. 회사의 업무나 소비생활, 의료, 서비스, 사적 만남 등 사람들의 일상적 활동이 휴대기기 기술의 급격한 발전과 더불어 가상공간으로 이동 중이고, 코로나19 대유행이 이러한 이동을 적게는 수십 배 앞당겼다는 주장에도 대체로 동의한다. 공부가 부족한 탓이겠으나, 필자가 보기에 현재 AI를 위시한 과학기술혁명 담론은 기술의 발전이 물질적 풍요와 안전, 삶의 편리성을 증진시킬 수 있음에 집중되어 있다. 여기서 한 발 더 나가면, 디지털 혁명을 온몸으로 받아들이지 않거나 그러지 못하는 사람은 인류가 신대륙으로 가는 길에서 낙오자로 남을 뿐이라는 섬뜩한 주장도 있다. 그런데 이처럼 희망과 공포가 뒤섞인 과학기술주의 담론에서 한 사회의 구성 주체로서 개인이 어떻게 성장하고 자신과 사회의 공번영에 기여할 것인가의 문제는 대로변 갓길에 질서정연하게 방치된 듯한 느낌이다. 집단에서 다수나 상사가 잘못된 정보에 기반하거나 정보를 왜곡하여 부당한 영향력을 행사하려고 할 때 부하직원이 똑똑한 휴대전화기로 사실관계를 확인해서 '그건 틀렸다'고 금방 알아차릴 수는 있다. 그러나 그 상황에서 홀연히 일어나 다수나 상사의 말이 틀렸다고 주장하는 마음의 힘은 전화기에 있지 않다. 그러한 힘은 판단과 행위의 주재자로서 그 사람이 신봉하는 가치와 자신의 존재적 특성에 대한 인식에서 나온다. 소위 Big Data에 대한 열광도 마찬가지이다. Big data의 유용성 가운데 하나를 필자 식으로 단순화하여 표현하면, 사람들의 과거행동으로 미래행동을 예측할 수 있다는 것이다. 이 접근이 심리학의 행동 예측력을 증진하는 데 도움이 되고 설명 가능한 AI기술(xAI)도 앞으로 크게 발전하리라는 기대는 나름 합당한 근거가 있다. 그러나 무엇이 그 사람의 또는 한 집단의 행동을 산출한 것인지에 대한 사회과학적 통찰이 없으면, 인간과 사회에 대한 학문은 습관적 행동을 반복하는 기계적 인간의 모습을 그려내는 데 그치고 말지도 모를 일이다. 문명의 대전환기에 디지털 혁명과 과학기술주의 담론이 인간의 마음과 행동에 관한 사회문화 심리학의 통찰에 귀를 기울여야 하는 이유가 바로 여기에 있다.

참고문헌

강정인. (2003). 지구화·정보화 시대 동아문명의 문화정체성: 서구중심주의를 극복하기 위한 담론 전략들. 정치사상연구, 9, 223-245.

나은영, 차유리. (2010). 한국인의 가치관 변화 추이: 1979 년, 1998 년, 및 2010 년의 조사 결과 비교. 한국심리학회지: 사회 및 성격, 24(4), 63-92.

이상익. (2015). 민본 (民本)과 민주(民主)의 통섭을 위한 시론. 동양문화연구, 20, 115-151.

이승환. (1999). '아시아적 가치'의 담론학적 분석. 이승환 (편), 아시아적 가치 (pp. 313-336). 전통과 현대.

이하연, 최훈석. (2019). 집단 창의성에서 집단주의 가치와 독립적 자기관의 상승효과: 현장 집단 연구. 한국심리학회지: 사회 및 성격, 33(4), 1-19.

임희섭. (1997). 현대 한국인의 가치관, 민족문화연구, 30, 144-146.

전재국. (1999). 아시아적 가치 관련 동서 논쟁의 재조명. 한국과 국제정치. 극동문제연구소, 15권 1호, 187-219.

조긍호. (2007). 동아시아 집단주의와 유학 사상: 그 관련성의 심리학적 탐색. 한국심리학회지: 사회 및 성격, 21(4), 21-54.

한규석, 신수진. (1999). 한국인의 선호가치 변화-수직적 집단주의에서 수평적 개인주의로. 한국심리학회지: 사회 및 성격, 13(2), 293-310.

한덕웅, 이경성. (2003). 한국인의 인생관으로 본 가치관 변화: 30 년간 비교. 한국심리학회지: 사회 및 성격, 17(1), 49-67.

한민, 최인철, 김범준, 이훈진, 김진형. (2012). 한국인의 마음지도 I : 한국 대학생의 정서, 사고방식, 가치관. 한국심리학회지: 일반, 31(2), 435-464.

Bardi, A., Calogero, R. M., & Mullen, B. (2008). A new archival approach to the study of values and value-behavior relations: Validation of the value lexicon. *Journal of Applied Psychology, 93*, 483-497.

Bechtoldt, M. N., Choi, H-S., & Nijstad, B. A. (2012). Individuals in mind, mates by heart: Individualistic self-construal and collective value orientation as predictors of group creativity. *Journal of Experimental Social Psychology, 48*, 838-844.

Beradi, F. B. (2015). A journey to Seoul (in *Heroes: Mass murder and suicide.* pp. 185-197). Verso Futures.

Berry, J. W., Poortinga, Y. H., Breugelmans, S. M., Chasiotis A., & Sam, D. L. (2011). *Cross-cultural psychology: Research and applications* (3rd ed.). Cambridge University Press.

Brewer, M. B. (2006). Bring culture to the table. In Y.-R. Chen (Ed.), *National culture and groups: Vol. 9 Research on managing groups and teams* (pp. 353-365). JAI Press.

Brewer, M. B., & Chen, Y. R. (2007). Where (who) are collectives in collectivism? Toward conceptual clarification of individualism and collectivism. *Psychological Review, 114*, 133-151.

Brewer M. B., & Yuki, M. (2014). *Culture and group processes*. In M. Yuki & M. B. Brewer (Eds.), Culture and group processes (pp. 1-14). Oxford University Press.

Chatman, J. A., Polzer, J. T., Barsade, S. G., & Neale, M. A. (1998). Being different yet feeling similar: The influence of demographic composition and organizational culture on work processes and outcomes. *Administrative Science Quarterly, 43*, 749-780.

Chen, C., Lee, S., & Stevenson, H. W. (1995). Response style and cross-cultural comparisons of rating scales among East Asian and North American students. *Psychological Science, 6*, 170-175.

Cheung, G. W., & Rensvold, R. B. (2000). Assessing extreme and acquiescence response sets in cross-cultural research using structural equations modeling. *Journal of cross-cultural psychology, 31*, 187-212.

Chiu, C-y., & Hong, Y-y. (2007). Cultural processes: Basic principles. In A. W. Kruglanski & E. T. Higgins (Eds.), *Social psychology: Handbook of basic principles* (pp. 785-804). Guilford Press.

Choi, H-S. (in press). Individualism-collectiviam and group creativity: A synergy perspective. *Handbook of advances in culture and psychology*. Oxford University Press.

Choi, H-S. (2019). *A new model of individualism-collectivism that suggests us what to do within and between groups*. Presidential Address at the 13th Biennial Confrence of Asian Association of Social Psychology. Taipei.

Choi, H-S. (2018). *Promoting individual and collective flourishing in Korea: The combined role of collectivistic values and independent self-views in constructing a healthy life*. Asian Congress of Health Psychology Symposium: International Congress of Applied Psychology. Montreal.

Choi, H-S., Cho, S.-J., Seo, J.-G., & Bechtoldt, M. N. (2018). The joint impact of collectivistic value orientation and independent self-representation on group creativity. *Group Processes and Intergroup Relations, 21*, 37-56.

Choi, H-S., & Euh, H. (2019). Being nice isn't enough: Prosocial orientation and perceptions of self-uniqueness jointly promote outgroup reparation. *Group Processes and Intergroup Relations, 22*, 1215-1234.

Choi, H-S., & Kim, S. Y. (2020). Crossing back over the Rubicon: Collectivistic value orientation and independent self-concept jointly promote effective goal revision in task groups. *Group Processes and Intergroup Relations*. Advance online publication.

Choi, H-S., Seo, J-G., Hyun, J., & Bechtoldt, M. N. (2019). Collectivistic independence promotes group creativity by reducing idea fixation. *Small Group Research, 50*, 381-407.

Choi, H-S., & Yoon, Y. J. (2018). Collectivistic values and an independent mindset jointly promote group creativity: Further evidence for a synergy model. *Group Dynamics: Theory, Research, and Practice, 22*, 236-248.

Cohen, D. (2007). Methods in cultural psychology. In S. Kitayama & D. Cohen (Eds.), *Handbook of cultural psychology* (pp. 196-236). Guilford Press.

Cohen, D. (2014). *Culture reexamined: Broadening our understanding of social and evolutionary influences.* American Psychological Association.

Cohen, D., & Kitayama, S. (2019). *Handbook of cultural psychology* (2nd ed.). Guilford Press.

Cross, S. E., Hardin, E. E., & Gercek-Swing, B. (2011). The what, how, why, and where of self-construal. *Personality and Social Psychology Review, 15*, 142-179.

Diener, E. (1995). A value based index for measuring national quality of life. *Social indicators research, 36*, 107-127.

Earley, P. C., & Gibson, C. B. (1998). Taking stock in our progress on individualism-collectivism: 100 years of solidarity and community. *Journal of Management, 24*, 265-304.

Eby, L. T., & Dobbins, G. H. (1997). Collectivistic orientation in teams: An individual and group-level analysis. *Journal of Organizational Behavior, 18*, 275-295.

Eckersley, R., & Dear, K. (2002). Cultural correlates of youth suicide. *Social Science & Medicine, 55(11)*, 1891-1904.

Edmondson, A. C., & Mogelof, J. P. (2006). Explaining psychological safety in innovation teams: Organizational culture, team dynamics, or personality. In L. L. Thompson & H-S. Choi, (Eds.), *Creativity and innovation in organizational teams* (pp. 109-136). Lawrence Erlbaum Associates.

Erez, M. (2018). From local to cross-cultural to global work motivation and innovation. In M. J. Gelfand, C-y. Chiu, Y-y. Hong (Eds.), *Handbook of advances in culture and psychology* (Vol. 7, pp. 217-260). Oxford University Press.

Etzioni, A. (1996). The responsive community: A communitarian perspective. *American Sociological Review, 61(1)*, 1-11.

Euh, H., & Choi, H-S. (2021). *Going against the group for the good of the group: Antecedents of reparation for war victims.* Submitted.

Fischer, R. (2014). What values can (and cannot) tell us about individuals, society, and culture. In M. Gelfand, C-y. Chiu, & Y-y. Hong (Eds.), *Advances in culture and psychology* (Vol. 4, pp. 218-272). Oxford University Press.

Fiske, A. P. (2002). Using individualism and collectivism to compare cultures--a critique of the validity and measurement of the constructs: Comment on Oyserman et al.(2002). *Psychological Bulletin, 128*, 78-88.

Gelfand, M. J., Aycan, Z., Erez, M. & Leung, K. (2017). Cross-cultural industrial psychology and organizaiotnal behavior : A hundred-year journey. *Journal of Applied Psychology, 102*, 514-529.

Gelfand, M. J., Bhawuk, D. P. S., Nishii, L. H., & Bechtold, D. J. (2004). Individualism and collectivism. In R. J. House, P. J. Hanges, M. Javidan, P. W. Dorfman, & V. Gupta (Eds.), *Culture, leadership, and organizations: The GLOBE study of 62 socieities* (pp. 437-512). Sage.

Gelfand, M. J., Nishii, L. H., & Raver, J. L. (2006). On the nature and importance of cultural tightness-looseness. *Journal of Applied Psychology, 91*, 1225-1244.

Goncalo, J. A., & Kim, S. H. (2010). Distributive justice beliefs and group idea generation: Does a belief in equity facilitate productivity? *Journal of Experimental Social Psychology, 46*, 836-840.

Goncalo, J. A., & Staw, B. M. (2006). Individualism-collectivism and group creativity. *Organizational Behavior and Human Decision Processes, 100*, 96-109.

Gorodnichenko, Y., & Roland, G. (2012). Understanding the individualism-collectivism cleavage and its effects: Lessons from cultural psychology. In M. Aoki, T. Kuran, & G. Roland (Eds.), *Institutions and comparative economic development* (pp. 213-236). Palgrave Macmillan.

Hannover, B., Pöhlmann, C., Springer, A., & Roeder, U. (2005). Implications of independent versus interdependent self-knowledge for motivated social cognition: The semantic procedural interface model of the self. *Self and Identity, 4*, 159-175.

Heine, S. J., Kitayama, S., Lehman, D. R., Takata, T., Ide, E., Leung, C., & Matsumoto, H. (2001). Divergent consequences of success and failure in japan and north america: an investigation of self-improving motivations and malleable selves. *Journal of personality and social psychology, 81*, 599.

Hofstede, G. (1980). *Culture's consequences: International differences in work-related values.* Sage.

Hofstede, G. (2001). *Culture's consequences: Comparing values, behaviors, institutions, and organizations across nations* (2nd ed.). Sage.

Hofstede, G., Hofstede, G. J. & Minkov, M. (2010). *Cultures and Organizations: Software of the Mind* (3rd ed.). McGraw-Hill.

Hong, Y.-Y., Wan, C., No, S., & Chiu, C.-Y. (2007). Multicultural identities. In S. Kitayama & D. Cohen (Eds.), *Handbook of cultural psychology* (pp. 323-345). Guilford Press.

Kağitçibaşi, Ç. (2005). Autonomy and relatedness in cultural context: Implications for self and family. *Journal of Cross-Cultural Psychology, 36*, 403-422.

Karau, S. J., & Williams, K. D. (1993). Social loafing: A meta-analytic review and theoretical integration. *Journal of Personality and Social Psychology, 65*, 681-706.

Kashima, Y. (2019). What is culture for? In Matsumoto, D., & Hwang, H. C. (Eds.),

Handbook of culture and psychology (2nd ed., pp. 123-160). Oxford University Press.

Kelley, H. H., & Thibaut, J. W. (1978). *Interpersonal relations: A theory of interdependence.* Wiley.

Kim, U., Triandis, H. C., Kâğitçibaşi, Ç., Choi, S., & Yoon, G. (1994). *Individualism and collectivism: Theory, method, and applications.* Sage.

Kitayama, S., Duffy, S., & Uchida, Y. (2007). Self as cultural mode of being. In S. Kitayama & D. Cohen (Eds.), *Handbook of cultural psychology* (pp. 136-174). Guilford Press.

Kluckhohn, C. (1949). *Mirror for man: The relation of anthropology to modern life.* McGraw-Hill.

Kühnen, U., & Hannover, B. (2000). Assimilation and contrast in social comparisons as a consequence of self-construal activation. *European Journal of Social Psychology, 30,* 799-811.

Kwon, Y. M. Choi, H-S., & Choi, H-I. (2019). *Loyal deviance: Who blows the whistle for the group?* Symposium on individualism-collectivism and workgroup functioning: 13th Biennial Conference of the Asian Association of Social Psychology. Teipei.

Lee, H., & Choi, H-S. (2020). Independent self-concept promotes group creativity in a collectivistic cultural context only when the group norm supports collectivism. *Group Dynamics: Theory, Research, and Practice.* Advance online publication.

Lee, H. Y., Choi, H-S., & Travaglino, G. (in press). The combined role of independence in self-concept and a collectivistic value orientation in group-focused enmity in Korea. *International Journal of Conflict and Violence.*

McBride, L. A. (2006). Collectivistic individualism: Dewey and MacIntyre. *Contemporary Pragmatism, 3,* 69-83.

Maio, G. R. (2010). Mental representations of social values. In M. P. Zanna & J. M. Olson (Eds.), In *Advances in experimental social psychology* (Vol. 42, pp. 1-43). Academic Press.

Markus, H. R., & Conner, A. (2014). *Clash!: How to thrive in a multicultural world.* Penguin.

Markus, H. R., & Hamedani, M. G. (2007). Sociocultural psychology: The dynamic interdependence among self systems and social systems. In S. Kitayama & D. Cohen (Eds.), *Handbook of cultural psychology* (pp. 3-39). The Guilford Press.

Markus, H. R., & Kitayama, S. (1991). Culture and the self: Implications for cognition, emotion, and motivation. *Psychological review, 98,* 224.

Nisbett, R. E. (2003). *The geography of thought: How Asians and Westerners think differently and why.* Free Press.

Owe, E., Vignoles, V. L., Becker, M., Brown, R., Smith, P. B., Lee, S. S., & ⋯ Jalal, B. (2013). Contextualism as an important facet of individualism-collectivism: Personhood beliefs across 37 national groups. *Journal of Cross-Cultural Psychology, 44,* 24-45.

Oyserman, D. (2011). Culture as situated cognition: Cultural mindsets, cultural fluency, and meaning making. *European Review of Social Psychology, 22,* 164-214.

Oyserman, D., Coon, H. M., & Kemmelmeier, M. (2002). Rethinking individualism and collectivism: Evaluation of theoretical assumptions and meta-analyses. *Psychological Bulletin, 128*, 3-72.

Oyserman, D., & Lee, S. (2007). Priming 'culture': Culture as situated cognition. In S. Kitayama & D. Cohen (Eds.), *Handbook of cultural psychology* (pp. 255-279). Guilford Press.

Roccas, S., Sagiv, L., & Navon, M. (2017). Methodological issues in studying personal values. In S. Roccas & L. Sagiv (Eds.), *Values and behavior* (pp. 15-50). Springer.

Rokeach, M. (1973). *The nature of human values*. Free press.

Ross, C. E., & Mirowsky, J. (1984). Socially-desirable response and acquiescence in a cross-cultural survey of mental health. *Journal of Health and Social Behavior*, 189-197.

Schwartz, S. H. (1994). Beyond individualism/collectivism: New cultural dimensions of values. In U. E. Kim, H. C. Triandis, Ç. E. Kâğitçibaşi, S. C. Choi, & G. E. Yoon (Eds.), *Individualism and collectivism: Theory, method, and applications* (pp. 85-122). Sage.

Schwartz, S. (2006). A theory of cultural value orientations: Explication and applications. *Comparative sociology, 5*, 137-182.

Schwartz, S. H. (2011). Values: Cultural and individual. In F. J. R. van de Vijver, A. Chasiotis, & S. M. Breuelmans (Eds.), *Fundamental questions in cross-cultural psychology* (pp. 463-493). Cambridge University Press.

Schwartz, S. H., Cieciuch, J., Vecchione, M., Davidov, E., Fischer, R., Beierlein, C., Ramos, A., Verkasalo, M., Lönnqvist, J.-E., Demirutku, K., Dirilen-Gumus, O., & Konty, M. (2012). Refining the theory of basic individual values. *Journal of Personality and Social Psychology, 103*, 663-688.

Sedikides, C., Gaertner, L., Luke, M. A., O'Mara, E. M., & Gebauer, J. (2013). A three-tier hierarchy of motivational self-potency: Individual self, relational self, collective self. In M. P. Zanna & J. M. Olson (Eds.), *Advances in experimental social psychology* (Vol. 48, pp. 235-296). Academic Press.

Seo, J. G., & Choi, H-S. (2021). *Going extra miles for the group: The effects of cultural orientation on work motivation*. Interdisciplinary Network for Group Research Annual Convention.

Shweder, R. A. (1990). Cultural psychology-What is it? In Stigler J.W., Shweder R.A., & Herdt, G. (Eds.), *Cultural psychology: Essays on human cognitive development*. Cambridge University Press.

Smith, P. B., Fischer, R., Vignoles, V. L., & Bond, M. H. (2013). *Understanding social psychology across cultures: Engaging with others in a changing world*. Sage.

Tjosvold, D. (1997). Conflict within interdependence: Its value for productivity and individuality. In C. K. W. De Dreu & E. Van de Vliert (Eds.), *Using conflict in organizations* (pp. 23-37). Sage.

Tjosvold, D., Wu, P., & Chen, Y. F. (2010). The effects of collectivistic and individuali stic values on conflict and decision making: An experiment in China. *Journal of Applied*

Social Psychology, 40, 2904-2926.

Torelli, C. J. (2006). Individuality or conformity? The effect of independent and interdependent self-concepts on public judgments. Journal of Consumer Psychology, 16, 240-248.

Torrey, E. F., & Miller, J. (2001). The invisible plague: The rise of mental illness from 1750 to the present. Rutgers University Press.

Triandis, H. C. (1972). The analysis of subjective culture. Wiley.

Triandis, H. C. (1995). Individualism and collectivism. Westview Press.

Triandis, H. C. (2001). Individualism-collectivism and personality. Journal of Personality, 69, 907-924.

Triandis, H. C., & Gelfand, M. J. (2012). A theory of individualism and collectivism. In P. M. van Lange, A. W. Kruglanski & E. T. Higgins (Eds.), Handbook of theories of social psychology (Vol. 2, pp. 498-520). Sage.

Uskul, A. K., & Oyserman, D. (2006). Question comprehension and response: Implications of individualism and collectivism. In Y.-R. Chen (Ed.), Research on managing groups and teams: National culture and groups (pp. 173-201). JAI Press.

Vignoles, V. L., Owe, E., Becker, M., Smith, P. B., Easterbrook, M. J., Brown, R., González, R., Didier, N., Carrasco, D., Cadena, M. P., Lay, S., Schwartz, S. J., Des Rosiers, S. E., Villamar, J. A., Gavreliuc, A., Zinkeng, M., Kreuzbauer, R., Baguma, P., Martin, M., ··· Bond, M. H. (2016). Beyond the 'east-west' dichotomy: Global variation in cultural models of selfhood. Journal of Experimental Psychology: General, 145, 966-1000.

Vygotsky, L. S. (1962). Thought and language. MIT Press.

Wagner, J. A. (2002). Utilitarian and ontological variation in individualism-collectivism. Research in Organizational Behavior, 24, 301-345.

Wagner, J. A., Humphrey, S. E., Meyer, C. J., & Hollenbeck, J. R. (2012). Individualism-collectivism and team member performance: Another look. Journal of Organizational Behavior, 33, 946-963.

Yamagishi, T. (2011). Micro-macro dynamics of the cultural construction of reality: A niche construction approach to culture. Advances in Culture and Psychology, 1, 251-308.

Zellmer-Bruhn, M. E., & Gibson, C. (2014). How does culture matter? A contextual view of intercultural interaction in groups. In M. Yuki & M. B. Brewer (Eds.), Culture and group processes (pp. 342-402). Oxford University Press.

Zick, A., Wolf, C., Küpper, B., Davidov, E., Schmidt, P., & Heitmeyer, W. (2008). The syndrome of group-focused enmity: The interrelation of prejudices tested with multiple cross-sectional and panel data. Journal of Social Issues, 64, 363-383.

트랜스휴먼 시대의 사회과학 시리즈 1

전환과 변동의 시대 사회과학

초판 1쇄 인쇄 2022년 4월 26일
초판 1쇄 발행 2022년 4월 30일

지은이 최훈석, 차태서, 최재성, 김지범, 이재국, 황혜선
펴낸이 신동렬
책임편집 신철호
편집 현상철·구남희
마케팅 박정수·김지현

펴낸곳 성균관대학교 출판부
등록 1975년 5월 21일 제1975-9호
주소 03063 서울특별시 종로구 성균관로 25-2
대표전화 (02)760-1253~4
팩시밀리 (02)762-7452
홈페이지 press.skku.edu

ⓒ 2022, 최훈석, 차태서, 최재성, 김지범, 이재국, 황혜선

ISBN 979-11-5550-535-9 93330